KB206234

출애굽기를 캐스팅하다

출애굽기를 캐스팅하다

발행일   2024년 3월 1일
지은이   김준수

펴낸이   김준수
펴낸곳   밀라드
등록번호 제018-000031호

주 소   서울특별시 양천구 지양로 15길24
전 화   02-6093-0999
이메일   bookssen@naver.com

표지디자인 김인애
본문디자인 이명희
ISBN   979-11-971578-5-1 (03230)
정 가   17,000원

밀라드   밀라드는,
           좋은 책을 만들어 우리가 사는 공동체를 한층 아름답고
           행복하게 만드는 데 최선을 다하는 출판사입니다
           밀라드는 여러분에게 활짝 열려 있습니다
           밀라드와 함께 건강하고 행복하세요

미래세대를 위한
모세오경
시리즈
②

출애굽기를 캐스팅하다

김준수 지음

하나님이 인간 역사의 한복판에 뛰어드셨다!

신학, 인문학, 문학을 맛깔나게 버무린 경이로운 역작

밀라드

머리말

《창세기를 캐스팅하다》라는 제목으로 책을 출간한 때가 작년 10월이니 벌써 4개월이 지났습니다. 이 예쁘고 자그만 책은 독자들을 매료시켰지요. 그 감동이 채 가시기 전에 또 한 권의 책을 내놓습니다. '김준수의 미래세대를 위한 모세오경 시리즈' 두 번째 책인 《출애굽기를 캐스팅하다》라는 제목의 책! 제목이 시사하는 것처럼 약간은 에세이 같은 책이죠. 독자들이 까다롭고 딱딱한 신학책을 에세이처럼 술술 읽어나간다면 이 책은 절반은 성공한 셈입니다.

이 책은 제가 7년 전 출간한 《모세오경: 구약신학의 저수지》를 7권으로 나눠 개정판으로 출간하게 되는 《○○○를 캐스팅하다》 시리즈 두 번째 책입니다. 이 책은 출애굽기의 핵심적인 쟁점들에 대한 학자들의 다양한 신학사상을 균형감 있게 다뤘습니다. 20-21세기 국내외 유명 신학자들의 사상과 견해들을 비교 · 평가하면서 사안별로 필자의 견해를 피력했습니다. 교조주의적인 보수주의 학자들로부터 극단적인 자유주의 비평학자들의 견해에 이르기까지 신학의 폭넓은 스펙트럼을 고르게 제시, 독자들이 신학사상의 보수와 자유의 경계를 종횡무진 오가며 성경에 대한 깊은 이해를 할 수 있도록 하였습니다.

이 책은 몇 분의 헌신과 기도로 빛을 보게 되었습니다.

먼저 표지를 멋지고 훌륭하게 디자인한 브릿지교회의 김인애 사모님께 진심 어린 감사의 마음을 전합니다. 스스로 인디자인을 터득해가며 훌륭한 작품으로 만들어낸 아내 프리실라에게 고맙습니다. 한국 구약학의 권위 있는 학자들로서 이 책을 추천해주신 강성열 교수님(호남신학대학교 구약학), 하경택 교수님(장로회신학대학교, 구약학), 그리고 설교학의 권위자인 신성욱 교수님(아신대, 설교학)께 감사합니다. 세계 최대 풍력타워 제조회사인 씨에스윈드의 김성권 회장께 감사합니다. 내 친구 김 회장의 재정 지원이 있었기에 이 책이 빛을 보게 되었습니다. 그리고 일일이 이름을 열거하지 않아도 이 책이 나올 수 있도록 해준 모든 분들에게 감사하고 싶습니다.

기독교가 세상으로부터 심한 공격과 도전을 받고 교회가 날로 무력해가고 전통적인 기독교 신앙이 크게 위협을 받는 이때, 재야의 한 보잘것없는 저술가가 내놓는 이 책이 한 알의 밀알이 되어 많은 열매를 맺기를 소망해봅니다. 이 책이 신학도에게는 신학을 열리게 하고, 설교자에게는 영감과 자극을 주고, 신앙인에게는 신앙에 활력을 불어넣기를 기대합니다. 이 책을 읽는 분들에게 우리 하나님의 놀라운 은혜가 임하길 바랍니다.

2024년 입춘
김준수

추천의 글

이 책은 창세기에 이어 동일하게 "캐스팅하다"는 제목으로 이어 나온 출애굽기 해설서입니다. 저자는 창세기부터 신명기까지 이어지는 오경 전부를 '캐스팅하다'는 제목으로 출간할 계획을 갖고 있습니다.

이 제목이 암시하듯 저자는 창세기에 이어 출애굽기를 샅샅이 훑어나가면서 학자들 사이에 논란이 계속되고 있는 쟁점들을 친절하게 설명하고 있습니다. 그리고 출애굽기의 각 본문들을 내러티브 해설 방식으로 알기 쉽게 풀어나가고 있습니다. 나아가 출애굽기의 신학적 주제들을 네 가지로 짚으면서 출애굽기를 종합적으로 이해할 수 있는 길을 잘 열어주고 있습니다.

저자의 열정과 노력이 녹아 있는 이 귀한 출애굽기 캐스팅 결과물의 일독을 적극 권합니다.

/ 강성열 교수(호남신학대학교, 구약학)

◈ ◈

구약성경에서 가장 의미심장하고 흥미로운 책을 하나 꼽자면 창세기라 말할 수 있다. 그런데 창세기 못지않게 깊은 영적 의미를 가지고 흥미진진하게 묘사하고 있는 책이 있는데, 바로 출애굽기이다.

이 출애굽기를 다루는 많은 주석들이 있다. 하지만 대부분의 주석들이 너무 학문적이고 딱딱하게 설명되어 있어서 신학을 전공하지 않은 일반인들이 접근하기에는 어려움이 있어온 게 사실이다. 그런 점에서 김준수 목사의 『출애굽기를 캐스팅하다』는 사막에서 오아시스를 만난 것과 같은 책이다.

글이나 말은 삼박자를 갖출 때 가장 효과적으로 전달된다. '콘텐츠', '맛', '재미', 이 세 가지 말이다. 아무리 내용이 좋아도 맛이 없고 재미가 없다면 문제요, 맛이 좋고 재미가 있어도 영양가가 없다면 그 또한 문제다.

이번에 김준수 목사가 내놓은 책은 삼박자를 고루 갖춘 기막힌 작품이다. 우선 김 목사는 출애굽기에 나타난 하나님의 의도와 목적을 다른 주석들에서는 볼 수 없는 차별화된

콘텐츠로 선보이고 있다. 그리고 독자들이 쉽고 재미있게 읽을 수 있도록 내용을 펼쳐 나가고 있다.

출애굽기에 나타난 하나님의 의도와 목적을 제대로 맛보려면 본서를 꼭 필독하기 바란다. 설교를 준비하는 목회자들이나 일반 성도들까지 부담 없이 접할 수 있도록 수고한 김준수 목사의 『출애굽기를 캐스팅하다』를 독자 여러분께 강추한다.

/신성욱 교수(아신대, 설교학)

출애굽기는 오경의 두 번째 책으로서 이스라엘이 하나님과 열방 앞에서 '백성'으로 등장하는 책이며, 이스라엘 역사 가운데 나타나는 하나님의 구원 사건의 '원형'이자 이스라엘 백성에게 '뿌리 체험'(root experience)으로 남아있는 '출애굽'(exodus) 사건이 기록되어 있는 책이다.

또한, 출애굽기에는 광야 유랑이나 시내산 언약과 성막 건립 같은 중요한 주제가 다루어진다. 저자는 출애굽기가 가지고 있는 이러한 주제와 내용들을 균형감을 가지고 저자 특유의 필치로 '맛깔나게' 그려주고 있다.

출애굽 사건은 그 중요성만큼이나 논쟁적 요소가 많다. 출애굽 연대, 홍해와 시내산의 위치, 출애굽 경로 등과 같은 논쟁들 말이다. 저자는 이런 복잡한 문제들을 정면 돌파해 나간다. 이 책을 읽는 독자는 출애굽기의 많은 의문점들에 대해 막힌 가슴이 뻥 뚫리며 출애굽기의 특별한 맛에 푹 빠질 것이다.

출애굽기에 담겨 있는 중요한 신학적 주제들을 알기 쉽게 제시하는 이 책은 출애굽기를 사랑하는 사람에게 성경을 이해하는 안목을 크게 넓혀줄 것으로 기대한다.

/하경택 교수(장로회신학대학교, 구약학)

차례

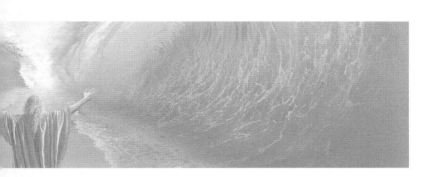

제1부 | 출애굽기 개관

출애굽기를 들어가면서

초점	하나님의 임재					
	이스라엘의 구원				이스라엘의 반응	
구성	하나님의 구원 필요	하나님의 구원 준비	하나님의 구원 활동	하나님의 보호와 안전	언약의 계시	언약에 대한 이스라엘의 반응
	1장	2-4장	5:1-15:21	15:22-18:27	19장-31장	32장-40장
주제	내러티브				율법	
	억압		해방과 승리		교훈 (성결 · 실패 · 회개 · 용서)	
무대	이집트 1:1-15:21			광야 15:22-18:27	시내 광야 19:1-40:38	
연대	아멘호텝 1세 (기원전 1546-1526) 투트모세 1세 (기원전 1526-1512) 투트모세 2세 (기원전 1512-1504) 투트모세 3세 (기원전 1504-1450) 아멘호텝 2세 (기원전 1450-1425)		기원전 1446 (아멘호텝 2세 재위 4년)			
	*430년		*2개월		*10개월	

출애굽기는 오경의 두 번째 책으로 창세기의 이야기를 계속 이어나간다. 이 책은 지구상의 수많은 민족들 가운데서 여호와 하나님이 선택하신 이스라엘이라는 작은 민족을 고대의 최강국가인 이집트의 노예 상태에서 기적적으로 해방시켜 그들에게 조상 대대로 약속하신 땅을 향해 인도하는 이야기를 담고 있다. 그런 점에서 이 책은 하나님이 천지를

창조하신 분이시고, 피조 세계를 그의 뜻에 따라 다스리시는 분이시며, 인간에게 복을 주시고 구원을 베푸시는 분이라는 것을 가르쳐준다. 하나님은 역사 속에서 이것을 보여주려고 하셨으며, 그 중심에 하나님께 선택을 받아 반응하는 이스라엘이 있다. 그러기에 이 책은 이스라엘의 미래가 어떻게 전개되어 나갈 것인지에 대해 초점이 모아지고 있다.

족장들에게 큰 민족을 이루게 하시겠다고 하신 하나님의 약속은 가나안이 아니라 엉뚱하게 이집트에서 성취된다. 그러나 그들이 있어야 할 곳은 억압과 혼돈의 세상인 이집트가 아니다. 그곳은 하나님이 그들의 조상들에게 약속하신 가나안이어야 한다. 그 축복의 땅으로 가기 위해 이스라엘은 이집트를 극적으로 빠져나온다. 하나님이 선택하신 이스라엘 백성은 천신만고 끝에 시내산에 당도한다. 거기서 그들은 하나님 백성으로 살기 위한 삶의 기준과 규범인 율법을 받고 하나님을 섬기는 예법을 배운다.

출애굽기에는 구원, 율법, 예배에 대한 주제들이 진하게 녹아 있다. 언약 백성을 구원하시고 그들과 함께하시려는 하나님의 임재는 이스라엘의 반응과 결부되어 곳곳에서 신앙의 긴장과 갈등이 나타난다. 그러한 과정을 통해 민족으로서의 이스라엘은 역사 속에서 차츰 하나님에 대한 이해와 자기 정체성을 확립해 나간다.

개관

출애굽기는 이스라엘 백성이 이집트에서 노예생활에서
벗어나 시나이 반도(Sinai Peninsula)의 거친 광야를 거쳐 여호와
하나님이 그들에게 허락하신 약속의 땅으로 향하는 여정을
소상하게 기록해 놓은 책이다. 출애굽 사건은 중기 청동기
시대(기원전 2200-1550)가 끝나고 100년쯤 후에 일어난 일이다.
그 시기를 정확히 말하기란 여간 어려운 게 아니다. 그것은
아마도 요셉이 죽은 지 70-120년 후에 일어났던 것 같다.

출애굽기의 제목은 히브리어로 '베엘레 쉬모트'(אֵלֶּה שְׁמוֹת)다.
'그리고 이름들은 이러하다'라는 뜻이다. 책 제목이 암시하듯
출애굽기는 창세기의 이야기를 계속 이어나간다. 이야기의
중심은 이스라엘의 12 아들들이다. 구체적으로는, 창세기
46:27에 언급된 야곱의 몸에서 태어난 사람들, 곧 야곱의
며느리 외에 70명의 야곱의 아들들과 손자들이다.[1] 이스라엘의
아들들이 출애굽기 1:5로 이어지며 무대의 인물들이
'그리고'란 단어로 연결된다는 것은 이 책이 창세기 내러티브의
연속이라는 것을 보여준다.

출애굽기는 글자의 뜻만으로 본다면 이스라엘이 이집트에서

나온 이야기다. 한국어 성경의 책 제목인 '출애굽기'는 '탈출' 또는 '떠남'(출 19:1)을 의미하는 헬라어 'ἔξοδος'(엑소도스)를 책 제목으로 사용한 70인역을 본뜬 영어 성경의 'Exodus'를 또다시 그대로 따른 것이다. 한자 문화권에서는 중국이 영어 성경의 'Exodus'를 '출애급'(出埃及)이라 번역했고, 우리나라는 이 한자를 우리말로 '출애굽'이라고 번역을 하고 여기에 '이집트에서의 탈출기'라는 뜻에서 '출애굽기'라고 제목을 삼았다.

'ἔξοδος'라는 히브리어 단어를 음운론적 측면으로만 보면, '밖으로'(ex)라는 뜻을 지닌 전치사 엑스(ἐξ)와 '길'(way)이라는 뜻을 지닌 명사 호도스(ὁδός)의 합성어다.[2] 이 때문에 출애굽기는 글자 그대로 이스라엘 민족의 이집트에서의 대규모 탈출만을 가리킨다고 오인하기 쉽다. 출애굽기는 역사 속에서 이제 갓 태어난 이스라엘 백성이 여호와 하나님의 인도하심으로 고대 세계의 최강국인 이집트의 손에서 벗어난 이야기가 워낙 감동적으로 그려져 있기에, 얼핏 보면 출애굽의 내용이 이 책의 전부인 양 오인하기 쉽다는 것이다.

그래서 하는 말인데, 출애굽기는 이 내용만으로 가두어 두어서는 안 된다. 출애굽기는 이스라엘 민족이 이집트에서 일시에 빠져나온 사건만 기록되어 있는 게 아니다. 출애굽기 에는 이스라엘 민족이 시내산에서 율법을 수여받고, 그들이 금방 들어갈 수 있었을 것만 같았던 언약의 땅을 밟지 못한

채 수십 년간 광야를 유랑해야만 했고, 갖은 우여곡절 끝에 가나안에 입성하기 전까지의 내용이 망라되어 있다는 것을 알아둘 필요가 있다.

이스라엘이 이집트에서 탈출한 사건은 12장까지만 기록되어 있다. 13장부터 40장까지는 출애굽 이후의 사건과 내용들을 다루므로, 오히려 독자들은 이 책의 나머지 부분들이 무엇을 말하려고 하는지를 인내심을 가지고 세심하게 살펴보는 노력이 필요하다. 그럴 때 독자들은 이 책이 '이스라엘'이라는 지구상의 한 독특한 민족이 여호와 하나님과의 관계에서 자신들의 정체성을 어떻게 확립해 나가는지에 신학적인 역점을 두고 있다는 사실을 발견하게 될 것이다.

성경의 독자들은 창세기를 읽고 난 후 곧바로 이어지는 출애굽기의 이야기를 대하지만, 두 책 사이에는 상당한 시간이 흐르고 있음을 알아야 한다. "요셉을 알지 못하는 새 왕이 일어나 애굽을 다스리더니"(출 1:8)란 표현에서 벌써 오랜 세월이 흘렀다는 것을 직감할 수 있다. 그 오랜 세월 셀 수도 없을 만큼 많은 소소한 일들이 일어났겠지만, 성경은 그러한 것들을 애써 기록하지 않고 있다. 성경은 특별한 경우를 제외하곤 구원사에서 굵직한 일들만을 다루고 있다.

성경은 세월을 훌쩍 뛰어넘어 야곱의 아들들이 이집트에

이주한 지 수백 년 후에 무슨 일이 일어났는지에 관심을 두고 있다. 창세기에서 출애굽기로 넘어오는 그 사이 70명밖에 되지 않은 야곱의 아들들은 수백만 명으로 늘어났다. 그것은 아브라함에게 하신 하나님의 약속대로였다. 이 사람들이 팔레스타인에 이스라엘을 세울 것이다. 성경을 즐겨 읽는 독자들은 세계 역사의 무대 전면에 주인공으로 등장하는 이스라엘을 보면서 어느샌가 이스라엘이 낯선 존재가 아닌 친숙함과 연대 의식을 가지며, 이스라엘의 가는 길에 진심 어린 축복과 격려의 마음을 보내게 된다.

제 1 장

───── ⚜ ─────

출애굽기의 명칭과 기능

성경을 만화책처럼 흥밋거리로 읽지 않고 세계
역사의 특별한 부분을 다루고 있는 것을 느끼는
사람이라면 모세의 두 번째 책인 출애굽기에서
이스라엘이라는 한 민족이 역사의 한복판에 등장하는
것을 알게 된다. 독자들은 이 여린 민족이 국가로서의
체제를 갖추고 이 세상의 다른 민족들과는 다른
특별한 역사를 써나갈 것임을 예견하게 된다.
/본문 중에서.

1. 출애굽기의 명칭

우리말 '출애굽기'는 이 책의 정확한 명칭이라고 보기 어렵다. 기독교가 전통적으로 사용해온 명칭인 '출애굽기'는 이 책의 19:1에 표현된 '떠남'이란 헬라어 엑소도스(ἔξοδος)에 매료된 알렉산드리아 70인역[3]과 라틴역 불가타(Vulgata) 성경[4]의 제목에서 유래했다. 70인역이 출애굽기 19:1의 "이스라엘 자손이 애굽 땅을 떠난 지 3개월이 되던 날"의 '떠난'이란 단어에 착안, 모세의 두 번째 책을 우리말 '출애굽기'를 의미하는 'Exodus Aigyptou'(Exodus from Egypt)라고 명명한 것은 기발하다. 거룩한 성서의 번역가들이 현대판 광고 카피라이터 같은 감수성이 있었기에 가능한 일이었지 아닌가 싶다.

맛소라 히브리 원문에는 '떠나다'란 동사를 '야짜'(יצא)라고 한다. '야짜'라는 단어는 출애굽기 19:1 말고도 이 책 23:16과 사사기 5:31에도 등장한다. 우리말 성경은 출애굽기 23:16의 '야짜'는 '연말', 사사기 5:31에 나오는 '야짜'는 '돋움'이라고 번역해 놨다. 해가 힘 있게 돋는 것을 '야짜'라고 한 것은 얼른 이해하기 힘들지만, 수확한 곡식을 연말에 거두어

저장해둔다고 할 때의 '연말'은 '한 해에서 떠남'이란 뜻이기에 이해하는 데 별 무리가 없다.

'야짜'라는 히브리어를 헬라어 70인역은 소유격 명사인 'ἐξόδου'(엑소두)에 관사를 붙여 'τῆς ἐξόδου'(테스 엑소두)라고 번역했다. 그래서 이 단어는 '출구', '탈출', '출발', '죽음'을 뜻한다. 그런데 이 단어의 뜻을 오해하는 사람들이 많다. '엑소두'는 '……으로부터'를 뜻하는 헬라어 'ἐξ'(엑스)와 '길'을 뜻하는 'ὁδός'(호도스)가 결합된 말로 '길에서 나오다'란 의미를 지닌 단어라는 것이다.[5] 그러나 '엑소도스'는 그 자체로 한 단어로 보는 게 좋다. 이 한 묶음의 단어는 '탈출' 혹은 '떠남'이라는 뜻을 지니고 있기 때문이다. 격앙된 설교자들이 '엑소도스'를 '길에서 떠나다'라는 말로 해석한 나머지, 설교를 할 때 죄악 된 삶으로부터의 전환 혹은 억압과 공포로부터의 전환을 강조하면서 설교를 듣는 이들에게 회개할 것을 촉구하는 것을 심심치 않게 보게 된다. 이런 설교는 좀 억지이지만 청중이 은혜롭다고 하니 어쩌랴.

헬라어 발음인 '엑소도스'는 라틴어 번역을 거쳐 영어로 번역되면서 'Exodus'가 되었다. 영어식 발음으로는 '엑소더스'다. 신약성경에는 예수님이 십자가에서 죽으시어 이 땅을 떠나신다는 '별세'를 표현할 때와 베드로가 자신의 임박한 죽음을 말할 때, 그리고 믿음을 강조하는 히브리서 11장에서 요셉이 임종 시에 이스라엘 자손들이 이집트를 떠날 것을 말할 때 이 단어를 사용했다(눅 9:31; 벧후 1:15; 히 11:22). 그러기에, 앞서 말한 것처럼 '엑소더스'란 그 자체로 '탈출'이나 '떠남'을 의미한다. 우리말 성경이 이를 '애굽으로부터의 탈출'이란 뜻을 지닌 출애굽기라고 한 것은 난센스이지만, 결과적으로는 잘 붙인 제목이라고 여겨진다.

이 책의 제대로 된 제목은, 좀 싱겁기는 하지만 히브리 성경 1:1의 첫 단어들인 '베엘레 쉬모트'(אלה שמות)에서 찾아야 한다. '그리고 이름들은 이러하다'라는 뜻을 지닌 이 말은 '그리고'란 말이 암시하듯, 토라의 첫 번째 책인 창세기의 내러티브를 계속한다는 의미를 내포하고 있다. 창세기 46:8의 문구를 그대로 반복하는 '이름들은'이란 말에서 성경의 독자들은 이 책이 야곱에게서 태어난 12지파의 유장한 이야기를 기술하고 있다는 것을 쉽게 눈치 챌 수 있다. 이렇듯 출애굽기는 '이스라엘'[6]과 그 아들들의 이주로부터 시작해(1:1-7), 이스라엘 민족의 이집트로부터의 극적 탈출(1:8-18:27), 하나님께서 이스라엘을 성민으로 선택하시는 시내언약 체결과 율법 수여(19-24장), 하나님을 어떻게 예배하는지를 계시하는 성막 건립(25-40장)까지의 이야기를 기록해 놓은 책이다.

송제근은 이스라엘이 시내산에서 하나님과 맺은 '언약' 사건에 비중을 두어 '탈출'에 강조점을 둔 출애굽기보다는

'시내산 언약기'라는 제목이 더 잘 어울린다고 주장한다.[7] 그러나 이 제목은 이 책을 '언약'이라는 개념에만 가두어놓고 마는 우를 범할 수 있어 받아들이기 곤란하다. 출애굽기는 한 민족을 통한 하나님의 놀라운 구원의 이야기라는 데 초점을 맞추어 읽는 게 올바르고 진지한 성경 읽기가 된다. 성경을 만화책처럼 흥밋거리로 읽지 않고 세계 역사의 특별한 부분을 다루고 있는 것을 느끼는 사람이라면 모세의 두 번째 책인 출애굽기에서 이스라엘이라는 한 민족이 역사의 한복판에 등장하는 것을 알게 된다. 독자들은 이 여린 민족이 국가로서의 체제를 갖추고 이 세상의 다른 민족들과는 다른 특별한 역사를 써나갈 것임을 예견하게 된다. 독자들은 이 기이한 민족을 통해 하나님과 그가 통치하시는 나라가 무엇인지를 실감나게 느끼면서 영원한 하나님 나라의 속성을 감지할 수 있다.

이렇게 귀중한 영적 정보와 가치들을 거침없이 뿜어내는 출애굽기의 중심에 있는 말이 바로 '엑소더스'이다. '엑소더스'는 워낙 널리 알려진 말이라, 기독교가 아닌 일반 세상에서도 다양한 의미로 변형되어 쓰이고 있다. 영화·소설·음반·록 밴드는 물론 심지어는 가상 애니메이션, 주식시장에서 패닉 상태에 빠진 투자자들의 무차별적인 투매현상 그리고 현실 도피 공동체의 가치체계인 세계관에 이르기까지 무분별하게 사용되고 있다. 우리나라의 유명한 9인조 보이 그룹인 'EXO'는 아마도 구약성경 출애굽기의 'Exodus'에서 영감을 얻어 지은 이름인 것 같고, 대학입시에서 학생부 전형 비중이 갈수록 커지면서 내신 성적을 잘 받으려고 강남을 떠나는 현상을 '강남 엑소더스'라고 하는 걸 보면 '엑소더스'라는 말이 일반사회 영역에까지 얼마나 광범위하게 침투했는지 알 것이다.

이런 현상은 기독교인들이 볼 때는 유감스럽지만, 대량 소비문화와 감성적 허무주의가 판을 치는 요즘 세태이니 어쩌랴. 어쨌거나 이 단어의 이미지는 수많은 사람들이 미처 준비할 겨를도 없이 어떤 부자유한 질곡의 장소에서 한꺼번에 빠져나오는 '대탈출'을 연상하게 한다. 독재국가나 전쟁 중인 국가, 기아와 폭력으로 살기 어려운 국가에서 새로운 삶을 찾아 대단위의 사람들이 걸어서 국경을 넘거나 배를 타고 먼 바다를 향해 떠나는 현상을 흔히 '엑소더스'라고 부르는 것은 저 옛날 구약성경의 출애굽 사건을 시사화한 개념이다. 우리나라도 남북한이 하나로 합쳐지는 통일이 국민적 염원이지만, 어느 날 갑자기 통일이 되면 북한 사람들이 일시에 남한 쪽으로 내려올 것을 우려해 미리 대비책을 세워놓아야 한다고 주장하는 사람들이 있다.

오늘날 마구잡이로 갖다 붙여 쓰는 '엑소더스'는 이렇게 무질서·공포·허무 등 부정적인 색채가 강하다. 하지만 분명히 알아둘 것은, '엑소더스'의 원래 의미는 하나님이 역사 속에서 행하신 놀라운 구원의 이야기라는 것이다. 그것은 역사를

주도해 나가시는 하나님과 그의 구원의 대상인 이스라엘이라는
존재를 빼놓고서는 도저히 생각해볼 수 없는 개념이다.

하나님은 허구의 세계가 아닌 인간의 삶의 현장에
뛰어드셨다. 사실 기독교인들에게 역사의 현장에 가장 격렬한
방법으로 뛰어드신 하나님의 행동을 출애굽의 현장에서만큼
찾아보기란 그리 쉽지 않다. 하나님은 신음하고 고통하며
생존을 위해 몸부림치는 인간들과 몸을 비비며, 그들의 땀
냄새를 맡고 소리를 들으며, 눈에 고인 눈물을 훔쳐 주시는
분이시다. 그들은 자유를 누리고 구원을 받아야 할 사람들이며
축복의 삶을 살아야 할 사람들이다. 그렇게 인류를 대표하는
사람이 곧 야곱의 열두 아들들로 상징되는 이스라엘 민족이다.

2. 출애굽기의 기능

출애굽기는 신학자들에게 구약의 중심을 잡는 데 크게
영향을 미치는 책이다. 왜냐하면, 이 책에서 신학자들은 비로소
하나님의 이름이 무엇인지를 알 수 있고, 역사 속에서 행동하신
하나님을 만나고, 이스라엘 종교가 어떻게 시작하였는지를
알 수 있기 때문이다. 특별히 출애굽기는 믿음의 시작이

창세기에서보다 더 많이 강조되고 발견된다는 점에서, 좀 과장해서 말한다면 "구약성서의 첫 번째 책"[8]이라고 할 만큼 신학적으로 중요하다. 이스라엘의 역사에서 출애굽 사건은 이스라엘의 종교 · 정치 · 경제 · 사회 · 문화 등 모든 영역에 광범위하고 절대적인 영향을 끼쳤다. 유목생활과 이동생활이 이스라엘에 영향을 주었다고는 하지만, 출애굽 사건은 정복사건과 함께 이스라엘 사회 전반에 더 많은 영향을 끼쳤다.

이스라엘은 출애굽 사건에서 하나님의 구원을 회상하며 희망을 노래했다. "출애굽의 경험은 이스라엘의 기억과 상상 속에 잊혀질 수 없을 정도로 각인되어 있었으며, 그 백성의 의식과 이해에 뿌리 깊게 새겨져 있었다……그 사건은 계속해서 재현됨으로써 언제나 새로워질 수 있었고, 그래서 변함없이 공동체의 마음과 기억에 새로운 활력을 불러일으켜 주었다. 그리하여 출애굽의 서사적 사건은 수천 년 넘게 문화와 종교에 자양분을 공급해 주었던 것이다."[9] 출애굽 사건은 이스라엘 예언자들에게 희망을 발견하게 하는 자양분이 되었다. 출애굽 주제는 절기(유월절과 무교절) 준수 등을 통해 이스라엘 후손들에게 계속해서 반복되었고 시편은 물론 이사야, 예레미야, 에스겔 등 대예언자들에 의해 그 의미가 심화되고 확장되었다.[10] 호세아, 아모스, 미가 등 기원전 8세기 문서 선지자들의 선포에서 알 수 있듯 이들 예언자들도 출애굽과 광야 전승들에 관한 정보들을 소상히 알고 있었던

것 같다.[11] 자, 그러면 지금부터 출애굽기가 정경으로서의
성경에서 어떠한 기능을 하는지 살펴보자.

1) 창세기와 오경의 나머지 책들을 이어주는 책

성경에서 출애굽기가 차지하는 위상은 대단히 크다.
출애굽기는 창세기의 후편이라고 해도 과언이 아니다.
출애굽기는 창세기와의 역사적 · 신학적 관계에서 일직선
상에 놓여 있다. 창세기에서 여호와 하나님이 족장들에게
주신 약속들(큰 민족, 땅, 복)이 출애굽기에서 굵고 강한
윤곽으로 드러나기 때문이다. 이러한 중요한 주제들 말고도
야곱의 아들들, 빛과 어둠의 모티브, 구름기둥과 불기둥에
의한 하나님의 인도와 보호 등 창세기의 중요한 주제들이
출애굽기에서 그대로 이어지며 그 의미들이 심화된다.

그런 점에서 출애굽기는 창세기로부터 시작해 신명기로
끝나는 모세오경과 하나님이 그 백성들에게 약속하신 땅의
정복과 분배를 알려주는 여호수아까지를 포괄하고 있는
동시에, 성경의 중심축인 이스라엘의 모든 것을 함축하고
있다고 말할 수 있다. 출애굽기의 중요성은 이 책이 구약
자체에서 제일 많이 인용되고 있는 사실로 확인된다.

출애굽기는 또한 신약에서도 시편과 이사야서 다음으로 많이 인용되고 있는 책이기도 하다. 신약의 성도들에게 출애굽기는 신앙 행위에 거의 절대적인 영향을 끼쳐왔다. 기독교인들에게는 출애굽 사건이 예수 그리스도의 죽음과 장사, 그리고 부활 등 구속 사역을 상징하는 것으로 여겨져 왔다.[12] 이처럼 신구약성경, 특히 구약에서 출애굽기의 위치는 빛나는 자리에 있으며, 따라서 성경에 없어서는 절대로 안 될 만큼 그 기능은 막중하고 또 막중하다고 할 수 있다.

2) 이스라엘은 누구인가를 소개하는 책

이스라엘은 자기 민족의 기원을 출애굽에서 찾는다(신 26:5-9). 재미있는 사실은 이스라엘의 이웃 민족들도 이스라엘이 이집트에서 기원한 것으로 여겼다(민 22:5). 이스라엘은 출애굽에서 하나님의 구원을 경험했고 율법을 받았으며 선택된 민족으로서 인류사적인 책무를 부여 받았다(출 19:5-6). 이스라엘이 민족과 국가를 형성하는 과정에서 정치와 종교는 불가분리의 긴밀한 관계였다. 침멀리(Zimmerli)는 구약의 종교가 모세 시대부터 시작했다고 확신하는 사람이다.[13] 이것은 그가 모세 이전 족장들의 역사성을 자신하지 못한 데서 기인한 것이라기보다는 하나님께서 여호와의 이름으로 이

지구상에서 한 특별한 민족을 불러내어 구원을 경험하게 하고 그들에게 여호와 신앙을 주신 전무후무한 정치·종교적 사건이 출애굽기에 나타나 있기 때문이다. 침멀리는 이스라엘 역사가 창세기 12장의 아브라함에 관한 이야기와 그의 후손들인 이삭과 야곱의 이야기로부터 시작되고 있다는 것을 인정한다.

그런데도, 이것은 우리가 이스라엘 역사에서 하나님과 백성들 간에 맺은 언약의 산울림을 아주 멀리서부터 들을 수 있는 것이므로 이스라엘의 실질적인 역사는 이스라엘이 한 민족으로서 출현한 출애굽 사건 때부터라고 봐야 한다고 그는 주장한다.[14]

크리스천은 출애굽의 역사를 성경 그대로 받아들이느냐 안 하느냐에 따라 나머지 성경에 대한 시각이 다르게 된다고 해도 과언이 아니다. 미국 프린스턴신학교의 저명한 개혁주의 성서신학 교수였던 게할더스 보스(Geerhardus Vos, 1862-1949)는 "출애굽기나 선조들의 이야기를 기록한 역사적 성격을 흔들림 없이 믿느냐 믿지 않느냐 하는 것은 (성경의 구속사적인 측면을 이해하고 받아들이는) 불가피한 결과의 차이를 일으킬 것이다. 이런 질문을 가벼운 질문이라고 몰아세우는 것은 우리 시대의 영적인 경박함을 드러내주는 것이다."[15]고 말했다. 게할더스 보스의 이 말은 출애굽의 역사성이 하나님의 구원활동과 관련하여 얼마나 중요한지를 환기시킨다.

3) 하나님은 누구신가를 소개하는 책

출애굽기의 공헌 중 하나는 이 책이 이스라엘이 신앙하는 하나님에 대한 본격적인 소개가 나온다는 점이다. 독자들은 이스라엘과 함께 하나님이 누구며 어떤 일을 하시는 분인지를 배우게 된다. 출애굽기에서 하나님은 인간의 역사 현장에 뛰어드셨다. 이스라엘은 자신들을 속박의 땅에서 이끌어내 약속의 땅으로 인도하시는 하나님의 이름이 무엇인지를 알게 되었다. 그들은 하나님이 말로만 듣던 자신들의 조상들과 어떤 관계가 있었는지를 알게 되었다. 시내산에서 맺은 언약이 왜 은혜의 언약인지를 절절히 마음에 담을 수 있었다. 그들은 또 자신들이 하나님을 어떻게 예배해야 하는지를 알게 되었으며, 자신들의 삶을 규율하는 원리가 하나님께로부터 나온 것이라는 사실도 알게 되었다.

그들은 이 모든 일들이 자신들을 "제사장 나라가 되며 거룩한 백성"(출 19:6)으로 삼으시어 복을 주시려는 하나님의 자비로운 행위인 것을 출애굽과 광야 여정에서 시행착오를 거듭하며 깨달을 수 있었다. 이스라엘은 하나님의 창조의 목적인 하나님의 아들(출 4:22; 호 11:1)의 신분을 가지고 열방의 빛(사 42:6; 49:6)이요 하나님의 왕 같은 제사장(사 61:6; 벧전 2:9)이라는 막중한 책임 의식을 가짐으로써 정체성을 확립해 나갈 수 있었다. 이스라엘 백성이 느꼈던 하나님의 특별한 혜택과 그 책임 사이에서 오는 긴장 관계는 이스라엘의 전체 역사를 지배하였다고 해도 과언이 아니다.

4) 이스라엘의 영광된 미래에 관한 책

구약에서 가장 위대한 하나님의 구원 사건인 과거의 출애굽 사건을 이스라엘은 현재의 획기적인 현상 타파와 미래의 영광된 소망과 관련지어 해석하곤 했다.[16] 즉 현실의 지평 위에서 전망해본 출애굽 사건을 미래의 구원을 위한 하나의 패러다임으로 삼고 구원 백성의 역사에 또 한 번 하나님의 결정적인 개입을 희망했던 것이다. 그러한 바람은 특히 바벨론 포로생활 때와 이스라엘의 궁극적인 회복을 고대하는 선지서들에 잘 나타나 있다. 출애굽의 역사와 정신은 이스라엘이 멸망한 후에는 제2출애굽(렘 12:15; 16:14-15; 29:14; 31:23-26)으로, 더 나아가 다윗 왕을 능가하는 메시아의 도래 (사 42:1-7; 암 9:11-15)로 말미암은 제3출애굽으로 분명하게 이미지화되어 있다.

이처럼 출애굽이란 현실의 기대든 종말론적인 소망이든 하나님이 자신의 언약에 기초하여 선택하고 은혜를 베푸시려는 백성들에 대한 자신의 절대적인 능력과 실제적인 공급과 관련되어 있다. 그러한 배경에는 하나님은 충분히 그러한 능력을 가져다주는 분이시라는 생각들이 깔려 있다.

출애굽기에는 이 땅에 메시아로 오신 예수 그리스도의 사역을 예표하는 사건들이 많다. 그리스도인은 십자가에서 인류의 죄를 위해 대속의 피를 흘리신 예수님을 유월절 양으로 생각한다. 그리스도인은 예수 그리스도께서 자신의 인격과 사역으로 마지막 출애굽을 완성하신 것으로 해석한다.[17] 그리스도인들은 또 성찬을 통해 구원의 감격과 구속된 공동체의 일원이 된 것을 확인하고 선교의 사명을 다짐하며 미래에 경험하게 될 영광스러운 하나님의 약속을 붙잡는다.

제 2 장

출애굽기의 저자

오경이 어떻게 생겨났으며 어떻게 발전했는지에 대한
의견들은 다양한 스펙트럼이 존재한다. 이것은 마치
사물에 대한 가치판단들이 저마다 다르고, 우리의 신앙
또한 무지개의 일곱 색깔처럼 알록달록 다른 것과 같다.
/본문 중에서.

1. 도전 받는 모세 저작설

출애굽기의 저자가 누구인지의 문제는 출애굽기 문제로만 국한되는 게 아니라 오경 전체와 연관 지어 결정해야 하는 성질의 것이다. 오경의 저자는 전통적으로 모세로 여겨져 왔다. 성경 자체는 모세를 오경의 저자로 말하고 있다. 글리슨 아처(Gleason L. Archer)는 "인간의 모든 문학작품들 가운데 가장 위대하고 중요한 문학적 작품을 그(모세)가 아니면 과연 누가 썼겠는가? …… 모세 저작권을 부인하는 현대 이론들은 합리적으로 형성된 것이라기보다 남의 말을 너무 쉽사리 믿는 현대인들의 경박한 사고의 산물일 뿐이다."[18]라며 영적으로 아둔한 현시대의 풍조를 개탄했다.

아처가 말하는 현대 이론이란 역사비평학적으로 오경에 접근하는 세 가지 경향이다. 자료비평, 양식비평, 전승사비평이 그러한 태도들이다. 토라에 대한 이들 현대 연구가들은 오경의 모세 저작을 전면 거부하거나 일부만이 모세로부터 나온 것이라고 주장한다. 수많은 잡다한 전승과 문헌들이 모여 편집되고 수정되어 마치 통일체처럼 된 게 오경이라는 것이다.

자료비평(문서설)은 오경이 한 사람에 의해 기록된 게 아니라 모세 이후에 살았던 사람들에 의해 여러 개의 문헌들이 결합된 것이라고 주장한다. 오경의 모세 저작에 의문을 품고 오경을 연구함으로써 성경의 영감설에 본격적으로 반기를 들기 시작한 때는 18세기의 일이었으며, 19세기에는 신학계에 자료비평이 아니면 명함조차 내밀기 힘든 분위기였다.[19] 자료비평의 대부 격인 학자는 율리우스 벨하우젠(J. Welhausen, 1844-1918)이었다.[20] 벨하우젠이 문서설을 주장한 이래 오경은 네 가지의 서로 다른 문서들, 즉 J → E → D → P 순으로 각기 존재해 오다가 오경 안에 결합된 형태로 나타났다는 견해가 비평학계에서 거의 정설로 굳어지는 듯했다. 그러나 오경이 어떻게 생성되었고 발전했는지에 대한 자료비평적인 연구 접근은 자유주의 학자들 사이에서도 그 신빙성에 관한 논란이 가열되었고, 20세기에 들어와서는 문서설 자체에 근본적인 의문을 제기하는 학자들도 상당수 나왔다.[21]

오경의 기원에 대한 또 하나의 자유주의적인 학풍은 양식비평적 접근을 시도한 학자들에게서 발견된다. 양식비평이란 오경 본문 안에 문학적인 양식이 있다고 보고 당시의 양식 배후의 역사적인 현장을 이해함으로써 오경의 형성과정을 밝히려는 역사비평의 한 가지 방법을 말한다.[22] 벨하우젠과 드 베테(de Wette)등 일군의 학자들이 문서가설에 바탕을 두고 오경의 내용들을 연구한 데 반해, 헤르만 궁켈(Hermann Gunkel)은 성경 안에 있는 다양한 문학단위들을 양식(genre)이라는 관점에서 설명했다. 궁켈은 벨하우젠식의 성서비평이 상당 부분 구약의 종교적인 가치를 훼손했다고 생각했다. 그는 구약성서에 있는 이스라엘의 전설 · 신화 · 노래 · 영웅담(saga) 등 문학단위가 고대근동의 타 문화권과 공유하면서 교류하고 있었다는 것을 발견하고, '삶의 정황'(sitz im leben)에 깃들어 있는 문학적인 형태를 이해하는 길만이 성서 본래의 의미를 파악하는 최선의 방법이라고 강조했다.

오경의 기원에 대한 마지막 세 번째 학풍은 전승사 비평이다. 양식비평과 전승사 비평의 연장선상에 편집비평과 정경비평 등 보다 세련된 현대적인 학풍이 있다. 고대 이스라엘의 일상생활에 깊게 배어 있는 삶의 흔적과 편린들이 문학이라는 용기에 담아져 용해되고 반영된 결과가 구약성서라고 하는 주장을 양식비평이라고 한다면, 그러한 문학단위들이 구두 전승의 형태로 전해져 내려오다가 마침내 문자로 고착되었다고 보는 견해를 전승사비평이라고 한다. 대표적인 학자로 마틴 노트(Martin Noth)와 폰 라트(von Rad)를 들 수 있다.

노트는 1948년 펴낸 『오경 전승사』(A History of Pentateuchal Traditions)에서 창세기에서 민수기까지가 하나의 문학 단위라는 4경(Tetrateuch)설을 주장하며 오경의 기틀을 이루는 중요한 주제들이 다섯 가지(족장 전승, 출애굽 전승, 시내산 전승,

광야 방랑기 전승, 가나안 정착 전승)가 있다고 보았다. 그는 서로 독립적으로 기원하고 발전한 이 다섯 가지 기본전승들이 오경 전체의 내용을 구성한다고 보았다.[23] 폰 라트도 궁켈이 탐험한 양식비평을 전승사적 시각에서 접근해 오경의 최종적인 편집 의도를 편집비평의 차원에서 찾고자 했다.

폰 라트는 오경의 본문이 뚜렷한 신학적 의도를 가진 일단의 기자들에 의해 모세 후대에 편집되었다고 확신한다.[24] 즉 야웨 문서 기자가 출애굽과 시나이가 연결된 전승을 그 이전에 존재한 모든 히브리 문학 자료에 첨가하여 하나의 전체적인 줄거리를 만들고, 여기에 또 다른 족장 시대의 자료들로 채워진 줄거리를 엮어서 두 개의 큰 이야기 덩어리에 의해 오경이 형성되었다는 것이다.[25] 가령 정복 전승의 경우 "이것은 어떻게 가나안 땅을 이스라엘 백성들이 정복하게 되었는지에 대한 것으로 족장들에 대한 약속과 먼저 결합되었는데, 이는 약속을 하시고 실현하시는 하나님의 은혜를 전하기 위한 것으로 야웨 신앙의 복음을 말해주는 것이다."[26]라고 보았다.

4경이 신명기 혹은 신명기적역사가의 신학적인 관점에서 쓰였다고 주장하는 학자들도 있다. 신명기 혹은 신명기적역사가의 신학적인 요소들이 창세기부터 민수기에 이르기까지 광범위하게 배여 있다는 것이다.[27] 이들 학자들은 특히 출애굽기 23:20-33 단락을 사례로 제시하며 신명기사가의

동기, 문체, 언어적인 특징들이 분명하게 발견된다고
주장한다.[28]

　이상과 같이 오경이 어떻게 생겨났으며 어떻게 발전
했는지에 대한 의견들은 다양한 스펙트럼이 존재한다. 이것은
마치 사물에 대한 가치판단들이 저마다 다르고, 우리의 신앙
또한 무지개의 일곱 색깔처럼 알록달록 다른 것과 같다.
교통과 통신이 눈부시게 발달한 오늘날에도 무성한 추측과
해석이 난무하는 일들이 많다. 어떤 역사적(historical) 사건에
대한 사실(fact)과 그 사건(event)에 대한 해석(interpretation)이
역사적 서술이라고 말한다면, 오경이 비록 어떤 곳에서는 역사
교과서처럼 통일성과 일관성이 다소 결여되어 있다고 하더라도
"우리는 저자(모세)가 기록들을 전해 받은 그대로 보존하였고
역사적인 신빙성을 위해 일정 부분 통일성의 결여를 감수했을
것"[29]이라고 생각하는 게 좋다.

2. 건재하는 모세 저작설

오경의 저자가 모세가 아니라고 하는 현대 비평학자들의 그럴듯한 주장들에도 불구하고 모세 저작을 지지하는 전통적인 목소리들은 결코 사그라지지 않는다. 전통적인 견해들은 오경 안에 간혹 모세 이후의 정황이 엿보이긴 하나, 이런 사소한 몇 가지 흠들을 제외하면 출애굽기를 비롯한 오경이 모세가 아닌 누군가에 의해 쓰였다고 보기에는 무리가 있다는 것이다.[30] 출애굽기와 관련하여 모세 저작을 판별하는 시금석이 되는 요소들을 살펴보면, 아마도 중요한 변수가 되는 것들로 이스라엘 백성의 이집트 체류, 모세의 어린 시절, 출애굽 연대, 후기 청동기 시대쯤으로 보이는 이스라엘의 가나안 정복 당시 여리고, 라기스, 벧엘, 드빌의 존재와 멸망 사실 유무 등이 될 것이다. 이러한 것들이 사실인가 아닌가, 혹은 1400년 무렵의 일인가, 아니면 일각에서 주장하는 그보다 훨씬 뒤늦은 시기(이른바 '늦은 연대설')인 기원전 13세기까지 바짝 당겨지는가 하는 문제는 역사학 분야에서 고고학적인 조사결과에 의해 상당히 좌지우지되는 것 같다.

오늘날 성서고고학의 발달은 성서의 역사가 허구나 억지가 아닌 역사적인 사실이라는 점을 크게 고무시켜주고 있다. 그와는 반대로 또 어떤 조사결과는 성서를 역사적으로도 진리라고 믿는 사람들을 실망시켜 주기도 한다. 우리가 성서고고학적인 조사결과에 의문을 품는 이유다. 미국계 유대인 학자인 스펠링(Sperling) 박사는 성서고고학이 성서의 역사성에 부정적인 태도보다는 긍정적인 태도를 더 많이 보여 왔다고 말한다. 성서고고학은 특히 족장들의 시대, 이스라엘 민족의 이집트 노예 생활, 가나안 정복에 관한 성서의 기록들이 상당 부분 역사적 신빙성이 있다는 것을 밝혀냈다.[31] 지난 세기 동안 성서고고학자들은 가나안 땅에서 신생 이스라엘이 언제 어떻게 생성하였는지, 시나이 반도와 이집트 동북부에서 이스라엘 민족이 언제 어떻게 체류하고 이집트를 떠났으며 광야에서 방랑을 하였는지를 알기 위해 총력을 기울였다. 그러나 아쉽게도 그들의 눈물겨운 노력에 비해 결실은 실망스럽다. 가나안 땅에서 이스라엘의 시작을 입증할 만한 고고학적인 결정적인 증거들은 빈약하다. 이집트와 시나이 반도에서 발굴된 고고학적인 증거들도 반드시 긍정적인 것만은 아니다.[32] 이것은 고고학에 기대를 걸면 기대한 만큼 실망도 크다는 것을 경고해준다.

그러므로 우리는 고고학의 역할을 너무 신봉한 나머지 그 유물들의 발굴 결과에 일일이 성경의 사실들을 비추어가며 일희일비하는 것은 성경 연구에 그리 도움이 되지 못하다는 사실을 알아야 한다. "고고학으로부터 성경이 주장하는 것들에 대해 어떤 독립적인 증거나 과학적인 증명거리를 찾아낼 것으로 기대한다는 것은 지극히 단순한 생각"[33]이기 때문이다. 미국의 고고인류학자인 데버(Dever)도 이 점을 잘 지적하고 있다. 성서에 기록된 사건들이 역사적 사실인지 아닌지 규명하려는 고고학적인 발굴 결과들이 항시 옳다고 볼 수 없는 것은 "역사로서의 성서"(Bible as history)가 그 자체로 함정이 있기 때문이다.[34]

제3장

출애굽기의 저작연대와 배경

1. 내적 증거들—통일성 있는 기록연대

　지금으로부터 3200–3500년 전 어느 시점에 대단위의 민족적 히브리인들이 고대의 강력한 왕국인 이집트를 탈출했다는 성경의 기록은 역사적 사실인가 그렇지 않으면 문학적 허구인가? 고고학자들이 땅속을 파헤쳐 발굴해 낸 증거들은 뭐라고 말하고 있는가? 이스라엘 민족의 출애굽 사건은 이스라엘의 역사에서도 중요하지만 성경의 사건들을 하나님이 하신 일이라고 믿는 기독교인들에게도 굉장히 중요하다.

출애굽 연대는 솔로몬 통치 이전에 이스라엘에 어떤 일이 있었고 이스라엘의 다양한 시대와 연관하여 문화적인 배경들을 가늠하게 하는 나침판과 같은 역할을 할 뿐만 아니라, 그 연대가 신뢰할 만한 게 아니라면 성서에 나타난 숫자들과 연대기는 엉망이 되고 말 것이기 때문에 성경을 공부하는 사람들에게는 언제나 큰 관심을 끌고 있다.[35]

그런데 문제는 성서에 그토록 사실적으로 묘사된 출애굽 이야기를 뒷받침해주는 성서 외적인 결정적인 증거들이 빈약하다는 데 있다. 이스라엘인의 이집트 체류나 출애굽의 역사적 증거나 직접적인 고고학적 증거가 거의 전무하다는 사실은 학자들로 하여금 성서의 내용에 의문을 품게 만든다. 이러한 당혹스러움은 성서 고고학자인 라이트(G. Ernest Wright)의 푸념에서 엿볼 수 있다. 라이트에 의하면, 이집트와 광야에서 하나님이 하신 경이로운 사건들은 이스라엘에게는 중요한 것이지만 성서 외에 이렇다 할 기록이 없는 이집트인들에게는 하나도 중요하지 않다는 것이다.[36] 사실 이집트인들의 역사 기록에는 성서의 출애굽 사건을 입증해줄 만한 결정적인 자료가 없다. 출애굽 사건을 역사적 현실로 받아들인 존 브라이트(John Bright)도 이집트의 기록에 많은 이스라엘 민족이 거기에서 살았다거나 홍해를 건너 가나안에 갔다는 이렇다 할 증거가 없다는 것을 애써 부인하지 않는다. 고고학자들이 발굴한 결과들이 성서의 증거들을 뒷받침해 주면

좋겠는데 고고학은 보탬보다는 종종 논란만 가중시켜 왔다.

이 때문에 출애굽의 역사성에 대해서 부정적인 학설들이 난무하는 가운데 많은 학자들이 의구심을 품고 있다. 출애굽의 역사성은 1세기 전부터 미니멀리스트들 (minimalists)을 중심으로 한 일군의 학자들에게서 노골적인 도전을 받기 시작했다. 밀러와 헤이스(Miller & Hayes)는 창세기부터 여호수아까지 출애굽을 포함한 성경의 기록들은 실제로 일어난 일이 아니라 신학적으로 꾸며낸 문학적 구성물이라고 생각한다.[37] 『파헤친 성서』 (The Bible Unearthed)의 공동 저자인 이스라엘 고고학자 핀켈스테인(Finkelstein)과 미국 역사고고학자 실버만(Silberman)은 다짜고짜 그 책의 첫 면에서 하나님이 아브라함을 부른 이야기부터 아브라함의 가나안 일주 여행, 모세가 이스라엘 자손을 이집트의 속박에서 구원해 낸 성경의 기록들은 "인간의 놀라운 상상력의 산물"[38]이라고 장담했다. 극단적인 자유주의 신학자인 톰슨(Thompson)은 출애굽 내러티브는 "신학적이고 문학적인 창작물"[39]이라고 주장했다. 스스로 역사 미니멀리스트를 자처하는 덴마크 코펜하겐 신학교수인 렘케(Lemche)는 출애굽 이야기는 이스라엘의 역사가가 자기네 국가의 건국 신화를 만들어내려고 고안해 낸 전설에 불과하다고 주장했다.[40] 람케는 출애굽의 역사성을 증명하는 분야에서 논쟁은 거의 결판이 났다고 호언했다.[41] 쿠트(Coote)는 출애굽기 기자가 시대착오적이며 이스라엘 역사에 무지를 드러내고 있다며 역사적으로 출애굽 사건은 일어나지 않았다고 큰소리쳤다.[42) 레드포드(Redford)는 출애굽기에 나오는 지리는 성서의 자료들이 역사기록에 바탕을 둔 "역사화된 신화"라고 하면서 출애굽기와 민수기에 언급된 지명들은 이집트 왕조가 이집트를 통치하던 기원전 6세기 상황을 반영한다고 주장했다.[43) 무려 868쪽이나 되는 출애굽기를 쓴 도우즈만(Dozeman)은 고센의 위치를 포함한 불확실한 지리, 이스라엘 자손의 비현실적인 출애굽 숫자, 열악한 시내 광야의 환경 등으로 미루어 출애굽 역사는 아예 없었거나 있었더라도 성경의 기록과는 달리 후대에 소규모로 일어난 사건이었을 거라고 주장한다[44)

이와 같이 비평학이 대두된 이래 근 200년 동안 출애굽의 역사성은 끊임없이 도전을 받아왔다. 그러나 비평학자들의 이러한 주장들에 대해 성서고고학자들이 모두 다 찬동하는 것은 아니다. 고고학에 조예가 깊은 미국 트리니티 복음주의신학교의 구약학 교수인 호프마이어(Hoffmeier)는 고고학의 간접적인 증거가 그럴 듯하거나 있음직한 것으로 판명되어도 성경의 역사성을 약화시킬 수 없다고 생각한다. 그는 오히려 고고학과 성경의 본문은 상호보완적으로 기능할 때 성경의 역사는 진실한 것으로 받아들여진다고 본다. 호프마이어는 비돔과 라암셋에서 중노동을 하며 압제를 받은 히브리 사람들에 관한 성경의 기록은 이집트에서 발굴된 자료들과 일치한다며 성경의 출애굽 이야기는 "인간의 놀라운 상상력의 산물"이 아니라고 주장한다.[45] 고고학적인 발굴을 토대로 성서와 성서 외적인 자료들을 종합적으로 분석한 결과 람세스, 비돔, 숙곳, 믹돌 등 출애굽에 나오는 지명들은 출애굽 당시의 지명들이 분명하다.[46] 호프마이어는 모세의 역사성은 물론 출애굽의 역사성은 분명하다고 주장한다.[47]

호프마이어의 주장처럼 오히려 지금 구약학계에서는 출애굽 사건이 역사적으로 실제로 일어난 사건이라는 데 논쟁의 여지가 없는 듯이 보인다. 종종 모세의 실존 여부와 출애굽을 서로 분리하여 생각할 수 없다는 주장도 제기되지만, 모세의 실존 여부와 관계없이 출애굽의 역사성을 인정하는 학자들도 있다.[48] 성서고고학계의 탁월한 학자인 존 브라이트(John Bright)도 그러하다. 브라이트는 성서 자체의 증언이 너무도 인상적이기 때문에 출애굽의 구원 사건이 역사 속에서 일어났다는 것을 의심의 여지가 없이 받아들인다.[49]

심리학적으로 볼 때도 출애굽 이야기는 없는 사실을 있는 것처럼 조작한 가능성은 찾기 어렵다. 이스라엘이 구약 시대 전체에 걸쳐서 출애굽을 하나님이 자신들을 사지에서 건져내어 하나님 백성으로 탄생시킨 사건이라고 회고하고 있는 것은 심리적이 아니라 확실히 역사적이다. 브라이트는 출애굽 내러티브에서 다른 나라에서 흔히 떠도는 "영웅

서사시를 발견할 수 없고 오직 구원을 일으키시는 하나님의 권능만 강조되는 수치스러운 회상을"[50] 후대의 이스라엘이 고안해 냈다는 주장은 그럴 듯하지만, 합리적으로는 성립되지 않는다고 말한다. 유대인 신학자인 나훔 사르나(Nahum M. Sarna)는 만일 출애굽 사건이 "'꾸며낸 이야기'라면 왜 이 이야기가 그토록 성공적으로 세대에서 세대로, 세기에서 세기로 전수되는가?"라고 반문하며, 이스라엘이 이런 "불명예스럽고 근거 없는" 이야기를 실제 역사인 것처럼 교묘히 만들어 자기네 종교와 국가를 알릴 필요성은 없었으므로 성서의 출애굽 이야기는 분명히 실재한 역사라고 주장한다.

그런데 출애굽이 역사적 사실이라면 우리는 어떻게 그것을 증명할 것인가? 그거야 물론 역사적 증거자료로써 입증하는 일이다. 신빙성 있는 증거가 발견된다면 출애굽의 역사적 사실은 더욱 분명하게 증명될 것이다. 그것은 또한 출애굽의 시기를 가늠하는 데 도움을 주게 될 것이다. 그러나 현재까지는 출애굽의 역사적 사실을 뒷받침할 만한 증거들은 간접적인 것들은 많지만 직접적인 것들은 거의 없다. "출애굽의 가능성은 충분하지만 그 사건을 입증할 만한 방법은 없다."[51]는 가르비니(Garbini)의 한탄에서 우리는 출애굽 사건을 역사적 사실로 증명하는 작업이 얼마나 지난한 일인가를 실감하게 된다. 출애굽에 관한 성경의 기록이 진정성이 있는 것인지 아닌지를 확인하기 위해 고대 이집트의 문헌, 유물, 정밀 지형사진 관찰 결과 등 성경 외적 증거들이 발견된다면 환영할 일이다. 호프마이어는 그러나 그러한 성경 외적 증거들이 성경의 기록을 입증하는 데 반드시 필요한 선결조건이라고 생각하지 않는다. 구약성경 안에 출애굽과 광야 전승에 관한 언급은 수도 없이 많이 등장하기 때문이다.[52] 구약성경의 영감 받은 저자들의 그러한 기록들은 역사적으로 꼭 증명이 되는 것은 아니지만, 지리와 물건들에 대한 정확하고 자세한 묘사와 사건에 대한 생생하고 사려 깊은 묘사는 성경 그 자체가 이미 상당한 정도로 역사성을 보증하고 있다는 것을 말해준다.

그런데도 출애굽에 대한 역사성을 확인시켜주는 결정적인 성경 외적 자료가 발굴되기를 우리는 기대하고 있다. 출애굽의 역사성 입증은 이 방면에 종사하는 학자들의 몫으로 돌리고, 본서는 출애굽 연대 산정에 상당 부분 지면을 할애해 독자들의 이해를 돕기로 한다. 출애굽 연대를 산정할 때는 성경 안에 있는 내적 증거들과 성경 바깥에 있는 외적 증거들이 기준이 된다. 먼저 내적 증거들부터 간단히 살핀 후 외적 증거들을 자세히 살펴보자. 출애굽 연대를 산정할 때는 종종 다음과 같은 성경의 내적 증거들이 기준이 된다.

1) 열왕기상 6:1

이 구절은 솔로몬이 성전을 건축하기 시작한 해를 이스라엘 자손이 이집트 땅에서 나온 지 480년이 된 해라고 말한다. 성전이 건축하기 시작한 해는 솔로몬이 이스라엘 왕이 된 지 4년 후의 일이므로 기원전 966년을 가리킨다. 이러한 수치를 근거로 역산해보면 출애굽 연대는 1446년이 된다. 유진 메릴은(Eugene H. Merrill) 이 연대에 출애굽 사건이 있었다고 확신하는 학자다.[53] 그는 열왕기상 6장 1절이 제공하는 연대기적 정보가 만일 잘못된 것이라면 성경 전체의 연대는 엉망이 될 것이기 때문에 이 구절의 연대는 더욱 신빙성이 있다고 생각한다.[54] 그러나 늦은 연대를 주장하는 학자들은 480년의 실제 햇수를 12세대×25년(한 세대)인 300년으로 보고 출애굽 연대를 1266년으로 추정한다. 존 브라이트는 이런 견해를 취한다. 그는 숫자 40과 80이 규칙적으로 나타나는 사사기의 언급을 관찰하고 40은 실제로 한 세대를 가리키는 25년으로 보았다.[55]

2) 사사기 11:26

이 구절은 왕상 6:1의 진술이 신빙성이 있다는 것을

지지해주는 성경 내의 연대기적 정보다. 이 구절이 제시하는 정보는 용맹스러운 대사사 입다가 트랜스 요르단의 모압 지역에 대한 이스라엘의 관할권에 대해 이의를 제기하며 시비를 거는 암몬 왕과 외교적인 언사가 오고 가는 과정에서 나타난다. 입다는 여기에서 이스라엘이 이집트를 나와 가나안을 향해 가는 도중 트랜스 요르단의 일부 땅들을 정복하고 거주한 지 이미 300년이 지났다고 밝히면서, 암몬이 부당하게 이 지역의 반환을 요구해오는 경우에는 한판 전쟁을 불사할 것이라고 천명한다. 입다가 이 말을 한 때가 언제냐 하는 것은 100% 정확하지는 않지만 출애굽이 언제 있었는지 가늠하게 해준다.

사울이 이스라엘의 초대 왕에 즉위하는 해를 학자들은 일반적으로 기원전 1050년으로 본다. 이 해를 기준 삼아 역산해보면 이스라엘이 가나안을 정복하고 거주하던 해는 기원전 1350년이다. 여기에 여러 가지 정황으로 미루어 입다가 사울보다 100년쯤 전 활약한 인물이라는 점을 감안하면 입다가 이 말을 하였을 때는 기원전 1150년 무렵이었을 것이다. 그렇다면 입다가 언급한 '300년 전' 이라는 말은 이래저래 대략 1450년까지 거슬러 올라가게 된다. 이 구절은 왕상 6:1보다는 출애굽 시기가 명확하지 못하지만 이른 연대성을 뒷받침하는 성경의 중요한 내적 증거자료다. 그러나 늦은 연대설을 주장하는 학자들은 입다가 말한 300년을 과장된 숫자라고 본다.

3) 사도행전 13:19

이 구절은 바울이 1차 선교여행 때 비시디아 안디옥에서 행한 유명한 설교다. 이 설교에서 바울은 하나님께서 가나안 땅 일곱 족속을 멸하시고 그 땅을 이스라엘 자손에게 기업으로 주시기까지 약 450년이 걸렸다고 증언하고 있다. 다윗과 그 군대가 가나안 일곱 족속을 완전히 멸망시킨 해는 명백히 예루살렘 시온성에 거주하는 여부스족을 섬멸하던 해인 기원전 995년경의 일이었으므로, 여기에 450년을 역산하면 1445년이 된다. 이것은 출애굽 연도를 후기로 잡는 견해들을 무색하게 만든다. 그러나 늦은 연대설을 주장하는 견해는 야곱이 이집트로 이주한 시기는 이집트의 해외 지배력이 강했던 힉소스 왕조(기원전 1720-1567)이며, 사사들의 활동 기간도 150년을 넘지 않았던 것으로 보기 때문에 출애굽 연대를 이른 연대보다 150-200년쯤 후인 13세기 중후반 무렵으로 추측한다.

2. 외적 증거들 ― 수수께끼 같은 기록연대

그리스도인은 아무런 선입견 없이 출애굽 이야기를 읽고 그 사건에서 계시되는 이스라엘의 하나님을 만난다. 그러나 비그리스도인은 출애굽 이야기는 신앙인들만의 공유된 견해라며 그것을 사실로 받아들일 수 없다고 선을 긋는다. 그리스도인이라고 해서 모두가 출애굽 이야기를 역사적 사실로 받아들이지는 않는다. 모세오경을 연구하는 학자들 중에는 벨하우젠의 문서가설을 여과 없이 수용하다가 미궁에 빠져 하나님의 계시의 역사를 놓치고 마는 사람이 있다. 성경이 비역사적 현실이라는 어떤 선입견에 사로잡혀 있을수록 출애굽 연대는 일반사와 조화되지 않는다고 생각하는 경향이 있다.

연대 문제와 함께 성경의 기록이 근본적으로 과장되었거나 상당 부분 허구라고 주장하는 학자들도 의외로 많다. 예를 들면 이집트에서 탈출한 이스라엘 사람들의 숫자다. 보수적인 학자들 중에서도 숫자가 터무니없이 과장되었다고 생각하는 학자들(G. Mendelhall, G. Wenham)도 있다. 급진적인 학자들은 아예 출애굽의 역사성에 의문을 품는가 하면 모세가 역사적 실존인물인지 고개를 가로젓는다. 존스톤(W. Johnstone)이란 학자는 출애굽 사건은 역사에서 없던 일이라고 드러내놓고 주장했다. 그는 성경에서 말하는 시내산은 200만 명이나 되는 이스라엘 사람들이 1년 동안이나 장막을 치고 지내기에는 턱없이 면적이 작고, 그 지역에서 이스라엘 사람들이 지냈으리라고 판단되는 어떠한 고고학적 유물들도 발견되지 않았다는 점을 이유로 들었다.[56] 그러나 최근엔 고고학의 놀라운 기여로 말미암아 출애굽의 역사성을 부정하는 완강한 학자들이 수세에 몰렸다. 출애굽 사건을 합리적으로 부정하는 여지가 줄어들었기 때문이다. 헨델(Hendel), 헬펀(Halpern), 렌즈버그(Rendsburg), 레드마운트(Redmount) 등 학자들은 출애굽의 역사성을 설득력 있게 개진함으로써 학계의 상당한 호응을 얻었다.[57] 이에 따라 지금 출애굽에 관한 관심사는 '출애굽이 과연 있었는가?'라는 문제가 아니라 '출애굽이 언제 있었는가?'라는 문제에 초점이 맞추어져 있다.

우리는 성경을 보면서 역사적 유일신 신앙은 이스라엘의 위대한 민족적인 지도자이며 특별한 종교적 체험자인 모세에 의해 기원하였으며, 또한 그가 그러한 종교체제를 확립한 주인공이라는 사실을 염두에 두어야 한다. 이스라엘에게 출애굽 사건은 이 민족의 초창기부터 신앙의 중심이었다. "이 신앙은 그토록 오래되고 또 확고한 것이기 때문에 실제로 이스라엘이 이집트에서 탈출하였을 때는 어마어마한 사건이어서 그 사건들이 영원히 그들의 기억에 새겨졌다는 설명 외에는 그 어떤 설명도 용납되지 않는다."[58] 조상 대대로 그들의 하나님은 자기들을 이집트에서 이끌어낸 '여호와'란 이름을 가진 전능하신 분이었고, 따라서 여호와 하나님은 영광을 받으시기에 합당한 분이셨다. 앤더슨(Anderson)은 다음과 같이 말한다. "출애굽은 이스라엘 역사의 획기적인 사건이다. 바로 여기서부터 이스라엘은 하나의 백성으로 태어나게 되었다. 후대의 이스라엘은 이 출애굽 사건에서 모든 역사와 자연이 하나님의 계획 안에 있다고 확신했다. 이와 같이 출애굽 사건은 이스라엘의 뇌리에 깊이 새겨진 역사적 체험으로서 이스라엘은 출애굽 사건을 역사적으로 재해석하고 새로이 재현함으로써 그들의 신앙이 성숙해질 수 있었다."[59]

3. 이른 연대설과 늦은 연대설

출애굽 사건이 일어난 연대를 정하는 문제는 구약의 많은 연대 결정 작업 중에서도 가장 어려운 분야다. 성경 외의 어떠한 역사자료에서도, 심지어 이집트 문헌에서조차 이 엄청나고 놀라운 사건이 발생하였다는 확실한 기록이 전해지지 않고 있기 때문이다.[60] 출애굽의 연대를 알려면 이집트의 역사를 먼저 알아두는 게 좋다. 이스라엘의 역사는 인접 국가인 이집트의 역사와 유관한 것이고, 특히 출애굽 사건은 고대 이집트의 왕조들과 따로 떨어져서는 상상해볼 수 없는 관계에 있다.

1) 고대 문명의 발상지 이집트

이집트는 나일강을 끼고 인류 최초로 문명이 형성된 고대 문명 발상지다. 이집트 역사는 기원전 5000년 전부터 시작되었지만, 고대국가로서 왕조가 시작된 것은 파라오 왕조가 들어선 기원전 3000년 무렵이었다. 이집트 역사는 이때부터 시작해 기원전 332년 그리스의 알렉산더 대왕에게 정복당할 때까지 2,700여 년 동안 무려 31개의 왕조들이 세워지고 없어지는 흥망성쇠를 거듭했다. 그중에서 출애굽의 배경이 되는 이집트 왕조들은 요셉과 관련된 제12왕조, 요셉이 죽은 후 히브리인들을 조직적으로 탄압한 힉소스 왕조(제15-16왕조, 기원전 1720-1567), 모세의 출생과 출애굽 현장과 관련이 있는 신왕국(제18-20왕조)이다. 이집트 원주민들에 의해 세워진 신왕국은 기원전 1570년부터 1085년까지 약 500년 동안 존속된 왕국으로 이집트 역사상 가장 부강하고 국력이 튼튼해 그 세력이 팔레스타인을 넘어 시리아까지 뻗어나갔다.

2) 출애굽 때 이집트 왕조는 18왕조? 19왕조?

| 이집트 기자(Giza)에 있는 카프레의 피라미드. 대피라미드 (138.5미터)인 쿠푸의 피라미드 다음으로 높다(136.4미터). 카프레(Khafre, 기원전 2558-2532)는 고왕국 시대 4왕조의 제4대 파라오다. 카프레의 피라미드는 완공 당시에는 겉면을 백색 석회암으로 치장하고 꼭대기의 캡스톤은 번쩍번쩍 빛나는 황금으로 끼워 넣어 아름다운 자태를 뽐냈을 것으로 추측되지만, 여러 번 도굴을 당하고 역대 파라오들의 석재 공급장으로 전락하면서 외양이 두드러지게 손상되었다. 피라미드 앞에 거대한 스핑크스가 눈에 띈다.

신왕국 시대 이집트를 다스렸던 32명이나 되는 왕 (파라오) 들의 연대를 정확히 파악하기란 쉽지 않다. 일목요연한 역사적 기록을 남겨 둔 파피루스는 없고 기껏해야 왕들의 무덤이나 신전의 기둥에 적힌 글자들을 해독해야 가능하기 때문이다. 이것은 고대 근동의 역사를 전문으로 다루는 학자들에게 저마다 연대를 조금씩 다르게 만든다. 연대란 파라오가 등극하고 붕어할 때까지의 재위 기간, 즉 왕이 치세한 기간을 말한다.

가장 논란이 많은 왕조는 출애굽과 관련한 18왕조와 19왕조다. 두 왕조의 시기가 출애굽과 관련이 있을 뿐만 아니라 이집트 왕조 사상 가장 찬란한 번영을 누렸기 때문이다. 두 왕조의 연대 채택은 학문적으로 두 개의 흐름이 있다. 하나는 높은 연대로, 이 연대는 대체로 보수적인 신학자들이 선호하고 있다. 또 하나는 낮은 연대로, 이 연대는 주로 고고학자들이나 자유로운 학풍을 지닌 학자들이 선호하고 있다.

높은 연대와 낮은 연대는 크게는 30년부터 작게는 20년 정도 차이가 난다. 이 방면의 권위자인 호프마이어(Hoffmeier)는 높은 연대는 이제는 한물간 연대라고 큰소리치지만, 그런데도 높은 연대는 여전히 인기가 있다.[61] 높은 연대를 선호하는 대표적인 학자로는 윌리엄 헤이즈(William C. Hayes)와 유진 메릴(Eugene H. Merrill)이 있다. 그러나 두 학자의 연대 계산도 약간 다르다. 심지어 두 학자는 먼저 펴낸 자신의 저서와 나중에 펴낸 저서에서마저 몇몇 왕들에 대해서는 적게는 1년, 많게는 14년이 차이가 날 정도로 연대에 수정을 가한 것을 보면, 정확한 연대 설정이 얼마나 어려운지를 실감하게 한다.

필자도 연대 설정에 꽤나 고심했다. 필자는 많은 연대표 가운데서 유진 메릴의 연대표를 기준으로 삼았다. 유진 메릴은 캠브리지 고대사에 기고한 헤이즈의 연대 추정을 바탕으로 성경 본문에 입각한 연대표를 만들어서 신뢰감을 주고 있기 때문이다. 헤이즈는 고대 이집트 왕들의 연대 추정에 놀라운 학문적 업적을 쌓은 학자다. 하지만 그는 뉴욕의 메트로폴리탄 문화예술관이 주관하여 발간한 책에서는 어쩐 일인지 캠브리지 고대사에 기고한 연대표를 쓰지 않고 이 미술관에 기록되어 있는 연대표를 사용했다.

두 연대표는 비슷하지만 몇몇 왕들은 다소 차이가 난다. 메트로폴리탄 문화예술관에 전시된 일람표의 연대표가 캠브리지 고대사의 연대표보다 조금 늦다.[62] 본서는 유진 메릴의 연대표를 의존하면서도 부분적으로 메트로폴리탄 문화예술관의 연대표를 참작하였다. [도표 1]은 이집트 신왕국 왕들의 연대표다. 왕들의 재위기간이 중첩된 것은 두 명의 파라오가 공동으로 나라를 통치했기 때문이다.

3) 출애굽 연대 — 이른 연대설과 늦은 연대설

출애굽 연대에 대한 무수한 추정은 크게 4개 학설로 나뉜다. 그것을 더욱 압축하면 '이른 연대설'(Early date)과 '늦은 연대설'(Late date)로 나뉜다. '이른 연대설'은 보수주의적인 학자들이 주장하는 견해인 반면, '늦은 연대설'은 주로 자유주의적인 학자들과 성서고고학자들 그리고 일부 보수주의적인 학자들이 주장하는 견해다. '이른 연대설'에 의하면, 야곱의 가족들이 이집트에 이주한 시기는 힉소스가 이집트를 지배하기 전 중왕국 시대인 제12왕조다.

이에 반해 '늦은 연대설'은 제2중간기(제13-17왕조, 1802-1541)의 어느 왕조, 특히 힉소스족이 이집트를 통치한 제15-16왕조 때였을 것으로 본다. 라솔(La sor)은 힉소스가 이집트를 지배한 17세기 초 무렵이 가장 유력하다고 생각한다.[63] 출애굽에 대한 서로 다른 견해는 여러 면에서 차이가 있다. '이른 연대설'은 이스라엘의 이집트 체류기간을 430년으로 보는 반면(장기체류설), '늦은 연대설'은 그 절반인 215년으로 본다(단기체류설).[64] 만일 장기체류설이 맞는다면 요셉을 이집트의 총리대신으로 봉직하게 했던 파라오는 이집트 토착민이 세운 12왕조의 어느 왕이었을 것이고, 단기체류설이 맞는다면 힉소스 왕조의 어느 왕이었을 것이다. 다시 말하면, 히브리인들의 430년 이집트 체류를 받아들인다면 요셉이 총리로서 일한 때는 이집트 본토인들이 통치하는 제12왕조 시대일 테지만, 215년 체류를 받아들인다면 힉소스 시대일 가능성이 있다는 말이다.

왕조	파라오	유진 메릴	윌리엄 헤이즈
		1570-1320	1567-1304
제18왕조	아모시스(Amosis)	1570-1546	1570-1546
	아멘호텝(Amenhotep) 1세	1546-1526	1546-1526
	투트모세(Thutmose) 1세	1526-1512	1526-1508
	투트모세 2세	1512-1504	1508-1490
	하셉수트(Hatshepsut)	1503-1483	1489-1469
	투트모세 3세	1504-1450	1490-1436
	아멘호텝 2세	1450-1425	1436-1411
	투트모세 4세	1425-1417	1411-1397
	아멘호텝 3세	1417-1379	1397-1360
	아멘호텝 4세(Akhenaten)	1379-1362	1370-1353
	스멘크카레(Smenkhkare)	1364-1361	1355-1352
	투탕카멘(Tutankhamun)	1361-1352	1352-1343
	아이(Ay)	1352-1348	1343-1339
	호렘헤브(Horemheb)	1348-1320	1339-1304
		1320-1186 .	1304-1195
제19왕조	람세스(Rameses) 1세	1320-1318	1304-1303
	세티(Seti) 1세	1318-1304	1303-1290
	람세스 2세	1304-1236	1290-1223
	메르넵타(Merneptah)	1236-1223	1223-1211
	:	:	:
	투스레트(Tausret)	1188-1186	1202-1195
제20왕조	―	1186-1085	1195-1080

주) 숫자는 기원전

장기 체류와 단기 체류는 어쩔 수 없이 출애굽의 시기에서 큰 차이가 난다. 장기 체류를 고수하는 '이른 연대설'은 출애굽 연대를 1446년으로 추정하는 반면, 단기체류를 고수하는

'늦은 연대설'은 이보다 180년가량 후대인 1266년 직전 후 무렵으로 추정한다. 가장 이른 연대설은 1491년, 가장 늦은 연대설은 12세기 말까지에 걸쳐 있다. 출애굽 연대에 대한 견해차는 이스라엘의 가나안 정복 시기에 대해서도 차이가 나게 한다. '이른 연대설'은 기원전 1406-1399년을, '늦은 연대설'은 1250년 또는 그 이후로 본다. '이른 연대설'과 '늦은 연대설'에 따른 출애굽 연대와 이집트 체류 기간은 복잡하게 맞물려 족장들의 연대를 차이 나게 한다. 피네간(Finegan)은 출애굽 연대와 이집트 체류 기간에 대한 학자들의 견해 차이에 따른 족장들의 다양한 연대를 [도표 2]와 같이 산출했다.[65] 이런 이슈들에 대해 본서는 상세하게 설명할 수 없지만, 꼭 필요한 곳에서는 짤막하게나마 언급이 있으므로 독자들에게 도움이 될 것이다.

[도표 2] 출애굽 연대, 이집트 체류로 본 족장들의 연대

일어난일	1466/430	1250/430	1446/215	1250/215	1250/314
아브라함 출생	2166	1970	1951	1755	1854
아브라함의 가나안 이주	2091	1895	1876	1680	1779
이삭 출생	2066	1870	1851	1655	1754
야곱 출생	2006	1810	1791	1595	1694
아브라함 사망	1991	1795	1776	1580	1679
이삭 사망	1886	1690	1671	1475	1574
야곱 가족의 이집트 이주	1876	1680	1661	1465	1564
야곱 사망	1859	1663	1644	1448	1547

주) 출애굽 연대/이집트 체류 기간

4) 요셉을 발탁한 파라오

앞서 언급한 것처럼, 요셉이 죽고 난 후 약소민족인 히브리인들에게 적대감을 보인 새 왕이 누구인가에 대해서도 학자들 사이에 의견이 나뉜다. 이 왕이 누구인가에 대해서는 이민족으로서 애굽을 통치한 힉소스족이라는 견해와 토착민인 이집트인이라는 견해가 맞선다. 히브리인으로서 총리대신의 지위에까지 올라 위난에 처한 나라를 위기에서 구해낸 요셉을 이집트 왕이 알지 못한다고 하는 것은 상당한 세월이 흘렀다는 것을 의미할 뿐만 아니라 세상인심과 정세가 변했다는 것을 의미한다. 그 땅의 기득권 세력은 자기 나라 안에서 정착, 번성한 외국인 공동체에 결코 호의적이지 못했다. 출애굽기 기자는 책 서문에 '요셉을 알지 못하는 새 왕'이라는 언급을 함으로써 타국에서 번성한 이스라엘 민족의 안위에 먹구름이 몰려오고 있다는 것을 알려주고 싶어 한다. 그 때문에 출애굽의 연대 추정을 할 때는 출애굽기 1장 8절에 언급된 '요셉을 알지 못하는 새 왕'이 누구인가를 아는 것부터가 중요한 출발이 된다. '이른 연대설'과 '늦은 연대설'은 여기서부터 견해가 충돌한다.

'이른 연대설'은 이 왕을 힉소스 왕조의 어느 왕 혹은 이집트의 신왕국 시대인 18대 왕조의 어느 왕이라고 추정하는 반면, '늦은 연대설'은 19대 왕조의 초기에 애굽을 통치했던 어느 왕일 것으로 추정한다. '요셉을 알지 못하는 새 왕'은 이집트의 최고신인 아문(Amun)의 제사장 겸(이 왕이 이집트 원주민이었을 경우) 고대 세계의 최강국인 이집트 전역을 지배한 강력한 절대 군주였다. 출애굽기 기자는 이 강력한 왕의 이름을 밝히지 않았다. 기자가 이름을 밝히지 않은 것은 의도적일 수도 있다. 성경의 이야기에 등장하는 인물이 종종 익명으로 나타나는 기법은 수사학적인 효과를 자아낸다.[66] '요셉을 알지 못하는 새 왕'의 이름을 특정하지 않음으로써 출애굽기의 독자들은 상상력을 동원하여 이스라엘을 압제한 왕은 어느 한 왕이 아니라 여러 왕들일 것이고 히브리인들에 대한 압제가 얼마나 극심하였는지를 느끼게 될 것이다. 그 압제자(oppressor)의 압제가 극에 달해 있을 때 압제를 진압할 진압자(suppressor)의 대두는 절박한 초읽기에 들어간다.

이집트에서의 역사적 이스라엘 연구는 힉소스와의 관계에서 먼저 살펴볼 필요가 있다. 힉소스는 시리아-팔레스타인(Syro-Palestinian) 일대에 살았던 셈족 배경을 가진 아시아계 유목민들로, 이집트에 침범해 와서 이집트의 거의 모든 지역에 지배권을 행사했던 이방민족들이었다. 이집트는 레반트(Levant)[67]에 많은 성읍들을 건설했는데, 그중에서 40개 성읍들이 발흥했다고 한다. 이집트 12왕조는 레반트 내 팔레스타인과 이집트 남부 국경의 누비아가 번영하면서 국력이 쇠퇴했다고 한다.[68] 그 팔레스타인에서 가장 강력한 성읍은 힉소스였다. 급속도로 세력이 커진 힉소스는 이집트에 쳐들어와 많은 땅을 정복한 후, 북부 델타 지역(나일강 삼각주)에 아바리스(500년쯤 후 피람세스)를 수도로 정하고 15왕조와 16왕조(기원전 1720-1567)를 세웠다. '힉소스'(Hyksos)라는 단어는 동시대의 이집트인들에게 '외국 땅의 통치자들'을 뜻하는 '히카우 코세트'(Hikau-khoswet)라는 말에서 유래된 말로, 프톨레미 시대의 이집트 역사가인 마네토(Manetho)와 그의 역사관을 계승하는 자들이 부른 명칭이다.[69]

힉소스 왕들은 외국인이었지만 스스로 이집트인으로 불리기를 원했다고 한다. 그들은 이집트 문화를 받아들여 장려하고 보존했다.[70] 성경 연대기에 충실할 경우 야곱 일행이 이집트에 이주한 때는 기원전 1876년이다. 이 시기는 힉소스가 이집트를 지배하던 시대를 훨씬 앞지른 것이다.[71] 요셉은 17세가 되던 때인 1899년에 이집트에 들어왔다. 그렇다면 그때 이집트의 통치자는 토착민들이 세운 12왕조의 3대 왕인 암메네메스(Ammenemes) 2세였고, 요셉에게 꿈을 해석하게 하고 고위 관리로 전격적으로 발탁한 왕은 4대 왕인 세소스트리스(Sesostris) 2세였을 것이다. 세소스트리스 2세는 제12왕조의 7명의 파라오들 가운데 가장 뛰어났다.

요셉은 기원전 1806년 110세의 나이에 세상을 떴다. 때는 12왕조의 6대 파라오인 암메네메스 3세(1842-1797)의 치세

말기였다.[72] 이집트 12왕조는 요셉이 죽은 지 20년 후에 막을 내린다. 그리고 30년 정도의 혼란기를 거쳐 외국인인 힉소스가 이집트 역사의 전면에 등장했다. 출애굽기 기자는 '요셉을 알지 못하는 새 왕'이 일어나 이집트를 다스리면서 히브리인들에 대한 본격적인 탄압이 시작되었다고 말한다(출 1:8). 힉소스 출신의 왕으로 추정되는 이 압제자가 요셉을 잘 알지 못했다면 요셉이 죽은 지 적어도 70년이라는 세월이 흘렀을 것이다.[73]

5) 요셉을 알지 못하는 새 왕

'이른 연대설'과 관련된 이집트 제12왕조가 통치를 하던 시기는 중왕국의 전성기였다. 제12왕조는 기원전 1991년 왕조를 세워 수도를 카이로 남쪽 엘리슈트로 삼고 1786년까지 지속된 강력한 왕조였다. 제12왕조는 7명의 파라오가 다스리는 동안 찬란한 번영을 구가했다. 3대 파라오인 암메네메스(Ammenemes) 2세는 제4왕조 이후 중단되었던 피라미드를 카이로 남쪽 40킬로미터 위치에 있는 다흐슈르(Dahshur)에 지었다. 백색 피라미드로 알려진 이 피라미드는 다른 건축물을 짓기 위해 해체되어 현재는 남아 있지 않다. 만일 성경의 연대기가 정확하다면 요셉은 생애의 대부분인 93년 동안을 이집트 역사상 가장 찬란한 번영을 누린

12왕조 시대를 풍미하며 살았던 셈이 된다.

　요셉이 죽은 후 12왕조는 얼마 못 가서 역사의 무대에서 사라지고, 얼마 후에 이민족인 힉소스가 이집트를 침략해 광활한 영토의 대부분 지역을 장악한 지배권자가 되었다. 힉소스의 15왕조가 나일강 북부 델타 지역에 수도인 아바리스를 세운 시기는 기원전 1720년이었다. 그로부터 40년 후 테베가 함락되고 이집트 13왕조는 몰락했다. 그러나 약 150년 후 토착민인 이집트인들은 힉소스를 자기네 땅에서 몰아내고 18왕조를 세웠다.

　힉소스가 이집트에서 축출된 때는 중기 청동기 시대의 끝 무렵이고, 18왕조의 개막은 후기 청동기 시대의 시작과 함께였다. 이집트 토착민들은 힉소스를 몰아내는 과정에서 힉소스에 대항하기 위해 히브리인들과 연대했을 가능성이 있다. 힉소스는 이집트인들과 한편인 히브리인들을 적대세력으로 간주해 조직적으로 탄압했을 것이고, 이에 반발한 피압제자 처지인 히브리인들은 압제자인 힉소스족에게 반감과 원한을 품었을 것이다. 반감과 원한을 품고 있을 때 어떤 계기가 생기면 폭발한다. 힉소스는 히브리인들이 토착 세력과 합세해 자기들에게 반기를 들 것을 우려해 더욱 교활하고 악랄한 방법을 동원해 그들을 탄압했을 것이다.[74]

기원전 1720년 이집트를 무력으로 정복한 힉소스가 만일 정복 초기부터 히브리인들을 탄압했고, 힉소스를 몰아낸 이집트 토착민들이 변심을 해서 히브리인들을 탄압했다면 출애굽 시기인 1446년까지 거의 300년 가까이 히브리인들은 타국에서 혹독한 압제를 받은 셈이 된다. 이 기간은 창세기 15:13에 언급된 400년보다 100년 정도 모자란다. 그런데 18왕조의 초대 파라오인 아모시스(Amosis, 기원전 1570-1546)부터 마지막 왕인 호렘헤브(기원전 1348-1320)까지 14명의 파라오들을 모두 합한 통치기간은 250년이다. 만일 히브리인들이 힉소스로부터 압제를 받지 않고 힉소스를 몰아낸 제18왕조를 세운 토착 이집트인들로부터 압제를 받았다고 가정하면, 250년은 앞의 300년보다는 50년 작다. 그리고 300년은 250년보다는 400년에 보다 근접한 수치이다. 이런 점에서 볼 때 히브리인들이 괴롭힘을 당한 시기는 이집트 토착민이 나라를 다스렸던 18대 왕조라기보다는 타민족인 힉소스족의 통치 시기였을 것이라는 게 약간 더 호소력이 있다. 라스무센(Rasmussen) 같은 학자는 '요셉을 알지 못하는 새 왕'을 힉소스 왕조의 마지막 왕들 중 한 명과 동일시한다.[75] 그는 힉소스의 이집트 지배시기를 기원전 1786-1558이라고 보았다. 라이트(Wright)는 이것을 입증하려고 하였다.[76]

그러나 유대 역사가 요세푸스(Josephus)는 힉소스가 히브리인들을 탄압했을 것이라는 견해와 다른 의견을 제시했다. 요세푸스는 요셉이 총리대신으로 있었을 때는 12왕조가 아닌 힉소스 왕조가 애굽을 통치하고 있었을 때라고 본다. 이방인이었던 힉소스가 또 다른 이방인인 히브리인을 받아들이는 것은 정치적으로나 문화적으로 그리 어렵지 않다는 데서 요세푸스의 견해는 꽤 설득력이 있다. 눈길을 끄는 대목은 요세푸스의 견해가 출애굽의 연대를 뒤로 늦출 수 있는 여지를 남겨놓고 있다는 것이다. 만일 요세푸스의 견해가 맞는다면 히브리인들이 탄압을 받기 시작한 때는 제2중간기가 끝나고 새로 들어선 신왕국 18왕조라는 얘기가 되므로, 이는 출애굽의 늦은 연대를 주장하는 존 브라이트(John Bright), 라솔(La sor), 키친(Kitchen)과 같은 견해라고 할 수 있다.

'요셉을 알지 못하는 새 왕'에 대한 또 하나의 보수적인 논점은 이 왕을 모세가 태어나기 한참 오래전 인물로 보기보다는 시기적으로 가까운 인물에서 찾아보려는 견해이다. 이 견해는 히브리인들에 대한 노골적인 탄압과 모세의 등장을 시기적으로 연관하여 모세가 태어나기 직전 압제적인 왕이 누구인가에 초점이 맞추어져 있다. 이는 제2중간기의 한 획을 긋는 힉소스를 철저히 배제하고 힉소스 시대 이후 토착민들이 세운 이집트 왕조들에서 찾는 해결책이다. 빔슨(Bimson)은 히브리인들을 압제한 왕은 힉소스의 왕들이 아니라고 본다. 힉소스인들이 히브리인들을 탄압할 특별한 이유가 없다는 것이다. 더욱이 힉소스인들은 히브리인들과 같은 셈족

출신이었다.[77]

유진 메릴(Eugene Merrill)은 '요셉을 알지 못하는 새 왕'은 힉소스를 이집트에서 축출하고 18대 왕조를 세운 아모세 1세(1570-1546)였을 것이라는 의견을 조심스럽게 제기했다.[78] 유진 메릴이 이렇게 생각하게 된 배경은 힉소스족과 히브리인들은 인종적으로 가깝고 문화 코드도 잘 맞아 이집트인의 입장에서 볼 때 둘 다 적대세력이라고 보았기 때문이다. 유진 메릴의 견해는 라이트(Wright), 필슨(Filson)과 견해를 같이 한다. 이런 배경에서 '요셉을 알지 못하는 새 왕'은 아모세 1세 이후의 토착민 파라오들이라고 보는 게 보수 학계의 일반적 의견이다.

이 경우 유력한 파라오들로는 제2대 파라오인 아멘호텝 1세(1546-1526), 제3대 파라오인 투트모세 1세(1526-1512), 제4대 파라오인 투트모세 2세(1512-1504), 제6대 파라오인 투트모세 3세(1504-1450)가 유력하게 거론되고 있는데, 그중 어느 한 왕이 될 것이다. '이른 연대설'의 기수를 자처하는 빔슨(Bimson)은 '요셉을 알지 못하는 새 왕'이 투트모세 2세라고 확신한다. 그는 투트모세 3세가 출애굽 당시 모세를 대적한 왕이었다고 주장한다. 투트모세 3세는 투트모세 2세의 아들로 이모이자 계모인 하셉수트 여왕과 함께 애굽을 공동으로 지배하다 여왕이 죽은 후 강력한 통치권을 쥐고 상하 이집트를 다스렸던 왕이다. 만일 빔슨의 견해가 맞는다면 출애굽은 중기 청동기 시대에 일어났던 사건이다.[79] 만일 '요셉을 알지 못하는 새 왕'이 투트모세 2세라면 출애굽 당시의 파라오는 투트모세 3세이거나 아니면 그의 아들인 아멘호텝 2세(1450-1425)일 공산이 크다.

6) 출애굽 당시의 파라오는?

유진 메릴은 성경의 연대와 가장 근접한 연대 계산을 했다. 그는 모세가 태어난 해를 기원전 1526년으로 추정한다. 1526년은 투트모세 1세의 치세 원년이다. 모세는 40세의 나이에 미디안에 피신하였으므로, 그 해인 1486년은 투트모세 3세가 이집트를 다스리고 있을 때였다.

이집트의 가장 위대한 통치자가 되고자 했던 투트모세 3세의 재위 기간은 54년이다. 모세는 투트모세 3세가 죽은 후 4년쯤 지나 이집트에 들어왔는데 그때 나이 80세였다(출 4:19; 행 7:35). 그렇다면 모세가 형 아론과 함께 바로를 대면했을 때의 그 바로는 의심할 여지가 없이 투트모세 3세의 아들인 아멘호텝 2세였을 것이다.[80] 아멘호텝 2세는 이스라엘이 이집트를 탈출하기 4년 전인 기원전 1450년 왕위에 올라 1425년까지 25년간 이집트를 통치한 왕이다. 아멘호텝 2세는 운동에

능했으며 말을 잘 타기로 유명했다. 아멘호텝 2세가 기원전 1450년에 왕위에 올랐다면 모세와 아론이 바로 앞에 나갔을 때는 그가 등극한 지 4년 후의 일이었을 것이다(출 5:1). 알려진 비문에 의하면, 아멘호텝 2세는 통치 기간 중 적어도 두 차례 시리아 - 팔레스타인 원정에 나섰다고 한다.[81]

이 책을 읽는 독자들은 머리가 지끈거릴 것이다. 수많은 연대들과 수많은 파라오들 그리고 학자들을 접하고 머리가 지끈거리지 않다면 아이큐 170은 될 테니까. 하지만 푸념하지 마시라. 63쪽의 [도표 1] '이집트 신왕국의 왕조 연대표'를 자주 들춰보며 여러 번 읽다 보면 자기도 모르게 어느새 머릿속에 들어올 줄 믿는다. 독자들의 이해를 돕기 위해 다시 정리해본다.

| **왼쪽**은 아멘호텝 2세의 흉상이다. 아멘호텝 2세(Amenhotep II, 1450-1425)는 이집트 18왕조의 제7대 파라오로서, 람세스 2세와 함께 출애굽 당시의 파라오였을 가능성이 많은 왕이라고 한다. 오른쪽은 하셉수트 여왕의 석상이다. 투트모세 1세의 딸인 하셉수트(Hatshepsut)는 투트모세 1세의 딸로 모세를 양아들로 삼아 기른 공주로 알려졌다. 훗날 하셉수트는 의붓오빠인 투트모세 2세와 결혼해 왕비가 되었다.

투트모세 2세는 두 번째 부인에게서 아들을 낳았는데, 그가 훗날 왕위를 계승한 투트모스 3세다. 아멘호텝 2세는 투트모세 3세의 아들이다. 투트모스 3세는 어린 나이에 즉위하였으므로 계모이면서 이모인 하셉수트가 파라오의 권위로 21년간 섭정했다.

'요셉을 알지 못하는 새 왕'이 누구인지에 대해서는 의견이 분분하다. 어떤 학자들은 이 왕이 투트모세 3세 이전의 왕이라고 본다. 이 경우 가능성이 있는 왕으로는 18대 왕조의 제2대 파라오로서 힉소스를 이집트 땅에서 완전히 추방한 제2대 파라오인 아멘호텝 1세(기원전 1546-1526)로부터 아멘호텝 1세의 아들인 제3대 파라오인 투트모세 1세(1526-1512), 제4대 투트모세 2세(1512-1504), 제6대 투트모세 3세(1504-1450)가 유력하게 경합한다. 엉거(Unger)는 아멘호텝 1세를, 빔슨(Bimson)은 투트모세 2세를, 그리슨 아처(Gleason Archer)는 아멘호텝 1세와 투트모세 1세의 치세 때 시작된 박해가 투트모세 3세의 치세(1504-1450)때 다시 시작되었다고 본다.

만일 아처 교수의 추정이 맞는다면 모세가 태어났을 당시의 왕은 투트모세 1세이고, 갓난아이 모세를 실은 갈대 상자를 나일강에서 발견해 양육한 공주는 하셉수트(Hatshepsut)이고, 모세가 이집트를 탈출하였을 때의 왕은 투트모세 3세이고, 40년 후 이집트에 다시 돌아와 백성들을 이끌고 이집트를 탈출하였을 때의 왕은 아멘호텝 2세(1450-1425)였을 것이다. 어떤 학자들은 목욕을 하러 강에 나온 바로의 딸이 하셉수트라고 한다. 하셉수트는 오빠이자 남편인 투트모세 2세가 죽고 투트모세 3세가 즉위하자 나이 어린 왕을 대신해 21년간 섭정한 여왕이다. 하셉수트는 투트모세 1세가 낳은 공주로서 의붓오빠인 투트모세 2세와 결혼했다. 투트모세 2세는 두 번째 부인에게서 아들을 낳았는데, 그가 훗날 왕위를 계승한 투트모스 3세다. 하셉수트 여왕이 섭정하는 동안 이집트는 비교적 평화와 번영을 누렸다. 하셉수트가 죽자 그녀를 미워했던 투트모스 3세는 라이벌인 모세를 제거하려고 했기 때문에 모세는 권력 투쟁에서 밀려 미디안 광야로 피신하지 않으면 안 되었다. 40년이 지난 후 모세는 투트모스 3세가 사망했다는 소식을 듣고 이집트로 돌아왔다.

만일 이 그림이 맞는다면 투트모스 3세의 뒤를 이어 왕위에 오른 아멘호텝 2세는 출애굽 무대 전면에 등장한 그 파라오일 가능성이 높아진다. 아멘호텝 2세는 150년쯤 후에 등장하는 또 한 명의 걸출한 왕인 람세스 2세와 함께 이집트 역사상 가장 강력한 군주였는데, 그가 통치하던 때 이집트의 영토는 최대한 확장되었고 국력은 크게 신장되었다. 막강한 군사력과 넉넉한 재정은 그의 대를 이은 투트모스 4세(1425-1417)와 아멘호텝 3세(1417-1379)까지 계속되었다가 아멘호텝 4세(아케나텐, 1379-1362)때에 이르러 쇠퇴하기 시작했다. 아멘호텝 4세는 다신교를 배척하고 태양을 상징하는 유일신인 아톤을 섬기도록 종교개혁을 단행하고 수도를 테베에서 알

아바리스로 천도했으나 사제들의 반발에 부딪혀 그의 웅대한
정치 · 종교개혁 운동은 좌절되었다. 아케나텐의 왕비는
아름다운 네페르티티다. 네페르티티의 석회상은 독일의
서베를린 국립미술관에 소장되어 있다. 최근 이집트 정부는
네페르티티의 석회상을 반환해줄 것을 독일 정부에 요구했다.

| 높이 50센티미터의 네 페 르 티 티 의 흉 상 . 네 페 르 티 티 (Nefertiti)는 이집트 제18왕조 아멘호텝 4 세 (아 케 나 텐) 의 왕비로, 유명한 황금 마스크의 주인공인 투탕카멘의 이모이자 의 붓 어 머 니 이 다 . 아름다운 네페르티티 왕비는 아낙수나문, 클레오파트라와 함께 이집트 3대 미녀 중 한 사람이다. 석회석에 채색토를 입혀 만든 이 흉상은 3,400년 가까운 세월이 흘렀는데도 여전히 화려한 색채를 유지하면서 인류 문화를 꽃피우게 한다. 왕비의 흉상은 화장품의 아이콘이 될 정도로 완벽한 아름다움의 극치를 보여주고 있다. 네페르티티 왕비는 용모도 아름다웠지만 마음씨도 아름다워 이집트 백성에게 사랑을 듬뿍 받았다고 한다. 왕비의 유해는 아직 발굴되지 않았다.

이처럼 '이른 연대설'을 주장하는 학자들은 출애굽 당시의
파라오를 대체로 아멘호텝 2세로 추정한다. 어떤 학자는

아멘호텝 2세가 모세 당시의 파라오라는 사실을 입증하기 위해 그가 아들에게 왕위를 계승한 정황을 근거자료로 제시한다. 헤이즈(Hayes)는 확신을 가지고 아멘호텝 2세를 이어 왕위에 오른 투트모세 4세(1425-1417)가 아멘호텝 2세의 차남이라고 생각한다. 스핑크스의 거대한 앞발 사이에서 발견된 투트모세 4세의 '꿈의 비문'(Dream Stela)에 새겨 있는 글은 그가 아멘호텝 2세의 장남이 아니었다는 것을 암시한다는 것이다. 아멘호텝 2세의 장남(Amenemhet)이 부왕보다 일찍 죽어 그의 동생에게 왕위가 계승되었다고 한다면 이것은 출애굽기 12:29의 기록과 잘 맞아떨어지는 것이다. 아멘호텝 2세의 장남은 이집트 전역에 내린 장자 죽음 재앙으로 목숨을 잃었다고 보기 때문이다. 헤이즈는 그 비문을 이렇게 설명한다. "투트모스 4세는 그의 아버지의 상속자가 아닌 게 분명하다. 그는 때 이른 형의 죽음과 같은 예기치 않은 운명의 전환으로 왕위를 얻었다."[82]

글리슨 아처는 이 자료를 근거로 모세를 대적한 바로는 투트모세 3세의 아들인 아멘호텝 2세가 분명하다고 확신한다.[83] 만일 아멘호텝 2세 때 출애굽 사건이 일어났다면 히브리 민족의 역사적인 이집트 탈출은 황금 마스크로 유명한 투탕카멘(기원전 1361-1352)이 이집트를 다스리던 때보다 80-90년 앞선 시기에 일어났다고 봐야 한다.[84]

지금까지 우리는 이스라엘 민족이 이집트를 탈출한 사건이 기원전 15세기에 일어났다는 '이른 연대설'의 주장들을 일별하였다. 이런 견해를 가진 학자로는 메릴(Merrill), 빔슨(Bimson), 아처(G. Archer), 카이저(W. Kaiser), 레온 우드(L. Wood), 브리언트 우드(Bryant Wood), 빌라드와 롱맨(R. Billard & T. Longman), 힐과 왈튼(A. Hill & J. Walton), 라스무센(K. Rasmussen) 등 주로 복음주의 계열의 학자들이다. '이른 연대설'은 출애굽의 시기를 가늠하게 해주는 성경의 증거들과 잘 부합한다는 점에서 상당한 설득력이 있다.

7) 람세스 2세 — 출애굽 당시 파라오?

한편 이른 연대설의 대척점에 있는 늦은 연대설은 출애굽 사건이 이른 연대설이 주장하는 시기보다 빠르면 150년, 늦으면 220년쯤 후에 일어났다고 본다. 이른 연대설이 고대 이집트 제18대 왕조(기원전 1570-1320) 때인 기원전 15세기에 출애굽이 있었다는 것과는 달리, 늦은 연대설은 제19대 왕조(기원전 1320-1186) 때인 기원전 13세기에 출애굽 사건이 일어났다고 본다. 호프마이어는 이스라엘의 드라마틱한 출애굽 사건은 19대 왕조 때 일어났다고 확신하는 학자 중 한 사람이다.[85] 오늘날 학계는 성서고고학자들과 자유주의 진영에 속하는 학자들을 중심으로 대체로 늦은 연대설을 받아들이는 편이다. 늦은 연대설을 받아들일 경우 이스라엘 민족을 억압한 파라오는 이 왕조의 창설자인 람세스 1세(1320-1318) 혹은 그의 아들인 세티 1세(1318-1304)이고, 출애굽 당시의 파라오는 세티 1세의 아들로 주변 국가들에 명성을 떨친 저 유명한 람세스 2세(Ramesses II, 1304-1236)라고 본다. 호프마이어는 람세스 2세 혹은 그의 아들 메르넵타의 통치시기에 출애굽 가능성을 제기하면서 출애굽 당시의 유력한 파라오로 람세스 2세를 꼽는 데 주저하지 않는다. 사르나(N. Sarna)도 창세기 47:11의 '라암셋'을 람세스 2세가 자신의 이름을 따라 붙인 '라암셋'(람세스)과 같은 지역으로 보는 한편, '라암셋'의 다른 명칭인 '소안'이 다름 아닌 '타니스'(지금의 콴티르)라는 점에서 히브리인들이 이집트로부터 가장 혹독하게 압제를 받은 시기는 람세스 2세의 통치 동안에 있었다고 주장한다.[86]

출애굽 사건을 늦은 연대로 잡는 학자들은 족장들의 연대도 늦은 연대로 추정한다. 이를테면, 고든(Gordon)은 족장들의 연대를 이집트 사람들이 힉소스를 자기네 땅에서 몰아낸 기원전 1550년 이후로 본다.[87] 이스라엘을 비롯한 성경의 중요한 사건들과 인물들의 연대에 학문적 노력을 기울인 피네간(Finegan)도 같은 견해를 가진 학자다. 그는 늦은 연대를 주장하는 학자들의 견해들을 잘 정리했다.[88] 늦은 연대를 신봉하는 견해는 성경에 나오는 숫자를 상징적으로 받아들이고 성경 외적인 자료들을 비중 있게 받아들이는 편이다. 이들

학자들은 출애굽 사건이 제19대 왕조의 람세스 2세(1304-1236)나 메르넵타(1236-1223) 통치 때에 일어났다고 추정한다.[89] 후기 연대를 선호하는 학자들 간에도 연대 계산에는 다소 차이가 있다.[90] 그중 가장 강력한 지지를 받고 있는 연대는 람세스 2세의 재위 중간 무렵인 1260년경이다. 만일 람세스 2세가 맞는다면 그가 모세를 대적한 파라오가 되는 셈이다.[91]

이집트 왕조들 가운데서 람세스 왕조가 출애굽 사건과 직접적인 관련이 있다고 소신 있게 주장을 한 사람은 지금으로부터 170년 전 독일의 이집트 학자인 리차드 렙시우스(Richard Lepsius, 1810-1884)였다. 그로부터 50년 후 옥스퍼드 대학의 저명한 동양학자였던 세이스(Sayce, 1845-1933)는 출애굽기 1:8의 "요셉을 알지 못하는 새 왕"은 19대 왕조의 창건자인 람세스 1세이고, 히브리인들을 압제한 왕은 그의 손자인 람세스 2세였다고 주장함으로써 출애굽과 관련하여 19대 왕조가 본격적으로 학계의 주목을 받았다.[92] 많은 학자들이 세이스의 견해를 따랐는데, 미국의 명망 있는 구약신학자인 앤더슨(B. Anderson)이 이 견해에 찬동함으로써 늦은 연대의 신빙성에 무게를 실어줬다.

앤더슨은 출애굽기의 배경이 되는 1장 11절의 '비돔'과 '라암셋'이라는 표현과 람세스 2세의 미라를 연대 추정한 결과 기원전 1280년의 것이라는 점 등으로 미루어 이스라엘 자손에게 혹독한 노역을 부과한 왕은 람세스 2세였을 것이라고 단언한다.[93] 그는 람세스 2세의 아버지인 세티 1세도 배제하지 않는다. 『구약개관』(Old Testament Survey)을 함께 쓴 라 솔, 허바드, 부쉬는 람세스 2세의 부왕인 세티 1세를 이스라엘을 압제한 파라오, 람세스 2세를 출애굽 당시의 파라오라고 추정한다.[94] 출애굽 연대를 1270 -1260년 사이에 일어났다고 보는 호프마이어(Hoffmeier)도 람세스 2세가 출애굽 당시의 파라오라고 확신한다.[95]

흥미롭게도, 출애굽을 배경으로 한 할리우드 영화들은 강력한 파라오인 람세스 2세를 출애굽 당시의 왕으로 설정했다. 찰톤 헤스톤이 주연배우로 나와 1956년 개봉한 〈십계〉도 그랬고, 크리스찬 베일이 열연한 2014년 작품인 〈엑소더스: 신들과 왕들〉도 그러했다. 〈십계〉에서는 율 브린너가, 〈엑소더스: 신들과 왕들〉에서는 조엘 에저튼이 람세스 2세 역을 맡아 명연기를 펼쳤다. 영화에서 출애굽 당시의 파라오를 람세스 2세로 설정한 것은 철저한 역사적 검증 결과 그렇게 한 게 아니라 스토리에 긴장과 갈등을 한층 불어넣어 흥미를 불러일으키는 영화의 속성 때문이라고 하겠다. 모세와 겨룰 만한 정통 왕자(훗날 왕위에 올라 역사적으로 이름을 날린 람세스 2세)와 공주가 주워 온 왕좌 간 왕위 계승을 놓고 대립하는 구도 자체가 관람객들에게 영화에 몰입하게 하는 플롯이 된다는 사실을 영화감독들은 잘 알고 있다.

출애굽 연대를 람세스 2세의 치세기간으로 잡는 것은 여러 이유들이 있다. 가장 큰 이유는 출애굽기 1장 11절에 언급된 '라암셋'이 시대착오적이라는 것이다. '라암셋'은 출애굽기(1:11; 12:37)와 민수기(33:5)에 나오는 지명이다. '라암셋'이 오늘날 타니스와 동일한 성읍이란 사실은 프랑스의 고고학자인 피에르 몽테(Pierre Montet)에 의해서였다. 이 집념의 고고학자는 1929년부터 수십 년 동안 타니스 지역을 발굴한 결과 타니스가 이집트 삼각주 지역에 위치한 잊혀진 고대도시 라암셋이라고 확신했다. 이 '라암셋'이 출애굽 연대를 가늠하는 데 가장 치열한 논점이 되고 있는 것이다. '라암셋'이 19왕조의 세 번째 절대군주인 람세스 2세의 치세 이전에 건축된 것인지 아니면 치세 때 건축된 것인지에 집중되어 있기 때문이다. 논리적으로는 라암셋이 람세스 2세의 이름을 따라 건축된 성읍이라면 출애굽 사건은 람세스 2세가 통치하던 이전에는 일어났을 리 만무하다.

이 방면의 권위자인 키친(Kitchen)은 람세스 2세가 이집트를 다스리던 때 출애굽이 있었다고 하는 근거로 출애굽기 1:11과 12:37에 언급된 '람세스'(Ramesses)가 람세스 2세에 의해 건립된 피-람세스(Pi-Ramesse: House or Domain of Ramesses)라고 주장한다.[96] 키친의 견해가 사실이라면 모세를 대적해 이스라엘의 출애굽을 어떻게든 막아보려고 했던 파라오는 세티 1세의 아들인 람세스 2세이거나 그의 뒤를 이은 후대의 몇몇 통치자들이 될 것이다. 키친도 호프마이어와 마찬가지로 출애굽이 18왕조 시대에 일어났다는 이른 연대설을 배척하고 람세스 2세의 치세 때인 기원전 1263년(혹은 1260년)에 일어났다고 주장한다.[97] 키친의 확신을 뒷받침하는 자료는 비돔과 라암셋으로 추정되는 곳에서 발굴된 벽돌 구조물들이다. 그는 이 벽돌 구조물들이 람세스 2세 시대 때 동원된 히브리인들에 의해 만들어진 것이라고 믿는다.[98] 그는 또 델타 지역에서 이집트 왕족들이 거주했을 거라고 추정되는 고고학적인 흔적들이 발견되지 않았고,[99] 시내언약이 기원전 1400-1200년 무렵 고대 근동 일대에 널리 알려진 히타이트 조약을 모방했다는[100] 근거들을 제시하며 출애굽 사건이 람세스 2세 때 있었던 일이라고 확신한다.

람세스 2세는 과거 힉소스가 수도로 삼았던 아바리스(구약성경에는 '소안'으로 나온다)의 재건축 사업을 부왕을 이어 완성해 선왕 대대로 도읍지로 삼았던 테베(현재의 룩소르)에서 이곳으로 천도했다.[101] 람세스 2세는 고대 이집트 왕들 가운데서 가장 뛰어난 절세의 왕이다. 그는 안으로는 이집트를 통일하였고, 밖으로는 누비아 · 리비아 · 시리아 · 히타이트 등 이민족과 전쟁을 벌여 세력을 확장하고 히타이트와 평화조약을 맺음으로써 해양권도 장악했다. 람세스 2세는 67년 동안 나라를 통치하면서 이집트의 르네상스를 활짝 열었다.[102] 라암셋 왕궁, 카르낙 신전, 아부심벨 신전 등 뛰어난 건축물을 잇달아 만들어 이집트 종교와 문화를 찬란하게 꽃피워냈다. 그는 또 정력의 왕이었다. 13명의 아들들을 낳아 장성하게 키워냈는데, 메르넵타(Merneptah)는 그의 13번째 아들이다.

메르넵타는 람세스 2세의 뒤를 이은 파라오다. 람세스는 우리들 한국인들에게 생소한 이름이었다. 그러던 람세스는 20여 년 전에 전 세계 독서계에 선풍을 일으킨 소설 『람세스』(Ramsès)로 친숙하게 되었다. 크리스티앙 자크(Christian Jacq)라는 프랑스 소설가가 쓴 5권으로 된 이 장편소설은 국내에서도 출간돼 필자도 젊었을 때 재미있게 읽었던 적이 있다. 소설의 주인공인 '빛의 아들' 람세스 2세는 이 소설의 주인공이다. 소설 속 그는 묘한 매력남의 이미지를 풍기며 초인적인 영웅으로 추앙되면서 한동안 독자들의 마음을 사로잡았던 인물이다. 람세스 2세의 묘지는 현재 이집트 왕가의 계곡에 있으며 유해는 미라로 남아 카이로 박물관에 소장되어 있다.

통상 한 도시의 이름은 특정인의 이름을 본떠 명명된다. 그런 점에서 볼 때 람세스 2세의 역사적 등장 없이 라암셋이란 이름은 지어질 수 없다는 생각은 자연스러운 일일 게다. 키친은 보수적인 학자지만 이런 생각이 강하다.[103] 그러나 '이른 연대설'을 주장하는 학자들은 라암셋은 원래 피 아툼(Pi-Atum) 또는 피 람세스(Pi-Ramesse)라는 도시 이름으로 있었는데 훗날 이스라엘 백성들의 강제 노역으로 다시 건축되었다고 하면서 람세스 2세 때의 신축설을 일축한다.[104] 성서고고학자들과 자유주의적인 신학자들이 출애굽 당시의 파라오로 람세스 2세를 지목하는 경향은 보수적인 학자들이 아멘호텝 2세를 지목하는 경향과는 대조적이다. 그런데 출애굽 연대를 람세스 2세가 다스렸던 13세기 중반보다 더 후기에 일어났다는 견해도 있다. 프리드먼(Freedman)과 맥크리몬드(McClymond)는 출애굽 사건이 십중팔구는 12세기 초중반 무렵 일어났다고 자신한다. 멘델홀(Mendenhall), 캠벨(Campbell) 등 학자들도 이 견해와 뜻을 같이한다. 이들 학자들의 주장대로 출애굽 사건이 12세기 초중반 무렵에 일어난 것이라면 그 시기는 제20대 왕조의 2대 파라오인 람세스 3세(1186-1155)가 통치하던 때가 되는 셈이다.[105]

히브리 대학의 이스라엘 크놀(Israel Knohl, 1952-)교수는 출애굽 사건이 20대 왕조를 열었던 세크나크테(Setnakhte) 통치 때 일어났다고 주장하는 학자다. 세크나크테는 19왕조를 무너뜨리고 세운 이집트의 마지막 왕조인 제20대 왕조의 창건자로, 3년간 나라를 통치한 후 사망했다. 람세스 3세는 세크나크테의 뒤를 이은 파라오다. 세크나크테는 한국사에서 혼란상황이 극에 달한 고려말 이성계와 같은 사람이었다. 강력한 지도자 세크나크테가 이집트 정계에서 부상하게 된 건 람세스 2세의 사망을 계기로 18왕조가 빠른 속도로 쇠퇴했기 때문이다. 전술한 대로 고령의 나이에 람세스 2세의 뒤를 이은 메르넵타는 그런대로 통치력을 발휘하는 듯했다. 메르넵타는 이집트 해상에 자주 출몰했던 리비아를 몰아냈고 가나안을 정복했으며 수도를 람세스에서 다시 멤피스로 천도했으리 만큼 내치와 외치의 안정에 힘썼다. 하지만 그는 13년 동안 이집트를 통치하고 사망했다.

그의 사후 세티 2세(Seti II)와 아멘메세스(Amenmesse) 사이에 왕위 자리를 놓고 내전이 일어났다. 세티 2세는 하이집트에서 근거지를 삼고, 아멘메세스는 상이집트에서 근거지를 삼아 전쟁을 벌였다. 전쟁의 승자는 세티 2세였다. 그는 파라오의 왕좌를 차지했다. 세티 2세는 얼마 안 가 사망하고 그의 아들 시프타(Siptah)가 왕위에 올랐다. 세티 2세의 딸이자 메르넵타의 왕비인 투스레트(Twosret)는 권력욕이 강한 여성이었다. 투스레트는 어린 아들과 함께 6년 동안 섭정을 했고, 마지막 2년을 혼자서 나라를 통치하던 중 세크나크테의 반란으로 19왕조의 마지막 파라오가 되었다.

크놀 교수는 투스레트가 모세를 길러낸 여왕으로 추정한다. 투스레트는 왕권이 위협을 받자 모세에게 도움을 청했고, 모세는 나일강 삼각주 지역에 살았던 양치기들과 해외 용병들을 규합해 투스레트를 도왔지만, 세력이 월등히 강한 세크나크테를 꺾기엔 힘이 부족했다는 것이다. 투스레트가 죽은 후 모세는 자신이 파라오의 자리에 오를 적임자라고 여겨 세크나크테에게 대항했다. 그러나 모세는 싸움에 패해 뜻이 좌절되었다. 모세는 급기야 이집트에서 쫓겨나 부하들과 함께 가나안으로 패주할 수밖에 없었다고 한다. 크놀 교수는 바로 이 이야기가 성경의 기자들에 의해 모세와 이스라엘 자손의 이집트 대탈출 서사로 꾸며졌다고 본다.

크놀 교수는 출애굽 사건과 관련해 출처가 서로 다른 세 집단이 있다는 사실을 주목한다. 플라비우스 요세푸스의 『아피온 반박문』에 나오는 마네토의 이집트 거주 히브리인들에 대한 언급, 히브리 구약성경의 출애굽기 그리고 기원전 12세기 이집트 파피루스 문서 모두에 똑같이 세 집단에 관한 이야기가 나온다는 것이다. 크놀 교수는 이런 자료들을 조사, 연구한 결과 히브리인들이 이집트에서 탈출한 시기는 기원전 1186년이며, 그 시기는 20왕조의 창건자인 세크나크테 치세 2년이라고 확신한다. 크놀 교수에 따르면, 모세는 이집트 종교를 혐오하고 시리아와 레바논에서 데려온 용병들의 지도자였다.[106]

크놀 교수 같은 주장은 학계에서 소수의 견해로 치부되고 있다. 출애굽 당시 이집트 파라오가 누구냐 하는 데 관한 학계의 주류적인 견해는 람세스 2세에게 쏠려 있다. 하지만 람세스 2세의 통치 초중반에 출애굽이 있었다는 강한 주장들에도 불구하고 출애굽 사건이 람세스 2세의 열셋째 아들인 메르넵타

(Merneptah, 기원전 1236-1223)의 통치 때 있었다고 주장하는 학자들의 목소리도 무시하지 못할 만큼 크다. 카일(Kyle), 바톤(Barton), 피네간(Finegan), 로울리(Rowley) 등 몇몇 학자들은 이 견해를 지지한다.

60세가 훨씬 넘은 나이에 왕위를 물려받은 메르넵타는 왕위에 오르자마자 선왕들의 유업을 받들어 팔레스타인 정복사업을 펼쳤고, 치세 5년차인 1231년경에는 리비아인들과 함께 이집트 국경을 침범한 한 떼의 해양민족을 격퇴시키고 이를 기념하는 전승비를 세웠다.[107] 이 전승비에 새겨진 '승리의 찬가'(A Hymn of Victory)에 '이스라엘'이란 이름이 등장한다. 이것은 성경이 아닌 문헌에서 최초로 발견되는 이스라엘의 이름이다. 이 이름은 가나안 남부에서 전통적인 도시국가 체제를 형성한 아스글론, 게셀 등 3개의 성읍 이름과 함께 나온다. 그런데 고대 팔레스타인 연구의 권위자인 미국 시카고 대학의[108] 괴스타 알스트룀(Gösta W. Ahlström)은 '이스라엘'이란 이름은 메르넵타 2세 시대보다 앞서 나타난 이름이라고 주장한다. 그가 연구한 '이스라엘'은 군사적 중요성이 거의 없던 숲이 우거진 고지대에서 생활하는 사람들로서 정착된 지역에서 드문드문 살았던 농부와 유목민들이라고 보았다.[109]

이로써 이스라엘 민족이 그 무렵 팔레스타인 땅에 살았던 사실은 분명히 확인되었다.[110] 이스라엘의 실제 역사가 지금으로부터 최소한 3200년 전부터는 있었다는 얘기다. 문제는 여기에 나타난 이스라엘이 성경에서 말하는 이집트에서 탈출한 그 이스라엘과 일치하느냐 하는 것이다. 이에 대해 자신 있게 대답하기에는 상당한 부담이 있는 게 사실이다. 존 브라이트의 발언은 그러한 망설임을 잘 대변해준다. "그러나 불행하게도 우리는 이 이스라엘이 이집트에서 나온 무리의 일부였는지는 확인할 방법이 없다."[111] 존 브라이트는 출애굽이 있었다는 것은 의문의 여지가 거의 없을 정도로 확신하지만, 직접적인 역사적 증거를 찾지 못하고 있는 것을 아쉬워한다. 존 브라이트는 출애굽의 연대를 기원전 13세기, 좀 더 정확히는 람세스 2세의 치세 후반기로 추정한다.[112]

라솔(La Sor)도 존 브라이트와 견해가 비슷하다. 그는 출애굽 사건이 람세스 2세의 통치 기간 중인 1300-1250년 사이의 어느 시점에 일어났을 것으로 추정하지만, 정확한 연대를 알기란 불가능하다고 말한다.[113] 사르나(Sarna) 역시 람세스 2세의 통치 시기인 13세기 중반 무렵 이스라엘의 역사적인 출애굽이 있었다고 확신한다.[114] 출애굽이 결코 제18대 왕조의 통치 기간 중에 일어나지 않았다고 장담하는 키친도 출애굽이 람세스 2세 때 일어났다고 본다. 그는 출애굽이 람세스 2세가 즉위한 1304년(혹은 1290년)부터 메르넵타의 첫 번째 팔레스타인 원정이 있었던 1220년 사이에 일어났다고 추정하면서도, 보다 정확한 시기를 1290-1260년 사이의 어느 시점이라고 확신한다.[115]

이스라엘의 가나안 정복 사업이 청동기 말 무렵인 1250-1150년 사이에 있었다고 보는 미국의 고고인류학자인 데버(Dever)도 람세스 2세 때 출애굽 사건이 일어났다고 생각한다.[116]

늦은 연대설을 주장하는 학자들 가운데서 출애굽 사건이 기원전 13세기 초중반 무렵에 있었다고 하는 것은 메르넵타의 가나안 정복과 출애굽의 연관을 부인하게 한다. 메르넵타의 가나안 정복사업은 1231-1220년 무렵에 있었으므로 그로부터 40-50년 전인 1271년에 출애굽이 있었다면 출애굽 사건은 람세스 2세의 치세 32년째 되던 해에 일어났을 것이다. 이것을 성경에 나타난 모세의 나이에 대입해보면, 모세가 80세 되던 해에 출애굽 사건이 있었으므로 모세는 기원전 1351년(1271+80=1351)에 태어났다는 얘기가 된다. 이 시기는 투탕카멘이 애굽을 다스리고 있었을 때다. 사도행전 7장 23절의 기록에 의하면 모세는 40세의 나이에 미디안으로 피신하였으므로 이 시기(1351-40=1311)에 해당하는 이집트의 왕은 호렘헤브가 된다. 그리고 야곱의 후손이 이스라엘에 체류한 기간은 400년(창 15:13) 혹은 430년(출 12:40)이므로 야곱이 아들들과 함께 이집트에 내려간 때는 힉소스가 이집트를 통치하던 18세기 초중반 무렵이 될 것이다.

8) 도전받는 늦은 연대설

그러나 성경에 의한 엄밀한 연대 계산으로는 모세의 출생연도가 1526년이다. 이 시기는 아멘호텝 1세가 죽고 투트모세 1세가 등극할 때이므로 메르넵타 시대의 출애굽설과는 무려 170년 이상 차이가 난다. 메르넵타의 가나안 정복 사업을 끝으로 1200-1100년까지 가나안은 앗수르나 이집트 등 외부세력의 침입을 받지 않고 비교적 평온한 시기를 지냈으므로 이 기간 중에 출애굽 사건이 일어났을 가능성은 없다.[117] 이집트는 제20대 왕조의 람세스 3세(1186-1155)가 죽은 후부터는 국력이 급격히 쇠퇴하여 1085년까지 왕조의 나머지 기간 동안에는 이스라엘에 아무런 영향을 끼치지 못했다.

하여간 이래저래 메르넵타 통치 기간 중에 출애굽 사건이 있었다고 추정하는 후기 연대설은 상당한 난점들을 내포하고 있다. 우선 이것은 성경의 증거와 배치된다. 애굽의 군대가 홍해에서 수장된 지 얼마 되지 아니하여 군대를 재정비하고 식량과 물자를 조달하는 등 만반의 전쟁 준비를 갖춘 후 먼 나라인 이스라엘을 공격한다는 것은 사실상 불가능에 가깝다. 더욱이 후기 연대설의 가장 큰 난점은 열왕기상 6장 1절의 '이스라엘 자손이 이집트 땅에서 나온 지 480년'이란 언급과 정면으로 부딪힌다. 솔로몬의 성전 건축이 언제 시작되었는지를 말해주는 열왕기상 6장 1절은 출애굽 사건이 기원전 1446년경에 있었다는 것을 강력하게 시사한다.[118] 이 연대는 올브라이트를 위시한 몇몇 학자들이 솔로몬의 통치 시기가 시작되는 해를 추정한 기원전 970년을 토대로 산정한 것이다. 480년은 한 세대를 40년으로 봤을 때 12세대에 해당하는 기간으로서 이 기간은 성경의 연대에 잘 부합하고 있다.[119]

그런데 솔로몬의 통치시기를 토대로 추정한 출애굽 연대는 늦은 연대와는 180년 이상 괴리가 생긴다. 늦은 연대를 신봉하는 학자들은 이것을 어떻게 설명할 것인가? 존 브라이트는 한 세대를 25년이라고 제안하고 이스라엘 백성이 이집트에 12대에 걸쳐 거주하였으므로 이스라엘의 총 체류기간을 300년이라고 본다.[120] 라 솔(La Sor)도 480년은 "뭉뚱그린 숫자"(round number)라면서 원론적으로 브라이트의 견해를 받아들인다.[121] 호프마이어도 출애굽 시기부터 솔로몬이 즉위한 때까지 480년을 상징적인 숫자(12세대×40년)에 불과하다며 이른 연대설을 일축, 남자들이 결혼을 해서 아이를 낳을 때까지 통상 걸리는 기간을 20-25년으로 보면서 300년이 정확하다고 주장한다. 967년에 300년을 더하면 1267년이 된다. 공교롭게도 이때는 람세스 2세가 통치한 시기였다.[122] 그러나 한 세대를 30년이나 40년이 아닌 25년으로 임의로 책정해 이스라엘의 거주기간을 산정하는 것은 성경의 480년이란 햇수를 결과적으로 부정하는 꼴이어서 이러한 주장은 어쩐지

옹색하다.

늦은 연대의 가장 큰 약점은 아직 결론이 나지 않고 논쟁
중인 고고학적인 자료들만을 토대로 논리의 타당성을 주장할 뿐
성경의 연대기에 나타난 전체적인 문학적 읽기를 포기했다는 데
있다.[123] 늦은 연대설을 통렬하게 반박하면서 성경의 기록대로
출애굽 연대를 1445년이라고 보는 사람은 보수전통주의 기수를
자처하는 아처(Gleason L. Archer) 박사다. 그는 성경의 일관된
증거들과 고고학적인 증거 등 외적 증거들을 치밀하게 제시하며
1445년이 아니면 다른 대안이 없다고 확신한다.[124]

4. 고고학과 출애굽 연대

출애굽에 대한 확실한 연대 산정은 성경의 최종적인
권위를 확보하는 데 도움을 줄 뿐만 아니라 솔로몬 시대 이전
이스라엘의 역사와 다양한 시대들과 연관된 문화적 배경을
가늠하게 하는 척도가 된다는 점에서 이 연구를 결코 소홀히
할 수 없다.[125] 이 연구에서 고고학은 중요하다. 이른 연대설을
주장하는 견해나 늦은 연대설을 주장하는 견해를 뒷받침하는
자료는 주어진 성경의 자료와 고고학적 자료들이다. 이른

연대를 주장하는 학자들은 전통적인 견해에 따른다. 전통적인 견해는 성경의 언급을 문자 그대로 받아들인다.

출애굽 연대를 기원전 15세기 중반 무렵으로 추정하도록 지지하는 것으로는 성경 내적인 증거 외에도 불확실하긴 하지만 상당히 많은 외적인 증거들이 있다. 가령 고고학적인 증거가 그것이다. 성서 고고학의 등장은 성경 연구의 획기적인 발전을 가져왔다. 이 부문에는 특히 올브라이트(W. F. Albright)가 가장 두드러진 활약을 했다. 올브라이트를 위시한 성서 고고학자들은 벨하우젠(Welhausen)에 의해 확립된 히브리 역사의 진화론적 접근에 변화를 불러일으키면서 성경의 역사적 사실성과 진실성을 규명하는 데 크게 기여했다. 대체로 고고학적 결과들은 성경의 역사기록이 틀리지 않는다는 것을 증명해왔다.

그러나 고고학이 제공해주는 증거들을 무조건 신봉한다는 것은 대단히 위험하다. 왜냐하면 고고학적 연구 결과들은 언제든 변할 수 있는 소지가 있기 때문이다. 고고학적 자료는 성경의 내용을 때로는 정의 방향으로 승인해주기도 하고 때로는 부의 방향으로 기각해주기도 한다. 그러므로 고고학적 증거들은 일단 중립적이라는 사실부터 인정하는 게 좋다. 그것들은 때로는 성경의 난해한 증거들처럼 해석을 필요로 하기 때문이다.[126] 성서 고고학적인 결과물이 성서의 내용과

조화를 이룬다는 것은 하나의 당위이다. 하지만 그것들이 성경의 역사성을 좌지우지하는 횡포는 고고학의 결과에 대한 우리의 판단을 유보하도록 만든다. 그러므로 고고학적인 연구결과들에 성경의 내용들이 반드시 따라가야 한다는 통념은 경계해야 마땅하다고 생각한다.

출애굽 연대를 계산하면서 중요한 논점은 주어진 성경 자료와 고고학적인 자료들을 어떻게 해석하는가 하는 것이다. 이른 연대설을 주장하는 보수적인 학자들이나 늦은 연대설을 주장하는 진보적 학자들 모두 자신들의 주장을 뒷받침하는 거증자료로 고고학적인 조사결과 자료를 동원하기는 마찬가지다. 종종 출애굽 연대 산정의 기준점을 제공하는 출애굽기 12:40의 430년, 사사기 11:26의 300년, 열왕기상 6:1의 480년 등의 숫자에 대해서 이른 연대설 학자들은 문자 그대로 받아들이고 있는 반면, 늦은 연대설 학자들은 성경 외적인 자료에 의존한다. 또한 출애굽의 배경에 등장하는 라암셋(창 47:11; 출 1:11)과 이스라엘의 가나안 정복활동 시기에 파괴된 여리고(수 6:1), 라기스(수 10:31), 드빌(수 10:38), 하솔(수 11:11) 등에 대한 고고학적인 판단도 보수적인 견해들과 급진적인 견해들이 팽팽히 맞선다.

여러 번 언급하였거니와 보수적인 학자들은 대체로 출애굽 연대를 이른 연대로 잡고 있는 반면, 진보적인 고고학자들은 대체로 이른 연대보다 200년 정도 후인 1250년으로 추정한다. 출애굽이 1250년이라면 이스라엘이 가나안에 들어가게 된 해는 기원전 1210년이 될 것이다.[127] 이 시기는 초기 철기시대(기원전 1200-1000)가 막 시작하려고 할 때였다. 급진적인 학자들은 아예 출애굽의 역사성에 의문을 품는다. 역사 최소주의적인 경향을 띤 학자들을 중심으로 하는 반 올브라이트(anti-Albright) 학자들은 고고학적으로 팔레스타인에 대한 이집트의 지배는 후기 청동기 시대인 기원전 1150년까지 지속된 게 확실하다고 본다. 그런 점에서 성경에 나오는 이스라엘의 출애굽과 정복전쟁은 허구라고 주장한다.[128] 그런 일들이 만약 있었다면 성경의 진술 방식이 아닌 다른 방식으로 진행되었을 거라고 한다.

출애굽의 역사성에 대한 문서비평과 급진적인 학자들의 줄기찬 도전에도 불구하고 구약학계에서는 이 사건이 후기 청동기 시대인 기원전 15-12세기 사이의 어떤 시점에 일어났다고 보는 게 정설로 굳어졌다. 유대인 신학자인 나훔 사르나(Nahum M. Sarna)는 기간을 보다 좁혀 출애굽을 신봉하는 학자들은 이 사건이 후기 청동기 시대와 초기 철기 시대가 겹쳐지는 기원전 1380-1200년 사이의 어떤 시점에 일어났다고 말한다. 그런데 출애굽과 이스라엘의 가나안 입성을 기원전 13세기 중후반이라고 보는 고고학자들의 연구 자료에 대한 해석과 판단은 보수주의 학자들 간 날 선 공방이 있다.

중도학자로 분류되는 해리슨(1920-1993) 교수는 출애굽의 연대를 13세기 중엽이라고 주장하는 고고학자들의 '늦은 연대설'에 동의하면서도, 성경 본문에 고고학적 자료들을 해석하고 연관시키려는 시도를 할 때는 상당한 주의가 필요하다고 경고했다.[129] 빔슨(John Bimson)은 올브라이트 등 고고학자들이 단편적인 증거들을 가지고 성경의 자연스러운 해석을 자기 마음대로 재단하는 것이 얼마나 무모한지를 통렬히 반박한다. 빔슨은 주위의 따가운 시선에 아랑곳없이 15세기 출애굽 연대설을 강하게 지지했다.[130] 출애굽이 1550-1200년 사이에 일어난 분명한 역사적 사건이라고 보는 망가노(Mangano)도 성서의 증거들에 의해서든 고고학적 증거들에 의해서든 출애굽 연대를 15세기라고 확신한다.[131] 보수적인 학자들의 이러한 반응은 고고학적 자료와 성서의 내용은 밀접한 연관성이 있지만, 성경에 기록된 내용을 고고학적 자료들의 분석 결과에 종속시켜서는 안 된다고 보기 때문이다.

고고학자들 사이에 만장일치를 기대한다는 것은 요원하다. 그렇다면 어떻게 해야 할 것인가? 고고학적 자료들에 대한 평가는 학자들마다 다르기 때문에 성경의 기록된 자료와 고고학적 자료가 부딪힐 경우 성경의 기록을 우선시하고 더 신뢰하는 것이 바람직한 태도라고 생각한다. 딜러드와 롱맨 3세는 출애굽의 후기 연대설을 확고부동하게 지지하게 한 고고학적인 논거들은 의심스럽거나 잘못되었다고 지적하며 빔슨의 견해를 강력하게 지지하고 나섰다. 두 학자는 "고고학적인 증거들은 출애굽과 정복활동이 15세기에 일어난 것으로 묘사하고 있는 성경 기록에 대한 자연스러운 해석과 조화를 이루고 있다."[132]며 의미심장한 고고학적 연구결과의 긍정적인 측면에 신뢰를 나타냈다. 앤더슨(Anderson) 교수도 출애굽과 관련한 역사적 탐구는 성경의 이야기가 당시의 정치 · 사회적인 상황 전개와 깊은 연관성이 있다는 것을 인정하면서도 "출애굽의 중요성은 그 연대에 있는 게 아니라 인간사에서 하나님의 뜻이 펼쳐졌다는 바로 그 사실"[133]이라면서, "이스라엘인들이 신앙의 숭고한 언어로 선포한 사건의 내적인 의미에 대한 외형을 뛰어넘기 위해서는 종교적인 마음이 요구된다."[134]고 강조한다.

제4장

이스라엘의 지도자 모세

1. 이스라엘 종교의 창시자 모세

출애굽의 극적인 요소는 많은 사람들에게 숱한 상상력을 불러일으켰다. 신학적으로는 출애굽의 주인공은 이스라엘 민족을 구원하시고 이스라엘을 통해 자기를 계시하시려는 하나님이지만, 실은 그 이스라엘의 하나님 여호와를 대행하는 모세라는 한 위대한 역사적 인물이 주인공이라고 말해도 크게 지나치지 않다. 특히 출애굽기에서는 모세의 활약이 얼마나 돋보이는지 하나님이 주인공이라고는 하나 모세도 하나님 못지않은 중심적인 인물이다. "모세의 삶은 하나님의 전쟁과 계시의 서사시와 평행을 이루는 한 편의 인간 드라마인 것이다."[135]

출애굽기에서 모세의 비중이 얼마나 큰가 하는 것은, 이 책이 신학적으로 다음 두 명의 인물에 대한 정체성을 묻는 질문으로 시작하고 끝을 맺는 데서 실감할 수 있다. 그 두 명의 인물에 대한 질문이란, 첫째는 "여호와는 누구인가?"이고, 두 번째는 "모세는 누구인가?"이다.[136] 비단 출애굽기가 아니어도 모세를 빼놓은 오경은 상상할 수조차 없을 만큼 모세가 오경에서 차지하는 비중은 막중하다. 맥브라이드(McBride)는 오경의 압축판이라고 할 수 있는 신명기 33장을 유심히 관찰한 결과 모세는 하나님, 이스라엘과 함께 오경의 세 가지 중요한 주제 중 하나라고 하였다.[137] 출애굽기에서 등장한 모세는 출애굽기는 물론 오경의 나머지 책들에서 이름이 수없이 나타나지만 유독 창세기에는 없다. 그러나 오경의 전체 맥락에서 볼 때 창세기도 모세가 기록했다고 보는 게 가장 자연스럽고 상식적이다.

그렇다면 토라가 모세고, 모세가 곧 토라라고 해도 과언이 아니다. 하나님은 토라 전체를 가리켜 말씀하실 때 '모세의 토라'(수 8:31)라고 하셨다. '하나님의 토라'는 '모세의 토라'나 마찬가지인 셈이다. 모세는 토라의 권위와 수령과 지속적인 실천에 기초를 놓은 이스라엘의 역사적 심부름꾼이다. 하나님과 이스라엘 사이에서 모세는 유일한 토라의 수령자이며 언약의 중재자이며 모든 예언자 중에 가장 뛰어난 예언자였다. 모세는 또 하나님의 신실한 종이었으며, 탁월한 교사였으며, 더할 나위 없는 설교자였으며, 그 뒤에 나오는 모든 지도자의 모범이 되는 사람이었다. 모세 이후에 많은 선지자들이 배출되었지만 어느 누구도 모세에 필적하지 못했다. 그는 이스라엘 역사상 전무후무한 인물이다.

기독교 초기에 헬라 문화권에서는 모세를 치료사나 마술사로 보는 사람들이 더러 있었다. 그것은 모세라는 위대한 인물에 대한 오해로 생긴 것이었다. 모세라는 인물에 대해 까다로운 역사 비평적인 문제들이 있는 게 사실이지만, "이스라엘의 기억과 신앙이라는 정경적 맥락에서 모세의 중요성과 중심성은 모호하지 않고 명확하다."[138] 존 브라이트는, 모세는 이스라엘 신앙의 위대한 창시자여서 "그의 역할을 부정하는 것은 그와 똑같은 이름을 가진 다른 사람을 모세의 자리에 갖다 놓는 거나 마찬가지"[139]라고 말한다. 모세에 대한 가장 적확한 소개는 신정 정치의 창시자로서 세계에 신질서를 가져온 사람이었다고 평해야 공정하다. 그에게 선지자라는 호칭을 붙이기에 민망할 만큼 그는 선지 사역의 원형적·모범적 인물이었다. 모세는 이스라엘이 낳은 가장 위대한 사람으로서 하나님과 그의 백성 사이에서 백성들에게는 하나님의 뜻을 대변하고 하나님에게는 백성들의 상황을 호소한 기적적인 인물이었다. 모세는 이스라엘의 정치와 민족적 활동을 종교와 결합한 불세출의 인물로서 스스로를 종교 창시자라 부르는 조로아스터(Zoroaster)나 모하메드(Mohammed)에 비견된다.[140]

모세의 위대함은 신약성경에서도 인정한다. 신약은 예수님을 말할 때 모세 유형론을 종종 사용하고 있다. 신약은 예수님을 신명기 18장 15절이 가리키는 "모세와 같은 선지자"나 혹은 "제2의 모세"라고 직접적으로 묘사하지는 않지만 모세보다 훨씬 뛰어난 분으로 소개한다. 모세가 아무리 위대하더라도 예수님과 비견할 수는 없지만 모세가 위대한 인물이라는 사실을 신약성경의 기자들도 인정한다.

한 민족으로서 출현한 이스라엘과 모세의 관계는 서로 분리해서는 생각해 볼 수 없다. 구약성경은 모세를 국가의 영웅이나 민족의 지도자로 그리기보다는 이스라엘 민족에게 종교적 공동체로서의 국가의식을 불어넣은 선지자였다. 그는 하나님의 뜻을 전달하는 선지자들의 모범이었다(신 18:15,18). 모세 이후에 어느 누구도 모세만 한 선지자가 나오지 않았다(신 34:10). 훗날 선지자 호세아는 하나님께서 이스라엘을 구원하시고 백성들을 인도할 도구로 모세를 쓰셨다고 인정했다(호 12:13). 전통적인 견해에 따르면, 모세는 하나님으로부터 직접 율법을 받았으며 이스라엘 민족에게 여호와 종교를 가져다 준 사람이었다. 그는 토라의 역사를 문서로 써서 후대의 사람들에게 남겨준 사람이었다. 그는 인간 역사 속에서 하나님의 구원 행위를 가장 분명하게 보여준 사람이었다. 그는 왕, 제사장, 선지자라는 3중직을 하나님께 임명(기름부음)을 받아 수행한 사람으로 구약 시대에 예수 그리스도의 전형을 보여 주었던 인물이다.

이스라엘 역사 전체를 통해 하나님의 구원 행위를 이스라엘 종교 구조의 가장 특징적인 요소로 파악한 프리젠(Vriezen)은 모세에게서 왕이나 제사장 역할보다는 예언자적 역할이 더 크게 부각되어 있다는 것을 발견한다. "모세라는 인물은 예언자적 인물이었을 것이다. 이스라엘 종교의 연대를 좀 더 이른 시기로 돌릴 수 있는 이유는 바로 모세 때문이다."[141] 모세로 말미암아 국가적인 단위로서의 이스라엘이 종교적인 운동으로부터 탄생했다는 이 사실 하나만은 논쟁의 여지를 남겨놓지 않는다.[142]

인류 역사상 하나님에 대한 지식이 가장 뛰어난 사람을 신약 시대에는 바울이라고 한다면 구약 시대에는 모세를 능가하는 사람은 없을 것이다. 모세는 하나님과의 깊은 교제를 통해 하나님이 누구이고 어떤 성품들을 가졌으며 자연과 역사 속에서 어떻게 일하시고 어떤 목적을 위해 일하시는가를 깨달은 사람이었다. 모세가 없었더라면 피조물인 인간은 절대자인 하나님이 누구이며, 그 관계에서 인간 및 인간 공동체의 위치와 가치, 행동 규범과 방향 그리고 목적이 무엇인지를 발견하는 신인식(神認識)은 더는 진전되지 못하고 모호한 상태로 남아 있었을지도 모른다. 모세가 있음으로써 이스라엘과 인류는 하나님이라는 존재와 인간과 세계를 향하신 그분의 뜻과 계획이 무엇인지에 대해 그의 이전 시대보다 한층 선명하고 구체적으로 알게 되었다. 따라서 모세가 아니면 오경을 쓸 만한 인물이 없다고 보는 것은 아주 자연스러운 생각이다.

신구약성경의 내적 증거는 모세가 오경을 썼다고 말한다. 모세는 토라의 역사를 민족적 이스라엘 역사의 첫머리에 자리매김한 사람이다. 모세는 오경을 쓸 만큼 충분한 지식과 경험을 지닌 사람이었다. 모세가 오경 전체를 쓰지 않았다고 문서비평 학자들이 아무리 큰소리쳐도 최소한 모세가 오경의 기초를 이루는 글들(Ur-Pentateuch)을 쓴 것만은 분명하다.[143] 이것은 그의 뛰어난 자질과 영성, 탁월한 훈련과 소명 없이는 불가능한 일이다. 이러한 능력과 지도력은 어디에서 온 것이었을까? 당시 세계 제일의 문명국인 이집트의 궁중생활에서 왔을 것이다. 모세가 궁중에서 이집트의 우수한 학문과 무예 등 왕자로서의 교육과 훈련을 받았으리라 추측하는 것은 그리 어려운 일이 아니다.

예수님이 십자가에 못 박히시고 부활하신 후 기독교 복음이 유대사회에 급속히 전파되기 시작한 1세기 초중반 무렵

스데반 집사는 그가 모세와 하나님을 모독하였다고 비난하는 자들을 상대로 행한 공회의 연설에서 성경의 독자들에게 참으로 귀중한 정보를 제공해주었다. 스데반은 모세가 격분한 끝에 이집트 사람을 쳐 죽인 때의 나이가 40세였다는 사실을 적시하고, 그때 모세는 "이집트 사람의 모든 지혜를 배워 그의 말과 하는 일들이 능하더라"(행 7:22)고 생동감 있게 전하고 있다. 스데반의 증언으로 후대의 기독교인들은 모세의 120년 일생이 40(이집트에서의 왕자 생활)-40(미디안 땅에서 사역을 준비하는 생활)-40(광야에서의 지도자 생활)으로 확실히 구분할 수 있게 되었다.

2. 하나님의 사람 모세의 길

모세, 이 신기한 인물. 모세의 출생과정은 한 편의 드라마를 보듯 감동적이면서 이 아이를 통해 무언가 굉장한 사명이 맡겨지고 수행될 것 같은 기대감을 부풀게 해준다. 전통적인 견해는 모세에 관한 정보가 성경에만 나와 있음에도 모세가 역사적 실존 인물이라는 데 주저하지 않는다. 그러나 똑같은 성경을 본다고 해서 모두 똑같은 생각을 하는 건 아니다. 가령 차일즈(Childs) 같은 학자는 모세가 실제로 존재했던 사람으로 보지 않는다. 차일즈는, 나일 강물에서 갈대 상자 안에 있는 아기가 극적으로 구출되어 파라오 궁의 공주에 의해 길러졌다는 동화 같은 모세의 이야기를 고대 근동의 어린 아기 유기사건과 비교하며 모세 이야기를 멋들어지게 각색한 것이라고 주장한다. 그러나 이런 유사한 이야기들이 그리스-로마 세계에 아무리 많이 떠돌아다닌다고 할지라도 아기 모세의 갈대 상자 사건을 허구라고 몰아붙이는 것은 대단히 위험스러운 발상이다. 왜냐하면, 하나님의 구원 역사를 다룬 성경의 많은 증언들이 대개 그러하듯 이 갈대 상자 이야기에서도 고난의 절망적 상황과 구원의 희망적 상황을 날카롭게 대비시켜 놓은 신학적인 목적이 충분히 반영되어 있기 때문이다.

유대 역사가인 요세푸스는 모세가 역사적인 실존 인물이라는 것을 조금도 의심하지 않았다. 그는 모세가 어떻게 이집트의 왕자가 되었는지를 실감나게 전해준다. 그는 시녀들과 함께 나일강에 목욕을 하러 간 바로의 딸이 세라무시스(Thermuthis)라는 이름을 가진 공주라고 밝혔다. 이 공주가 훗날 이복 남매인 투트모세 2세와 결혼했지만 남편이 젊어서 죽자 그의 뒤를 이어 왕위에 오른 투트모세 3세와 함께 상하 이집트를 공동통치(1503-1483)한 하셉수트(Hatshepsut) 여왕이다. 하셉수트는 '카마레'(Kamare)라는 왕의 이름을 갖고 나라를 통치했던 여걸이었다.[144] 하셉수트가 파라오로 권좌에 올랐을 때 모세의 나이는 23세였다. 세라무시스 공주가

나일강의 갈대 상자 안에 있는 아기 모세를 만난 극적인 장면을
요세푸스는 이렇게 묘사했다.

> "파라오의 딸인 세라무시스가 나일 강변을 걷고
> 있다가 물에 떠서 내려오는 갈대 상자를 발견하고
> 시녀들에게 상자를 가져오라고 말했다. 시녀들이
> 헤엄쳐가서 상자를 가져와 공주에게 보였다.
> 공주는 상자 안에 아름다운 아기가 있는 것을
> 보고 좋아서 어쩔 줄 몰라 했다. 공주는 아기에게
> 모세라는 이름을 지어주고 그를 양자로 삼았다.
> 공주는 모세를 아버지인 왕에게 데려와 보여주며
> "이 아이를 제 아들과 아버님의 왕국의 계승자가
> 되게 해주십시오."라고 간청했는데, 이는 모세가
> 비범한 신적 용모를 지닌 데다 특출나게 지혜로운
> 사람으로 보였기 때문이다. 그녀는 아기를 왕의 팔에
> 안겼다. 그러자 왕은 딸을 기쁘게 하려고 왕관을
> 벗어 모세의 머리에 씌워주었다."(부분 요약)[145]

구약성경은 모세를 하나님의 파트너이자 친구로 묘사하고
있다. 그는 하나님의 사람이었다(신 33:1; 수 14:6; 시 90 표제).
타고난 신적 자질과 기상이 모세에게 있었다는 것인가? 모세에
관한 정보는 유대인으로서 세계적인 도시 알렉산드리아의
시민으로 살았던 철학자 필로에게서 얻는 게 유익하다.
그는 모세와 모세 율법에 상당한 흥미와 관심을 가지고
연구를 한 당대 최고의 지식인 중 한 사람이다. 모세에게
비호감 내지는 적대감을 가진 당시 이집트인들이 모세를
'마술사'(sorcerer)라든가 혹은 '말 많은 불한당'(garrulous

scoundrel)이라고 하면서 폄훼하자 필로는 모세의 명성을 회복시켜 진실을 규명하고자 했다.[146] 그는 세상의 창조에 관한 논문에서 모세의 직분을 기본적으로 왕이라고 규정했다. 필로의 일차적인 의도는 모세를 이상적인 왕으로 소개하는 것이었다.[147] 필로에 따르면, 모세는 애굽에서 훌륭한 교육을 받은 왕자였으며 히브리인들을 이집트에서 구출하고 광야에서 인도한 명실상부한 왕이었다. 그는 무소불위의 권력을 가진 파라오에 맞선 자로서 이상적인 헬라 왕의 자질을 갖춘 뛰어난 장군이요 지도자였다.[148] 필로는 왕적 권세를 지닌 그런 모세에게서 3중직을 발견한다. 첫째는 입법가요, 둘째는 대제사장이요, 셋째는 예언자다. 흥미롭게도 필로는 이러한 3중직 외에도 모세는 또한 신학자요 철학자로서 신앙심이 깊은 영적인 사람이었을 뿐만 아니라 빛나는 이성과 지성의 소유자였다고 칭송했다.[149]

알렉산드리아의 클레멘트의 저작들 속에서 필로의 견해들을 즐겨 사용하는 것을 유심히 관찰한 하버드신학교의 호엑(Hoek) 교수는 "사람 사는 데라면 모세 율법은 세계 어느 곳이건 알려져 있었지만, 정작 모세가 누구인지 아는 사람은 많지 않았다고 필로는 여겼다."[150]고 밝히고 있다. 필로는 그 이유에 대해 시기심 많고 학식 있는 헬라인들이 모세에게 영예가 주어지는 것을 꺼렸기 때문일 거로 생각했다는 것이다.[151] 필로는 모세를 다음과 같이 평했다. "모세는 모든 면에서 가장 위대하고 완벽한 사람이었다. 그는 자신의 능력들을 짓궂은 소명에 마음껏 쏟아 부을 수 있었다."[152] 필로는 '모세의 생애에 관한 논문'(De Vita Mosis)에서 모세가 빼어난 성품과 뛰어난 리더십을 갖게 되었던 실질적인 배경에 대해 다음과 같이 말하고 있다. "귀족 가문의 아들로 태어난 모세는 3개월 동안 부모가 비밀리 키웠다. 부모로부터 물려받은 모세의 이 성정은 이집트 왕국의 잔학성을 압도하고도 남을 만큼 훌륭한 배경이 된다." [153)

| 미켈란젤로가 조각한 〈모세상〉. 교황 율리우스 2세의 무덤을 장식하기 위해 만든 이 대리석상(높이 254센티미터)은 로마 산피에트로 인 빈콜리 성당에 있다. 오른손에 십계명을 든 모습은 입법자 모세의 위엄을, 위로 향한 시선은 하나님의 계시를 전달하는 예언자 모세의 영적인 권위를 잘 드러내주고 있다. 머리에 뿔이 달려 있는 것은 모세의 얼굴에서 뿜어져 나오는 광채를 성경이 뿔(horn)로 잘못 번역한 데 따른 해프닝인 것으로 알려져 있다.

유대인 역사가인 요세푸스는 필로보다 더 높이 모세를 평가한다. 요세푸스는 모세를 하나님처럼 사람들에게 경배를 받을 만한 신적 인물로 소개한다. 요세푸스는 모세를 하나님과

가까이 지낸 사람으로서 탁월한 입법가요 훌륭한 장군이며 지도자라고 평한다. 요세푸스가 모세를 이상적인 헬라 왕이 지녀야 할 자질들을 모두 갖춘 사람이었다고 극구 칭찬하기를 마다하지 않은 것을 보면 주후 1세기 지중해 세계에서 모세가 얼마나 이름이 알려진 위대한 인물이었는지를 알게 한다. 요세푸스가 모세를 당시의 헬라 시대의 왕들이 본받고 흠모해야 하는 모델로 마음에 품고 있었다는 사실은 헬라 고전문학의 권위자인 펠드만(Feldman)이 확인해준다. 펠드만이 모세를 어떻게 생각했는지 들어보자. "그는 입법자, 심판관, 장군, 백성들의 목자와 같은 헬라의 왕이 지녀야 할 자질들을 두루 갖고 있었다. 그의 적대자들이 그를 전제군주라고 부른 점으로 미루어 짐작하건대 요세푸스가 심중에 생각한 그대로 그는 전제군주인 왕과 맞먹는 사람이었다."[154]

하나님의 사람 모세. 모세가 있었기에 구약 백성들은 하나님을 알 수 있었고 신약 백성들도 그 하나님을 더 깊이 알 수 있게 되었다. 그는 인생들이 하나님을 알고 그분의 은총 아래서 풍성하게 살 수 있도록 지혜로운 마음을 갖기를 희구했으며(시 90:12), 그분의 구원의 능력과 영광이 영원히 주의 백성들에게 나타나기를 찬송하며 기도했다(출 15:1-18; 시 90:13-17). 오경의 독자들은 모세의 일대기가 토라와 함께 세 개의 무대로 펼쳐진다는 것을 알 수 있다. 모세의 길은 이집트에서 시내산으로, 시내산에서 모압 평지로 토라와 함께 걸어가는 성화의 길이다. 랍비 유대교와 기독교를 접목해 보려고 유대사상 연구를 필생의 과업으로 삼은 노이스너(Neusner)는 이러한 모세의 길을 "토라의 길"[155]이라고 했다. 이스라엘 자손에게 토라가 안내하는 길은 이집트를 탈출해 광야의 시내산을 거쳐 요단 동편의 모압 평지에 이르는 험하고 머나먼 길이었다. 아래 [도표 3]은 출애굽기를 중심으로 오경에 나타난 모세의 일생이다. 레위의 후손인 모세는 '건져냄'이란 뜻을 지니고 있다.

[도표 3] 모세의 일생

출생부터 미디안으로 피신하기까지 (1세-40세)   출 2:1-14   *행 7:23

   유아기   출 2:1-10
   청년기   출 2:11-14

미디안 땅 도피 생활에서 지도자로 부름받기까지 (40세-80세)   출 2:15-4:31
                                                                 *출 7:7 ; 행 7:30

   미디안으로 도피   출 2:15
   십보라와 결혼   출 2:21
   부름 받음   출 3:1-4:31
   바로 앞에 섬   출 5:1-23

이스라엘 지도자에서 죽기까지 (80세-120세)   출 5:1-신 34:12; 행 7:36

   소명이 다시 확증됨   출 6:1-7:13
   10가지 재앙들   출 7:14-12:36
   출애굽   출 12:37-18:27
   율법 수여   출 19:1-24:18
   성막 건립   출 25:1-40:38
   인구조사   민 1:1-10:10

시내산 출발	민 10:11
가데스 도착	민 12:16
	*시내산-가데스 방랑 (민 10:11-20:21)
모압 평지 도착	민 26:1-36:13
죽음	신 34장

제5장

출애굽기의 핵심 단어, 구절, 장

    출애굽기는 하나님께서 이스라엘 민족을 애굽에서 구원해내시어 그들을 하나님의 백성으로 택하시고 유일신 하나님을 예배하는 특별한 민족으로 되기까지를 소상하게 기록한 책이다. 구약이 도처에서, 특히 이스라엘이 중요한 상황에 맞닥뜨릴 때마다 출애굽 사건을 회상하고 출애굽 전승(들)을 발전시켜왔다. 따라서 출애굽기를 읽을 때는 어떻게 하나님께서 당신의 백성들을 강한 손과 편 팔로 구출해내어 계약을 맺고 약속의 땅에서 살 수 있도록 인도해 나가시는지를 처음부터 끝까지 염두에 두어야 한다. 모벌리(Moberly)는 출애굽기의 독자들에게 이 책의 메시지를 전체로서 이해하는 한 가지 유력한 방법은 노예 상태와 자유 사이에 있는 의미들을 탐색하면서 출애굽기를 읽어나가는 게 좋다고 조언한다.[156] 그렇게 읽다 보면 독자는 이 책의 핵심적인 단어가 구원(속량), 율법, 성막, 언약이라는 것을 어렵지 않게 발견할 수 있다. 1-18장까지는 구원이란 단어가, 19-34장까지는 율법이, 35-40장까지는 성막이란 단어가 내러티브를 이끌어가고 있다는 것을 쉽게 발견할 수 있다. 이 중심에 시내산 언약(19-24장)이 있다.

하나님께서 이스라엘을 특별한 민족으로 선택하셨다는 신명기의 선택 사상은 출애굽기에서부터 예비되어 있지만(출 13:17-14:31; 15:21; 19:5-6), '선택'이 출애굽기 내러티브를 이끌어가는 중심 단어로 보기에는 다소 미흡하다. 그런데도 출애굽기에서 선택 사상은 무시할 수 없는 개념이다. 구약 전체의 중요한 주제들 가운데 하나인 선택 사상은 신명기에 가장 잘 드러나 있는데, 출애굽기는 그것을 미리 준비해놓고 있기 때문이다. 출애굽기는 신명기 선택 사상의 비포장도로를 일찌감치 깔끔하게 페이브먼트(포장도로) 해놓은 셈이다. 이스라엘의 선택을 구약의 중심 개념으로 본 프로이스(Preuss)는 구약에서 최초의 본격적인 선택 사상의 출발을 보여주는 구절을 미리암의 노래인 출애굽기 15:21이라고 보았다.[157]

이 책의 핵심이 되는 장은 하나님의 구원 사건인 유월절이 나오는 12장과, 이스라엘 백성들이 시내산에 도착해서 하나님과 계약을 체결하는 24장이라고 할 수 있다. 성막을 만들어 하나님께 봉헌하는 40장도 중요하지만 성막에 관한 규정은 시내산 언약에 종속되므로 24장이 핵심이 되는 장이다. 이스라엘의 종교사적 발전 측면에서 볼 때는 금송아지 숭배사건을 다룬 32장도 중요하다고 할 수 있으나, 이 내러티브가 출애굽기의 핵심적인 메시지를 대변한다고 보기에는 무리가 있다.

한편, 핵심 구절은 하나님께서 자신이 누구인가를 계시하시는 하나님의 자기 선언(3:14; 6:2-3; 34:6), 그 하나님의 구원 약속과 구원을 노래하는 6:6; 12:27; 14:13, 이스라엘 백성과 언약을 맺어 선민 이스라엘을 제사장 나라와 거룩한 백성이 되게 할 것이라는 19:5-6, 성막 예배를 통해 하나님께서 이스라엘과 함께 계시며 안전과 보호를 책임지시겠다는 29:45-46이다. 훗날 사도 베드로는 출애굽기 19:5-6 말씀을 토대로 신약 시대 성도들이 네 가지 신분적 특권을 가지고 있다고 말했다(벧전 2:9).

제6장

출애굽기의 구조와 문학

1. 구조

총 40장 1,210절로 구성된 출애굽기의 구조를 보면 저자의 3대 관심사가 구원, 율법, 예배라는 것을 한눈에 발견하기란 그리 어렵지 않다. 출애굽기는 세 가지 큰 주제에 의해 짜여 있기 때문에 많은 양에 비해 의외로 간명한 구조로 되어 있다. 이렇게 출애굽기가 전체적으로 통일된 문학작품이라는 사실은 성경을 읽는 독자들에게 긍지를 더해준다. 출애굽기의 독자들은 이 책을 펴든 순간 역사와 세계의 주인이시며 창조주이신 하나님을 대면하게 된다. 독자들은 또 그 하나님께서 인간을 향한 어떤 구체적이고 정교한 계획을 갖고 계시고, 그 강렬한 의지가 이집트 땅에 모여 사는 선택한 백성을 향해 이제 막 분출하려 한다는 것을 감지한다. 그것은 아브라함에게 약속하시고, 이삭에게 약속하시고, 야곱에게 약속하신 은혜의 복음인 것이다. 출애굽기는 사건의 진행 순으로 기록되어 있어 구조가 복잡하지 않다. 구조를 간편하게 파악하기 위한 방법으로 흔히 장소(시간), 주제, 내용, 반응이 활용된다.

장소를 기준으로[158)]

이집트에서의 이스라엘	1:1 - 15:21	*430년
광야에서의 이스라엘	15:22 - 18:27	*2개월
시내산에서의 이스라엘	19:1 - 40:38	*약 11개월

주제를 기준으로

압제	1:1 - 12:36
해방	12:37 - 15:21
시험	15:22 - 18:27
계시	19:1 - 24:18
예배	25:1 - 40:38

내용을 기준으로

구원하심	1:1 - 18:27	*하나님 백성의 구원
율법을 주심	19:1 - 24:18	*하나님 백성의 윤리
성막을 주심	25:1 - 40:38	*하나님 백성의 예배

반응을 기준으로 *하나님에 대한 이스라엘의 반응 (관계, 순종)

이스라엘의 구원	1장-18장
하나님의 구원 필요	1장
하나님의 구원 준비	2-4장
하나님의 구원 활동	5:1-15:21
하나님의 보호와 안전	15:22-18:27
이스라엘의 반응	9장-40장
언약의 계시	1-31장
언약에 대한 반응	32-40장

출애굽기의 주제를 '구원'(deliverance)으로 보는 크레이기(Craigie)와 유대인계 독일 신학자인 베노 야곱(Benno Jacob)은 이 책을 크게 1-18장, 19-40장 두 부문으로 나눈다. 이렇게 간명하게 나누어 읽는 게 다소 느슨하고 엉성한 구조로 짜여 있는 이 책을 접근하기에 용이할 뿐만 아니라 구약을 전체로서 이해하는 데도 도움이 되기 때문이다.[159] 출애굽기의 구조를 출애굽기 구조 안에서만 보려는 것은 한계가 있다. 출애굽기 안에 있는 역사적 사건들과 이야기들은 오경 전체의 시각에서 보아야 하기 때문이다. 그런 점에서 힐(Hill)과 왈톤(Walton)은 출애굽기를 세 부분으로 나누고, 세 번째 부분을 이스라엘이 약속의 땅을 향해 시내 광야를 출발하는 광경인 민수기의 전반부까지 이어진다고 보고 있다. 힐과 왈톤이 파악하는 출애굽기의 구조는 아래와 같다.[160]

이집트에서의 이스라엘	출 1:1 - 12:30
출애굽과 시내 광야 여행	출 12:31 - 18:27
시내산에서의 이스라엘	출 19:1 - 민 10:10

2. 문학(장르)

출애굽기는 이스라엘을 택하시어 열방의 빛과 거룩한 제사장 나라로 삼으셔서 세계와 인류에게 복을 주시고 구원하시려는 하나님의 위대한 활동을 역사적으로 기록한 책이다. 이 때문에 출애굽기는 하나님의 은혜로우시고 거룩하신 속성(출 34:6)을 드러내려는 신학적인 의도가 다분히 배어 있다. 이러한 점은 출애굽기를 신학적 역사서로서뿐 아니라 예언적 역사서로서의 진가를 유감없이 발휘하게 한다. 출애굽기는 내러티브, 서사시, 예전, 율법 등을 포함한 다양한 문학 장르들로 구성되어 있다. 여기에 하나님의 현현, 찬양, 연대기적 정보, 성막 재료들의 목록, 통계, 예배와 축제 등 소소한 문학적 장치들이 곳곳에 배치되어 책을 꽉 채워주고 있다. "이러한 장르들은 예언적 혹은 신학적 역사를 형성하기 위해 서로 결합하여 역사 속에서 활동하시는 하나님의 속성을 잘 드러내주고 있다."[161] 출애굽기 기자는 이러한 문학적 장치들을 총동원해 창세기의 족장들의 사건들과 그 사건들로부터 발전하는 새로운 민족의 등장을 연결하기 위해 아주 탄탄하게 장르들을 직조해놓았다.[162]

출애굽기에 이처럼 다양한 형태의 장르가 있다고 해서 도우즈만(Dozeman)처럼 이 책이 이스라엘 역사의 오랜 세월 동안 서로 다른 많은 사람들이 쓴 이런저런 문학작품들을 모아놓은 선집이라고 예단해서는 곤란하다.[163] WBC(Word Biblical Commentary) 출애굽기의 명 주석가인 더함(Durham)은, 출애굽기는 믿음을 강조하는 신학적인 성격이 강하다고 지적하고 이 책을 전체로서의 정경의 형태를 갖춘 한 권의 통일성 있는 책으로 본다면 이 책에 있는 많은 문학작품들로 인해 모세 저작이 무시되는 것을 경계할 수 있다고 주장한다.[164]

한편, 출애굽기가 성경의 다른 책들에 비해 독특한 것은 '율법'이 대단히 중요한 비중을 차지하고 있다는 점이다. 율법은 내러티브(혹은 이야기)와 함께 대표적인 장르를 이루고 있다. 이 율법은 십계명(20:1-17)과 언약서(24:7)가 가리키는 '여호와의 모든 말씀'(20:22-23:19)의 두 부분으로 되어 있다. 십계명은 하나님의 임재에 대한 이스라엘 백성의 경험 가운데 핵심을 이룬다.[165] 그리고 언약서는 하나님 백성의 삶을 규율하는 세부적인 법 조항들로서, 그것들의 법 정신과 지향점은 언제나 십계명을 기준으로 하고 있다. 출애굽기에 명시된 율법 조항들은 이스라엘의 법체계의 기원으로서 중요한 역할을 한다. 하지만 그것보다 훨씬 중요한 것은 이러한 법 규정들이 거룩한 하나님의 백성으로서 합당하게 살기 위한 삶의 규범이자 원칙이기 때문에 하나님과의 올바른 관계를 유지하기 위한 차원, 즉 하나님과의 관계성에서 파악되는 본질적인 역할이다. 그런 점에서 볼 때 율법은 이스라엘 사회 안에서 공동체와 개인의 윤리적 · 도덕적 기준이었을 뿐만 아니라 궁극적으로 하나님께 대한 제의적인 방편으로 기능하였다.

제2부 │ 출애굽기 내러티브 해석

제1장

출애굽기 1장 1절-12장 36절: 압제

1. 이스라엘 민족의 번성

출애굽기는 이 책을 펴자마자 야곱의 아들들의 족보 목록이 나타난다. 이것은 창세기의 이야기를 자연스럽게 연결해주면서 이 자손들을 통해 이집트에서 하나님의 언약 백성이 하늘의 별과 같이 바닷가의 모래같이 엄청나게 인구가 증가할 것을 암시하는 동시에, 이 백성들의 앞날이 순탄하지 않을 것 같은 모종의 불길한 예감을 들게 한다. "생육하고 번성하여 땅에 충만하라"는 하나님의 축복의 선언은 아브라함의 믿음과 순종을 통해 약속의 땅인 가나안이 아니라 뜻밖에 이국인 이집트에서 성취된다. 그동안 이스라엘의 영웅인 요셉은 죽었고 오랜 세월이 흘렀다.[166) 그리고 '요셉을 알지 못하는 새 왕'이 이집트를 다스리면서 불길한 예감은 현실이 되었다. '요셉을 알지 못하는 새 왕'의 등장으로 이스라엘 자손들의 미래에 먹구름이 밀려오고 있다.

'요셉을 알지 못하는 새 왕'이 누군가에 대해서는 제1부 3장 5(68-73쪽)에서 언급한 바와 같이 두 부류로 나뉜다. 이민족인 힉소스족이 세운 제2중간기 15왕조의 어느 왕이었거나, 아니면 토착민들이 힉소스족을 몰아내고 세운 신왕국 18왕조의 어느 왕이었을 것이다. 아시아 계통의 힉소스 왕조가 아무래도 히브리인들에게 우호적이었던 점을 감안하면, 힉소스와 적대적이었던 토착민들이 자국 내에서 날로 영향력이 커가는 이스라엘 자손을 경계하였으리라고 보는 게 자연스러울 것이다. 이 경우 '요셉을 알지 못하는 새 왕'으로 유력한 파라오는 아멘호텝 1세(기원전 1546-1526)나 투트모세 3세(기원전1504-1450)일 가능성이 높다.

앤더슨(Anderson)은 힉스소의 이집트 침입과 야곱의 가족들이 이집트로 이주한 사건이 거의 같은 시기에 일어났다고 생각한다.[167) 힉소스 출신의 이 왕은 이집트에서 세력을 확대하는 이 소수민족을 처음에는 피해의식을 갖고 경계하다가 나중에는 공포심과 증오심을 갖게 된다. 왕은 이스라엘 민족의 세력을 약화시켜 보려고 고된 노동을 부과하는 등 육체적인 억압조치를 취했지만 이스라엘은 그럴수록 단합하고 끄떡도 하지 않았다. 파라오가 하나님의 축복을 훼방하면 할수록 하나님의 축복은 그 훼방에 반비례하여 증가했다.

| 〈이집트의 이스라엘〉(Israel in Egypt). 영국의 행정가이자 고전 화가인 에드워드 포인터(Edward J. Poynter(1836-1919)의 1867년 작품. 요셉이 죽은 후 '요셉을 알지 못하는 새 파라오'가 이집트를 다스리면서 이스라엘 사람들이 학대를 받는 출애굽기 1:8-14절을 배경 삼아 그렸다. 고대 이집트 건축물들에 대한 생생하고 세부적인 묘사가 돋보인다. 에드워드 포인터 경은 고대 이스라엘과 그리스와 로마 신화 등 고전 작품들에 몰두하면서 런던대학교 석좌교수, 국립 미술관장, 왕립 아카데미 회장을 역임하는 등 영국 예술 발전에 기여했다.

마침내 파라오는 민중의 여론을 등에 업고 극단적인 정책을 내놓았다. 새로 태어나는 사내아이는 예외 없이 나일강에 던져 죽이도록 명령한 것이다. 새로 태어나는 사내아이들을 강물에 던져 죽이라는 파라오의 잔인한 결심 배후에는 훗날

이집트에 타격을 입히는 한 걸출한 아기가 태어날 것이라는 예언자의 간언이 있다. 요세푸스에 따르면, 서기관으로 보이는 그 예언자는 태어날 아기가 장성하면 "이스라엘인들에게 용기를 불어넣어 이집트의 지배력을 약화시킬 것인데, 그의 덕성은 그 누구보다 뛰어날 것이고 그가 누리게 될 영광은 만세에 기억될 것이다."[168]고 왕에게 진언하자, 왕이 크게 놀라 그 예언자의 간청을 받아들였다고 한다. 『요나단의 탈굼』에는 이 궁중 서기관이 얀네와 얌브레 중 어느 한 명이었을 것이라는 흥미로운 기록이 있다. 사도 바울은 이 두 사람을 모세를 대적한 사람들로 지목했다(딤후 3:8).

2. 이스라엘 지도자 모세의 등장

1) 모세의 출생, 궁중생활 그리고 피신

출애굽기 1-2장은 그다음에 나오는 장들과 달리 하나님이 역사의 전면에 등장하지 않고 있다. 하나님은 인간 역사의 배후에 계신다. 이스라엘의 미래는 하나님의 부재로 말미암아 출애굽기 독자들의 궁금증을 한층 더 자아내게 한다. "내 하나님이여 내 하나님이여 어찌 나를 버리셨나이까 어찌 나를 멀리하여 돕지 아니하시오며 내 신음 소리를 듣지 아니하시나이까"라는 시편 기자의 울부짖음처럼(시 22:1), 수백 년 동안 하나님이 자신들을 외면하고 있다고 생각한 이스라엘 백성의 고통은 말로 형용할 수 없을 만큼 컸을 것이다.

그런데도 독자들은 능력의 하나님께서 압제받는 이스라엘 백성을 극적으로 구원하여 보존하실 것이라는 기대감을 갖는다. 하나님의 오랜 침묵과 부재는 2:23-25절의 해설로 "고의적이고 극적으로 깨지고 만다."[169] 하나님을 경외한 두 산파에게서 희망의 빛을 보게 된 독자들은 나일강에 띄어진 갈대 상자 안의 3개월 된 아기가 이스라엘 백성의 구원자로 쓰임 받게 될 것으로 직감한다. 하나님의 기가 막힌 섭리로 아기는 물에서 구출되어 '모세'라는 이름이 붙는다. 모세는 청소년 시절에 자신이 히브리 출신이라는 것을 알고 민족적 자의식이 형성되었던 것 같다. 모세는 성인이 되어 동족에게 폭력을 행사한 이집트 사람을 살해하고 만다. 짐작하건대 출신 성분에 핸디캡이 있었던 모세로서는 이 뜻밖의 일로 인해 왕위 계승이나 권력 투쟁에서 결정적인 타격을 입었을지도 모른다. 모세는 이 일로 이집트 사람들로부터 적대감을 샀을 뿐만 아니라 동족에게도 배신을 당하고 만다. 아무튼, 이 사건은 모세가 40년 후 자기 동족들로부터 수도 없이 당할 대규모의 조직적인 배신의 전조가 되었다. 차일즈(Childs)는 모세가 왕자의 신분으로 있을 때 동족에게서 당한 이 배척이 훗날 모세보다 큰 분(예수 그리스도)이 자기 백성에게 배척당하게 될 것을 예시해준다고 보았다.[170]

2) 모세의 신인식(神認識)

모세는 그와 라이벌 관계에 있는 왕자와 이집트인들에게 약점이 잡혀 결국은 미디안 땅으로 몸을 숨기지 않으면 안 되었다. 그는 미디안 땅에서 결혼을 하고 목동 일을 했다.

모세가 미디안 땅에 몸을 숨긴 지 40년이라는 세월이 흘렀다. 모세는 이집트를 떠났을 때의 왕이 죽었다는 소문을 접했다. 하나님은 이스라엘 백성의 고통 소리를 들으셨다. 모세가 부름을 받을 때가 된 것이다. 하나님의 부재는 3장에서 극적으로 반전된다. 여호와 하나님이 역사의 전면에 나타나신 것이다. 이제부터 하나님은 하나님과 인간이 함께 만드는 역사의 무대 위에서 주인공 역할을 해야 하고 또 그렇게 하실 것이다.

출애굽기를 시종일관 정경비평 방법으로 주해한 더함(Durham)은 이 책의 주제를 "하나님의 임재"라고 본다.[171] 하나님은 스스로 자기를 나타내시어 자신의 원대한 목적을 위해 필요한 사람을 부르시고 그것을 이루시기 위해 그 사람에게 권능을 덧입혀 주실 것이다. 모세는 불타는 떨기나무에서 처음으로 거룩하신 하나님과 만났다. 죄인인 인간이 거룩함을 체험한다는 것은 매료와 두려움을 동시에 느끼는 법이다. 모세는 처음 대하는 하나님에 대한 호기심과 함께 절대 경외감에 압도되었다. 세상을 창조하셨고, 영원 전부터 스스로 계시고, 이스라엘 조상들의 하나님을 하필이면 하찮은 떨기나무 가운데서 만나다니! 이것은 결코 놀랄 일이 아니다. 이런 예상치 않은 일은 성경에 비일비재하다. 메시아로 이 땅에 오신 예수님은 여관방 하나 구할 수 없어 말구유에서 태어나셨지 않은가! 베들레헴의 밤에 들에서 양 떼를 지키던

목자들은 강보에 싸여 구유에 뉘어 있는 아기를 보았다. 그들은 그 아기가 장성해서 이스라엘과 세상을 구할 구주가 될 것이라고 믿었다.

영국 청교도 목사 존 플라벨(John Flavel, 1628-1691)은 전도 사역현장에서 겪었던 경험들과 교회사에서 발견된 구체적인 증거들을 바탕으로 '하나님의 섭리'에 관해 감동적인 글을 썼다. 플라벨 목사는 불이 붙은 떨기나무가 불타지 않은 이 기이한 사건에서 일찌감치 이스라엘에게 베푸실 하나님의 확실한 구원 활동을 예감했다. 그는 하나님의 섭리는 이성의 법칙이나 자연의 법칙으로는 도저히 설명할 수 없는 신적 영역에 속하는 것이라면서, 모든 사람은 하나님이 만물을 통치한다는 사실을 받아들여야 한다고 말했다. 플라벨은 "이성의 판단으로는 이스라엘 백성이 살아남을 수 있는 확률은 마른 가시나무가 활활 타오르는 불길 속에서 건재할 확률과 비슷했다. 하지만 그들은 구원의 기적을 체험했다."[172]라면서 자연법칙을 거스르며 기적을 베푸시는 하나님의 구원의 능력에 위로를 받았다.

떨기나무 불꽃 가운데 나타나신 하나님은 모세를 부르시어 그에게 이스라엘 백성을 이집트에서 인도할 책임을 맡기려 하신다. 모세는 하나님께 물었다. "제가 이스라엘 자손에게 가서 너희 조상의 하나님이 나를 너희에게 보내셨다고 말할 때 그들이 내게 그의 이름이 무엇이냐고 물으면 제가 뭐라고 대답해야 합니까?" 이 말은 한마디로 "당신은 누구십니까?"라는 말이다. 모세의 질문에 대한 하나님의 대답은 지극히 간명하다. "나는 스스로 있는 자다(I am who I am.)"(출 3:14). 얼핏 듣기에 "신경 끄고 네 일이나 잘해(Mind your own business.)"와 같은 말처럼 정중하면서도 단호하게 들리는 하나님의 대답에는 하나님의 속성이 함축되어 있다.[173]

모세에게 나타나신 하나님은 "스스로 있는 자"이시다. 스스로 있는 자의 이름은 '여호와'다(출 6:3). 하나님의 이 선언들은 하나님이 누구고, 어떤 성품을 가지고 있으며, 피조물인 인간에 대한 요구(하나님과 인간의 관계 설정, 인간의 위치, 인간의 소명 등)가 무엇인지를 알게 해주는 신학적인 진술로서 구약성경의 분수령을 이루는 중요한 성경구절들이다. "당신은 누구십니까?"라는 모세의 질문에 "나는 스스로 있는 자다"라는 하나님의 이 짧은 답변은 성경에서 상상력을 자극하는 곳들 중 하나다. 폴 하우스(Paul House)는 이 구절들을 신명기 32:39 말씀과 연결하며 하나님의 "이 유일신적인 선포는 모세 생애의 절정을 이루며, 모세의 소명을 자극할 뿐 아니라, 모세 신학의 기초를 이룬다."[174]고 보았다.

모세에게 나타나신 하나님은 모세에게 엄청난 사명을 주신다. 이집트에서 고통을 받는 동족을 압제의 굴레에서 건져내어 그들을 인도하여 아름답고 광대한 땅, 곧 젖과 꿀이 흐르는 땅으로 데려가라는 사명이다. 수백 년 전 아브라함에게 약속하셨던 땅은 다름 아닌 가나안(훗날의 팔레스타인)이다. 여기서 구약의 '땅의 신학'은 구체화되고, 그 땅의 정복은 현실적인 문제로 떠오르게 되었다. 크니림(R. Knierim)은 출애굽기 3:7-8에서 오경의 이야기 구조 속에서 내재된 '땅'이라는 핵심적인 개념을 도출해내고 그 의미를 찾고자 했다.[175]

출애굽기 3:14 말씀은 이스라엘 종교와 기독교 신앙을 파악하는 데 매우 중요한 것이어서 신학자들이라면 저마다 이 흥미로운 신학 마당에 뛰어들어 사색의 홍수를 이뤘다. 신학자들이 이 구절에 호기심을 갖고 탐색하는 까닭은 이 구절에서 '여호와'라는 이름의 신학적인 의미와 그 이름의 전승사적 과정, 그리고 인간과 세계의 역사 속에서 하나님의 행동의 궤적들을 발견하려 했기 때문이다.

이 구절에 대한 신학자들의 이해는 크게 두 견해로 나뉜다. 하나는 여호와라는 하나님의 이름을 이 구절에서는 70인역 전통에 따라 "나는 스스로 있는 자다"라고 존재론적으로 이해하는 견해다. 하나님이 자신을 소개하는 이 간결한 어구는 존재의 실재성, 존재의 확실성을 함축하는 하나님의 자기선언이다. 'I am'은 오로지 'who I am'에 의해서만 설명될 수 있다. 이것은 "나는 존재한다. 그리고 나는 그들이 나를 찾을 때 그들을 위해 존재한다."[176]라는 의미다.

쿠겔(Kugel)은 하나님의 이름인 'I-am'의 히브리어 뿌리는 'to be'(존재 그 자체) 또는 'cause to be'(존재의 원인)이라고 보면서 "I am the One who is."라고 한 70인역의 번역에 공감을 표했다.[177] "I am the One who is."의 온전한 의미는 "I am the One who is the being One."이다. 이 말을 우리말로 의역하기 쉽지 않지만, 구태여 의역한다면 "나는 존재 그 자체다."가 아닐까? 이 한 문장에 하나님은 피조물인 인간과 달리 태초부터 자존해 계신 분이시고, 다른 신들과 구별되는 참 신이시며, 역사를 주관하시고 피조물을 다스리시고 자신을 드러내시며, 인간과 비교할 수 없는 지고한 도덕과 윤리를 갖고 인간과 교제하기를 원하신다는, 이스라엘 종교와 그 연장선에 있는 기독교의 심오한 신학사상이 농축되어 있다. 항상 스스로 있는 하나님은 "역동적인 본성"[178]을 가지신 분이다. 정경적으로 볼 때 모세에게 말씀하신 하나님은 창세기 1-11장에 나타나신 하나님과 동일한 분이시다.[179]

이 구절에 대한 또 하나의 견해는 하나님의 자기 선언을 존재론적으로 이해하기보다는 경륜적으로 이해하는 견해이다. 경륜적이란 말은 하나님은 왕적 통치자로 존재하시면서 창세전부터 끝 날까지 영원한 하나님의 나라가 임할 때까지역동적으로 사역하신다는 뜻을 담고 있다. 하나님의 왕적 통치가 거룩한 이름을 통해 계시한다고 보는 이 견해에 따르면, 하나님은 행동하는 분이시다. 하나님은 철학에서 말하는 제1원인자 혹은 궁극적 본질 차원을 넘어선 존재로서 천지를 창조하시고, 피조세계를 다스리시며, 인류 역사를 주관하시고, 이스라엘 조상들에게 하신 약속들을 그가 선택하신 백성들에게 이행하시며, 그 백성들에게 행하신 일들을 통해 자신의 뜻과 계획을 세계의 모든 민족에게 알리시는 분이시다. 여호와 하나님은 자신의 거룩한 이름으로 왕권적인 통치를 하신다. 프리젠(Vriezen)은 하나님의 이 자기선언을 하나님의 이름은 함부로 발음할 수 없기에 "그는 그이다"(He Who Is)라는 것을 가리킨다며 존재론적인 의미로 해석하는 것을 경계한다. 하나님은 인간들이 존재를 부여하기 전에 원래부터 계시어 세상을 통치하시는 영원한 분이시기 때문이다.[180]

하나님은 자신의 이름을 언급하지 않는 대신 정형화된 방식(이스라엘이 하나님을 믿고 아는 모든 것을 되도록 간단하고 본질만을 드러내는 방식)으로 자신의 실재적인 임재를 말씀하심으로써 그의 존재를 드러내신다. 하나님은 개념적이고 추상적인 존재가 아니라 행동하시는 존재로서 자기의 경륜을 사역으로 증명하시는 분이시다. "나는 스스로 있는 자다"의 동사 '이다'는 인칭 단수 미완료형이므로 어떠한 행동이 거기서 끝나지 않고 계속해서 움직여 나가는 것을 의미한다.

이러한 생각은 "I am who I am."의 두 번째 'be'를 존재로 보지 않고 'become' 혹은 'happen'을 의미하는 미래형으로 보기 때문이다. "그러므로 하나님을 가리켜 '존재했다'거나 혹은 '존재할 것이다'라고 말할 수 없다. 이 행동하는 존재의 실재는 오로지 현재형으로서만 제시될 수 있기 때문이다."[181] 따라서 "나는 스스로 있는 자다"라는 하나님의 선언은 하나님의 존재의 질을 나타낸다고 하기보다는 하나님이 이보다 더 큰일을 행하실 존재라는 사실을 부각한다. 하나님은 인간에게 자신의 임재에 대해 가장 정확하고 효율적인 몇 마디의 단어들로 가장 엄숙한 확신을 주신다.

그러므로 인간 편에서 볼 때 하나님은 그의 존재의 질에 더 이상 논의할 필요가 없는 대상으로서 스스로 계시는 분이시다. 하나님은 자신의 이름으로 스스로의 정체성을 확립한다. 예수님의 제자인 빌립은 예수님께 "주여 아버지를 우리에게 보여 주옵소서"라고 간청했다. 이에 대해 예수님은 "빌립아 내가 이렇게 오래 너희와 함께 있으되 네가 나를 알지 못하느냐 나를 본 자는 아버지를 보았거늘 어찌하여 아버지를 보이라 하느냐"고 대답하셨다. 이것은 하나님은 인간의 철학적 사색이나 논리적 추론으로 증명되는 존재가 아니라, 사건들을 통해서 증명되는 존재라는 것을 말해준다. 치열한 삶의 현장에서 하나님을 경험한 사람은 성경의 하나님을 믿으며 오늘도 살아 계셔서 역사하시는 것을 자연스레 받아들인다.

요한복음은 하나님의 임재를 예수님의 임재로 대체해놓은 신령한 복음서다. 그만큼 출애굽기와 요한복음은 밀접한 관계가 있다. 예수님은 놀랍고 신기한 사역으로 스스로 자신이 하나님임을 증명하셨다.

이처럼 하나님은 삼위일체의 언어로써 경험되는 존재다. 우리가 하나님(God)이라고 인식하는 그 분의 완전한 이름은 'I AM'이다. 하나님은 자기를 가리켜 말씀하실 때는 'I AM'이시고, 인간 편에서 그 절대자를 부를 때는 'He is'다.[182] 왈키(Waltke)는 하나님의 이름인 'I AM'은 기능 면에서 보면 그의 실용적인 임재를 암시한다고 한다. 그렇다면 이 이름의 가장 적절한 영어식 표현은 "I am who I am for you."(나는 너희를 위해 스스로 존재하는 자다.)가 될 것이다.[183] 왈키는 처음과 나중이 한결같은 하나님의 속성을 다음과 같이 강조한다. "그의 단순성은 그 안에 어떠한 변화의 그림자가 없다는 것을 보여준다. 하나님은 신뢰할 수 있고 의지할 수 있는 분이시다."[184]

밀러(Miller)는 "나는 스스로 있는 자다"라는 하나님의 자기 선언에서 하나님의 존재와 존재의 이유 외에 군대나 무리를 창조하시는 하나님의 능력에 보다 큰 의미를 부여한다. 그분은 하늘과 땅의 군대와 사람들을 만드실 뿐만 아니라 그들을 명령하고 지휘하는 사령관이시다. 훗날 이스라엘 종교에서 하나님을 지칭하는 많은 이름들 가운데 하나님의 이 자기 선언에 가장 근사한 이름은 '만군의 여호와'(여호와 쯔바오트, 히브리어로 מזוכא יהוה)이다. '쯔바오트'라는 하나님의 이름은 이스라엘 군대가 거룩한 전쟁을 수행할 때 군대의 맨 앞에서 군인들을 통솔하는 사령관이었고 이스라엘의 안보를 책임지시는 분이었다. 이사야 6:3 등 예언서에 수없이 등장하는 이 이름의 이미지는 이스라엘의 초기 역사에서 시나 노래 속(민 10:36; 신 33:2-3; 시 68:18 등)에 가끔 나타난다.[185] 그렇다면 그분은 "행동하시는 하나님"이시다. "행동하시는 하나님"은 출애굽 사건을 통해 더욱 명쾌하게 설명된다. 하나님은 행동함으로써 모든 상황 속에서 자신의 백성들과 함께 계시고 그들의 필요를 채워주시고 말씀을 지키시고 그 약속을 성취하시는 분이시다.[186]

3) 하나님의 이름 ―여호와

브루너(Brunner)는 본시 하나님의 이름은 정의될 수 없는 성질의 것이지만 하나님이 자기를 "나는 스스로 있는 자다"라고 말씀하심으로써 비로소 그 이름을 정의할 수 있게 되었다고 말한다. 그것을 다음과 같이 엄밀히 정의할 수 있다. "나는 신비로운 자다. 나는 나(I am that I am)로 있게 될 것이다. 나는 비교할 수 없는 자이므로 정의될 수 없을 뿐만 아니라 이름도 없다."[187] 침멀리(Zimmerli)는 하나님의 이름 신학을 심화시켰다.

이스라엘의 신앙 형성을 '여호와'라는 이름의 전승 과정을 통해 세심히 관찰한 침멀리는 이스라엘이 부른 이 이름이 하나님의 본성을 나타내 주는 굉장히 중요한 구약의 진술이라고 본다. 침멀리는 "나는 스스로 있는 자다"(출 3:14)라는 하나님의 자기 계시를 그다음에 나오는 "나는 은혜 베풀 자에게 은혜를 베풀고 긍휼히 여길 자에게 긍휼을 베푸느니라"(출 33:19)는 하나님 자신의 성품에 관한 진술과 함께 비교하면서 이 성경구절들은 하나님의 주권적 자유를 잘 드러내 주는 말씀이라고 주장한다.[188] "그는 자신의 이름을 나타내는 그 순간에도 인간 편에서 제멋대로 자신을 해석하는 것을 금하며 자신에 대한 이해를 허용하지 않으신다……그는 오로지 자신을 소개하는 그 자유 안에서만 이해될 수 있는 분이다."[189] "나는 나다"와 "나는 행할 것을 행하는 자다"라며 자기를 소개하는 이 거룩하고 장엄한 관용구적인 표현에서 침멀리는 여호와 하나님의 절대 자유성, 율법을 반포하고 인간의 주로서 인간과 만나는 절대 존엄성을 발견한다.[190]

고완(Gowan)은 하나님의 이름 신학을 통찰하는 침멀리의 견해에 동조한다. 그는 하나님의 자유로운 주권을 나타내는 하나님의 자기 선언이 3:14절보다는 33:19절에 보다 잘 어울린다고 하면서, 특히 3:14절은 하나님의 존재를 알고 싶어 하는 인간의 무능을 강조한다고 본다.[191] 하나님의 이름에서 하나님의 성품을 발견하고자 하는 침멀리의 이름 신학은 신학의 영역이 얼마나 넓고 깊은지를 생각하게 한다.

한편, 모세에게 전능의 하나님으로 나타나신 하나님께서 자신의 이름을 '여호와'로 알리셨으나 아브라함과 이삭과 야곱 등 이스라엘 족장들에게는 알리지 아니했다는 출애굽기 6:3을 두고 신학자들과 주석가들은 의견이 분분하다. 이것을 어떻게 해석할 것인가? 이것은 하나님의 본성과 특징을 강조하려고 모세가 쓴 것인가, 훗날 익명의 편집자가 삽입한 것인가, 아니면 모세 시대에 하나님이 비로소 자기의 이름을 계시했다는 것을 알리기 위한 의도를 가진 다른 저자가 썼다는 것인가? 하나님의 본성과 특징을 강조하기 위해 모세 혹은 익명의 편집자에 의한 표현이라면 오경의 통일성은 다치지 않겠지만, 하나님이 이 장면에서 처음으로 자신의 이름을 알리셨다는 것을 강조하기 위해 모세 아닌 다른 사람에 의한 표현이라면 오경의 통일성은 흠집이 날 것이다.

문서학자들은 이 표현이 시대착오적이라고 본다. 시대착오적이라면 출애굽기는 모세가 쓴 게 아니라는 소리다. 그러나 보수적인 학자들은 모세가 썼거나 아니면 모세가 쓴 출애굽기 내용을 훗날 편집자가 증보했다고 본다. 이들은 창세기 4:1(득남을 본 하와의 찬양), 4:26(에노스 시대에 여호와의 이름을 부름), 5:29(노아의 출생과 사명), 15:7(여호와께서 갈대아인의 우르에서 아브라함을 부르심) 등 창세기 구절들의 관찰을 통해

모세 이전의 사람들도 이미 하나님께 대한 선지식(先知識)이
있었다고 생각한다.

카일(Keil)은 "'여호와'는 창세기 4:1의 하와의 찬양에서 엿볼
수 있는 것처럼 창세기 저자가 얼마나 정교한가를 보여준다.
하지만 창세기 저자는 하나님의 거룩한 이름들 안에서 어떠한
구별이나 다양함이 있다고 해서 그것이 다른 저자들이나
문서들의 존재를 필요로 하는 것은 아니다."[192]고 주장한다.
성경에는 기록되지 않은 계시도 있다. 그것은 "기록되지 않은
또 다른 계시의 표본"[193]이다.

하틀리(Hartley) 역시 출애굽기 6:3-9 문맥으로 미루어 모세
이전 족장들의 시대 때는 하나님을 하나님의 이름으로써
완전하게 알지 못했지만 모세 때에 이르러서야 그 이름의
실제적이고 완전한 의미 안에서 하나님을 경험하게 되었다고
생각한다.[194] 하나님은 자신의 이름을 통해 자기 정체성의
긍정적인 요소를 부각함으로써 언약 백성을 향해 그들의
족장들에게 맹세하신 언약을 성실히 이행하시고 약속하신
땅으로 인도해주시겠다고 하는 언약의 진정성 · 확실성을
분명히 해두고자 하셨다. 하나님의 이름은 지금부터
영원히 하나님께 사용되어야 마땅한 이름으로서 하나님의
존재, 하나님의 역사, 하나님의 임재는 모세 시대를 사는
이스라엘인들과 그의 후손들 그리고 온 땅의 민족들이 피부에

와 닿게 느끼고 알아야 한다.

　밀러(Miller)는 이스라엘이 하나님의 이름을 '여호와'라고 부르기 시작한 것은 비밀에 가려져 있지만 아마도 초기 청동기 시대이거나 아니면 그보다 확실히 후기 청동기 시대라고 본다.[195] 밀러는 '여호와'라는 이름은 시내, 세일, 에돔, 바란, 데만 등 팔레스타인 남부 지역에 있는 지명들과 관련이 깊다고 말한다. 심지어 이 이름은 기원전 15세기 아멘호텝 3세의 통치 시절 이집트의 한 지명과 같다. 밀러는 모세가 장인이 될 이드로를 처음 만났을 때의 장소가 '하나님의 산'(출 3:1)이었고, 이드로가 바로 그곳에서 이스라엘 자손을 이집트에서 인도해내신 하나님을 찬양할 때 "여호와를 찬송하리로다"(출 18:10)라는 표현을 주목, 에돔과 미디안 지역의 토속 신과 훗날 이스라엘이 경배하는 여호와라는 이름 사이에 어떤 일치점이 있지 않을까 추측해본다.[196]

4) 모세의 소명

　하나님의 임재는 인간에게 두려움을 주면서 동시에 흥미를 유발하고 위압적이고 황홀하다.[197] '여호와'라는 이름 자체가 하나님의 임재를 약속하고 있다. 모세는 너무나 놀라

얼떨떨하지만, 지금 자기 옆에 계시는 여호와 하나님이 자기의 동족들과 항상 함께 계시며 그들 편에서 일하실 분이심을 자연스럽고 편하게 받아들이고 있다. 하나님이 누구인지에 대한 실제적인 인식이 넓어지고 깊어진 것이다.

그런 모세를 하나님이 일꾼으로 쓰시겠다고 부르신다. 모세는 처음에 두려움과 경이로움으로 반응하지만 하나님과 대화하면서 차츰 낙심한다. 낙심은 회피와 포기의 어머니다. 사명을 거절하는 모세의 말을 알기 쉽게 표현하면 이렇다. "세상에 바로에게 대항할 사람이 따로 있지 한낱 목동인 제가 어찌 그 막강한 바로에게 대항할 수 있습니까? 제 힘으로는 어림도 없습니다. 더군다나 저는 말을 잘하는 것도 아니고요. 그러니 다른 사람이나 찾아보십시오." 하나님의 말씀은 긍정적이지만 모세의 말은 부정적이다. 하나님의 말씀은 희망적이지만 모세의 말은 절망적이다. 하나님의 말씀은 논리적이지만 모세의 말은 감정적이다. 모세는 자기를 비하했고(3:11), 하나님께 대한 무지와 불신을 드러냈고(3:13), 말을 잘하지 못한다고 엉뚱한 핑계를 댔으며(4:10), 불순종한 태도마저 보였다(4:13).

그러한 유약한 모세에게 하나님은 두 가지의 표적을 보여주시고 달변가인 형 아론을 붙여주신다. 우리 생각엔 말을 유창하게 하는 아론을 동행한다고 해서 위세 등등한 바로를 당해낼 것 같지 않지만 하나님은 모세를 안심시키고 격려하기 위해 친절을 베푸셨다. 왕과 이집트의 신들을 이기는 것은 모세나 아론이 아니라 하나님이라는 사실을 하나님 자신이 잘 알고 계셨을 터다.

5) 하나님에 대한 참 지식

하나님의 지팡이를 손에 든 모세는 이집트로 돌아가는 길에 이상한 체험(피 남편)을 하고 형 아론과 함께 드디어 이집트에 들어왔다. 그는 과연 파라오(바로)와 겨루어 이길 것인가? 하나님의 '백'(background)을 믿고 바로 앞에 선 모세는 바로의 위세와 고압적인 어투에도 당당하기만 하다. 바로의 반응은 예상한 대로 쿨(냉담)했다. 바로는 여호와 하나님이 누구인지 알 턱이 없었다. 그것은 인간이 가지고 있는 무지와 오만의 극치였던 셈이다. "여호와가 누구냐? 나는 여호와를 알지 못한다."고 말하는 바로는 이제부터 그 하나님이 누구인지를 분명하게 알아가야만 했다.[198] 하나님과 인간이 서로 대결하는 것처럼 묘사하는 이런 광경은 구약성경에서 좀처럼 보기 드문 일이다. 바로는 지금 자신이 여호와 하나님의 맞수가 되는 것인 양 허풍을 치고 있다. 그 허풍 뒤에 무지와 교만이 있다.

하나님과 한판 겨루어보겠다는 허풍은 바로에게만 있는 게 아니다. 예나 지금이나 이 세상엔 수많은 바로들이 있다.

무지하고 교만한 바로들의 세계관은 '안하무신'(眼下無神)이다. 그들의 눈에는 하나님을 두려워하는 빛이 없다(시 36:1; 롬 3:18). 하나님은 그들에게 생명의 원천이 하나님께만 있다는 것을 깨닫게 하실 것이다. 그러나 어떤 사람은 깨닫고 어떤 사람은 끝내 깨닫지 못할 것이다. 바로는 하나님을 거절하고 대적하는 모든 불신자들의 전형적인 사람이었다. 바로는 모세가 알았던 그 여호와 하나님을 알지 않으면 안 된다. 이집트의 모든 사람도 여호와를 알게 될 것이다. 그 분의 이름은 '여호와'이시다. 그분은 자기 백성 이스라엘 자손을 이집트 땅에서 인도하시어 아름답고 광대한 땅, 젖과 꿀이 흐르는 땅으로 데려갈 것이다(출 3:8; 7:5).

가장 지혜롭고 가장 똑똑한 것 같은 바로는 이제 얼마 안 있어 자신이 얼마나 미련퉁이고 무력한 자인지를 깨닫게 될 것이다. 그러나 하나님은 그런 바로를 통해 능력을 보이시고 그 이름을 온 땅에 알리실 것이다(출 9:16; 롬 9:17). 우리는 옛날 그 바로가 있었기에 하나님이 이집트에서 무슨 일을 하셨고 어떤 분이신지를 알고 있지 않은가! 여기에 생각이 미치면 바로에게 고마움을 표시하는 것도 괜찮을지 모르겠다.

권능의 지팡이를 손에 잡고 모세는 시내 광야를 나와 아론과 함께 바로 앞에 섰다. 모세는 히브리인들이 광야에서 절기를 지키려 하니 허락해 줄 것을 바로에게 당당히 요구했다. 그러나 바로는 모세를 무시하고 그의 청을 일언지하에 거절했다. 바로는 히브리인들에게 더욱 가혹한 노동을 부과했다. 그러자 히브리인들은 불평을 터뜨렸다. 모세는 크게 낙심하고 좌절했다. 사명이고 뭐고 포기하고 싶었다. 모세는 하나님께 항변조로 질문한다. "주여 어찌하여 이 백성이 학대를 당하게 하셨습니까 어찌 저를 보내셨습니까" 모세의 질문에는 그가 납득할 만한 어떤 답변을 하나님이 해주실 거라고 기대하는 게 아니다. 그의 비난조의 질문에는 도대체 하나님이 아무 일도 안 하시고 딴전을 피우시는 것 같은 생각이 짙게 배어 있다. 하나님의 구원 계획을 의심하고 있는 것이다. 바로 이 지점에서 인간의 의심과 하나님의 신실하심은 교차된다. 하나님은 모세의 항변을 나무라시지 않고 자신의 백성을 구원하시고 축복하시겠다는 약속으로 응답하신다.

　모세의 항변과 하나님의 응답이 기록된 출애굽기 5:22-6:8까지의 짧은 단락에서 마튼즈(Martens)는 여호와 하나님께서 자기 백성을 축복하시고 장래에도 함께하시겠다는 "하나님의 계획"(God's design)을 발견한다.[199] 그는 이 주제가 구약의 방대한 내용을 이해하는 열쇠로서 구약의 중심 메시지를 명료하게 서술할 수 있다고 호언한다. 마튼즈는 이 단락에서 하나님의 4중 목적을 발견하고 이 지점에서부터 자신의 구약신학 작업을 출발한다. 하나님이 의도하시고 행하시려고 하는 4중 목적이란 구속, 새로운 백성(공동체), 새로운 관계(하나님에 대한 지식), 땅의 선물이다. 이 하나님의 4중 목적이 구약성경 전체의 메시지를 제시하는 데 적절하고도 타당한 도구가 된다고 그는 본다.[200] 렌토르프(R. Rendtorff)는 "너희를 내 백성으로 삼고 나는 너희의 하나님이 될 것이다"라는 출애굽기 6:7 말씀은 하나님과 하나님의 백성 간의 관계를 나타내는 '언약 공식'(covenant formula)이라고 밝혔다.[201]

한편, 하나님께서 자신의 이름을 '여호와'라고 밝히는 출애굽기 6:3은 구약에 나타나는 신명(神名)에 관한 언급들 가운데 굉장히 중요한 본문이다. 문서비평가들에 따르면, 이 본문은 P자료로부터 유래된 큰 단락인 6:2-7:13의 첫 번째 부분인 6:2-13에 들어 있다. 오경에서 신명이 나오는 중요한 곳으로는 이 본문과 함께 창세기 4:26과 출애굽기 3:13-15이 거론된다. 문서비평 학자들은 출애굽기 6장은 P의 산물로 구분하는 반면, 출애굽기 3장은 E와 J의 산물로 구분하기 때문에 양 본문의 해석에 애로를 덜 느낀다. 그러나 창세기 4:26과 출애굽기 6:3을 해석할 때는 곤란을 겪는다. "그때에 사람들이 비로소 여호와의 이름을 불렀더라"는 전자와 "나의 이름을 여호와로는 그들에게 알리지 아니하였다"라는 후자의 진술이 충돌하기 때문이다.

인생이 여호와 하나님을 알아야 한다는 것은 선택이 아니라 의무이다. 그것은 인간이 취해야 할 자연스러운 복종이다.

하나님을 아는 지식은 소문으로 들은 지식이 아니라 관찰과 대면을 통해 얻는 지식이어야 한다.[202] 하나님이 바로를 혼내주려는 배경에는 하나님에 대한 참 지식을 갖도록 하기 위한 것이었다. 따라서 이집트에 내린 혹독한 재앙들은 교육적인 목적을 갖고 있다.[203] 바로와 그의 백성은 거듭되는 시행착오를 통해서 이스라엘의 여호와 하나님이 자연과 세계를 다스리시는 분이시고 인간이 마땅히 경배해야 할 유일신이라는 점을 배워야 한다.

바로는 자신의 세계관이 얼마나 잘못되었으며 신의 대리자인 것처럼 행세한 자신의 교만한 처신이 얼마나 무모한 것인가를 알게 될 것이다. 그는 나아가 이집트의 쟁쟁한 신들(태양신인 Re, 신들의 여왕인 Isis, 하늘의 여신인 Nut 등)이 전능하신 여호와 앞에서 힘 한번 써보지 못하고 무참히 깨지는 꼴을 보고야 말 것이다. 그의 마음이 완강해질수록 그는 그 완강함에 비례하여 놀라운 재앙들을 통해 하나님에 대한 지식도 그만큼 자라게 될 것이다. 하지만 하나님을 자신의 신으로 받아들이느냐 안 하느냐 하는 것은 전적으로 그의 자유의지에 달려 있다. 아이히로트가 말한 바와 같이 인간에게는 스스로 결정할 능력이 집요하게 남겨져 있다.[204] 사실 하나님의 목적은 강퍅한 바로를 구원하는 데 있기보다는 바로를 도구삼아 그의 이름을 온 천하에 알리는 데 있었다(9:16).

10가지 재앙은 그 강도와 범위를 점점 더해 가다가 모든 처음 난 것들이 죽게 되는 마지막 열 번째 재앙에서 절정에 이른다. 이 모든 재앙들은 우연히 일어난 게 아니다. 출애굽을 소재로 다룬 2014년 개봉 영화인 〈엑소더스: 신들과 왕들〉에서 묘사된 것처럼 피 재앙은 나일강의 악어들이 어부들을 물어뜯어 나일강이 피로 물들고, 그 피 때문에 개구리 떼가 생기고, 개구리 떼로 인해 이들이 생기고, 이들로 인해 파리들이 들끓게 된 게 아니다. 영화는 이러한 기이한 일들이 이적보다는 우연히 발생한 단순한 자연현상인 것처럼 은근살짝 묘사했다. 하지만 10가지 재앙들은 모두 초자연적인 현상들이다.

성경은 10가지 재앙이 하나님의 능력으로 나타난 이적이라는 것을 보여주고 있다. 이적은 창조자시며 만물을 통치하시는 전능자하신 하나님만이 일으킬 수 있다. 출애굽기에 나타난 10가지 재앙들은 하나님이 적절한 상황에서 독자적으로 판단하시고 시행하신 적절한 응징이었다. 모세가 하나님의 권능의 지팡이로 나일강을 치니 강물이 붉게 피로 물든 것이다. 모세가 권능의 지팡이를 펴서 모든 강들과 호수들 위에 펴니 수많은 개구리들이 이집트 땅에 올라왔다. 아론이 지팡이를 들어 땅의 티끌을 내리치자 징그럽고 귀찮은 이들로 변하여 사람과 가축들의 정상적인 생활을 방해했다. 이러한 방식으로 느닷없이 파리 떼가 생기고, 가축들에 심한 돌림병이 생기고, 사람과 짐승에게 악성 종기가 생기고,

난데없는 우박이 떨어지는가 하면 메뚜기가 땅을 덮어 먹을 것들을 남아나지 못하게 하고, 칠흑 같은 어둠이 삼일 동안 계속되고, 막판에는 사람과 짐승을 막론하고 이집트의 모든 처음 난 것들은 죽음을 면치 못하게 된 것이다. 1세기 유대인 철학자 필로(Philo)는 모세의 생애에 관한 글에서 출애굽기에 나타난 열 가지 재앙에 대해 "죄를 완성시킨 자들에 대한 하나님의 완전한 징벌의 숫자"[205]라고 생각했다.

자유로운 존재로 창조된 인간은 자유의지를 가지고 자신의 삶을 순간순간 선택하고 운명을 개척해 나간다. 인간의 자유의지로 그는 하나님의 주권을 인정할 수도 있고 인정하지 않을 수도 있다. 하나님을 인정한다면 신앙에 대한 긍정이고 인정하지 않는다면 부정이다. 하나님을 부정하고 싶고 인간의 위치를 높은 보좌에 올려놓고 싶은 인간의 자유의지의 불꽃은 치열하게 불타오르다가 그 불신앙의 불길한 예고가 최후의 종착지점에서 확인되고 나서야 한풀 꺾인다. 철저히 망하고 나서야 말이다.

바로는 자신을 신이라고 믿었던 것일까 아니면 이 세상을 움직이는 원리는 이성과 합리라고 확신하고 있었던 것일까? 도도한 그였지만 그는 자기 아들을 지킬 수 없는 한낱 무력한 필부에 지나지 않았다. 출애굽기 독자들은 장자의 죽음을 서술하는 마지막 가공할 재앙이 바로와 그의 신하들에게 초점이 맞춰진 게 아니라 이스라엘 백성들에게 초점이 맞춰져 있다는 것을 유의 깊게 보아야 한다. 물론 이집트 사람들의 모든 장자들과 모든 처음 난 짐승들은 죽음을 피할 수 없었다. 가장 타격을 입은 사람은 두말할 것도 없이 바로였다. 바로가 홍해 바다에 수장되어 목숨을 잃었는지 안 잃었는지는 확인하기 어렵지만 ─시편 106:10과 136:15에는 모든 이집트의 병사들과 함께 현장에서 죽은 것처럼 기록되어 있지만, 출애굽기 문맥을 자세히 관찰해보면 출애굽 당시에는 죽지는 않았던 것 같다─ 분명한 것은 바로의 아들이 장자의 죽음 사건으로 목숨을 잃었다는 사실이다(12:29).

6) 유월절의 유래

장자의 죽음은 상상하기만 해도 끔찍하다. 이집트의 모든 장자들은 죽음을 면치 못했지만 이스라엘의 장자들은 구원을 받았다. 하나님이 보내신 죽음의 천사가 양과 염소의 피를 문설주에 발라놓은 이스라엘 가정은 넘어갔기 때문이다(출 11:13).[206] 이날이 유대력으로 아빕월(1월) 14일이다. 무교절은 유월절 다음 날, 즉 이스라엘 백성들이 이집트를 떠나는 15일부터 21일까지 7일간 지키는 절기다(레 23:6; 민 28:17; 스 6:22). 이스라엘 백성들은 관행적으로 유월절과 무교절을

하나의 절기로 통합해 지키거나 따로 구분하여 지키거나
하였다. 굳이 구분한다면 유월절은 1월 14일 저녁 어린양
희생제사만을 가리키는 것이고, 무교절은 유월절 날을
포함하여 일주일 동안 무교병을 먹으며 지키는 절기다.
유월절은 하나님께서 이스라엘 백성을 압제와 죄와
죽음으로부터 구원해주신 것을 감사하여 해마다 지키는
절기다. 유월절 규례는 세 부분으로 이뤄져 있다.

> 1. 이집트를 탈출하기 전날 밤 유월절 양을 잡아서
>   먹음(출 12: 1-6, 8-11).
> 2. 양의 피를 그 양을 먹을 집 문설주와 인방에
>   뿌림(출 12:7, 13).
> 3. 이레 동안 지켜야 하는 무교절(출 12:14-20).

하나님께서는 이집트에 거주하는 모든 이스라엘 백성이 첫
유월절을 지키도록 명령하셨으며(출 12:21-23), 아울러 후손들도
함께 거류하는 타국인들과 함께 대대로 유월절을 지키도록
명령하셨다(출 12:24-27, 47). 그래서일까? 유대인들은 유월절을
다른 어느 절기보다 더 소중하게 여겼다. 신약에서는 유월절이
자주 언급된다. 예수님은 자신의 십자가 대속 사건을 유월절과
연결해 스스로를 유월절 희생양으로 묘사하기를 즐겨하셨다.
예수님이 유월절 양이 된다는 것은 자신이 유월절 최후의
희생양이 되어 더 이상 짐승의 피를 흘리지 않아도 된다는
것을 의미한다. 그리하여 최후의 유월절 양은 십자가 사건과

성찬식으로 연결되어 신약시대를 사는 백성들에게 구원의 은총을 누리게 하는 축복이 되고 있는 것이다. 사도 바울은 그 점을 잘 알고 있었다. "우리의 유월절 양 곧 그리스도께서 희생되신"(고전 5:7) 이유는 우리 죄를 용서하시고 구원을 베풀어주신 근본적인 이유 외에도 그리스도인들이 거룩한 삶을 살도록 하기 위해서다.

한편, 복음과 율법이라는 관점으로 오경의 구조를 살핀다면 오경은 출애굽기 12장부터 시작한다고 주장하는 사람도 있다. 슐라이어마허(Schleiermacher)가 그러하다. 유월절에 관해 언급하고 있는 출애굽기 12:1부터 오경이 시작한다고 보는 학자는 슐라이어마허처럼 오경의 빅 아이디어를 "율법에 대한 순종의 필요성"[207]이라고 볼 것이다. 그렇다면 율법이 거의 언급되지 않는 이전의 61개 장들(창세기 50장+출애굽기 11장)은 무엇인가? 믿음과 의의 개념에 초점이 맞추어져 있는 이 부분은 율법에 대한 이스라엘의 순종에 초점이 맞추어져 있는 출애굽기 12장 이후부터 신명기까지의 나머지 부분과는 차이가 있다. 그러나 오경에서 믿음과 율법을 확연히 가르려는 슐라이어마허 식의 구분법에 세일해머는 제동을 건다. 이런 식의 관점은 창조 이야기로 시작되는 현재의 오경을 이해하는 데 실패의 실마리를 제공하기 때문이다.[208] 율법과 믿음이라는 두 개의 창을 통해 오경을 관찰하는 세일해머는 "모세의 율법에 대한 순종" 개념과 "믿음으로 사는 삶"[209] 개념을 나란히 놓아 오경의 빅 아이디어를 구상해야 한다고 본다.

제2장

출애굽기 12장 37절-15장 21절: 해방

1. 엑소더스

1) 변심한 바로(Pharaoh)

큰 아들까지 잃은 바로는 더 이상 견딜 수 없어 항복 선언을 했다. 그러나 그것은 가식이었다. 마음이 강퍅한 사람은 하나님께 매를 맞아도 회개는커녕 더욱 그 마음이 강퍅해지는 법이다. 솔로몬의 아들 르호보암이 그러했다. 바로는 마지못해 이스라엘 민족을 이집트에서 나가도록 허용했다. 그는 며칠 후 신하들과 백성에게 왕의 체통이 완전히 구겨졌다는 것을 깨달았다. 그는 화가 부글부글 끓어오르고 증오와 복수심이 불타올랐다. 드디어 복수심은 폭발했다. 바로는 군 지휘관들에게 이스라엘 사람들이 국경을 빠져나가기 전 모조리 죽이도록 명령했다. 그러나 바로의 전차부대와 기병은 이스라엘 백성들이 홍해를 건넌 직후 깊은 바다에 수장되고 말았다. 하나님은 전쟁의 용사이시다. 용사이신 하나님은 그의 백성들을 거뜬히 구원하셨고 하나님을 대적한 자들에게 진노를 발하시어 바다에 던지셨다. 모세와 미리암은 이 감격스러운 구원 사건을 노래했다(15장). 이스라엘 백성들은 해마다 유월절이 돌아오면 적들에 대한 하나님의 위대한 승리를 기념하고 찬양하는 이 노래를 공동체의 예배 시간에 불렀을 것이다.

독일의 복음주의 신학자인 프로이스(Preuss)는 이스라엘 민족의 출애굽을 국가적 이스라엘에 대한 하나님의 최초의 선택을 가져다준 사건으로 관찰했다. 그는 구약의 중심을 "선택"으로 본다. 구체적으로 말하면, 구약의 주된 관심은 "이스라엘을 선택하신 여호와(YHWH)의 역사적 활동과 여호와께서 그의 백성들에게 요구하시는 순종적 행위"[210]에 있다는 것이다. 하나님께서 자신의 세계와 교제하도록 이스라엘을 선택하신 결정적인 방법은 하나님이 직접 출애굽의 역사의 현장에 뛰어드심으로써 구현되었다고 하는 프로이스의 견해는 신선하다. 출애굽 사건에서 우리는 역사 속에서 행동하시는 하나님을 본다. 하나님께서 역사 속에서 자신을 적나라하게 계시한 출애굽 사건이 얼마나 인상적이었던지 "하나님의 행동은 기독교 전통의 중심에 자리를 잡게 하는"[211] 핵심적인 요소로 작용하였다.

이스라엘 자손이 이집트를 벗어나기 위해 총집결한 곳은 라암셋이었다. 라암셋은 비돔과 함께 이스라엘 자손이 고된 노역을 한 곳이다. 이곳은 모세가 바로와 담판을 벌인 곳이고 홍해를 건너기에 가장 알맞은 곳이었다. 라암셋의 영어 표기는 '람세스'(Ramesses)다. 람세스의 정확한 명칭은 '람세스의 집'이라는 뜻인 피람세스(Pi-Ramesses)다. 한글 성경은 '라암셋'으로 번역했다. 라암셋은 람세스 2세가 나일강 삼각주 북부의 아바리스 근처(오늘날 콴티르)에 궁전을 세워 수도로 삼았던 곳이다. '라암셋'이라는 이름은 이집트 역사상 가장 위대하고 강력한 람세스 2세(기원전 1304년-1236)의 이름을 본뜬 것이다. 고고학자들은 람세스가 힉소스(제15왕조)의 수도였던 아바리스 인근에 있다고 추정한다. 이집트인들은 이 라암셋과 그곳에서 멀지 않은 곳인 비돔에 신도시를 건설하느라 이스라엘 사람들을 강제노역에 동원했다. .

라암셋을 떠난 이스라엘 자손은 20세 이상의 장정만 어림잡아 60만 명이나 되었다. 가나안에서 기를 많은 가축들도 데리고 나왔다. 들고 다니기 편한 금은 패물과 광야에서 입을

옷가지들도 가지고 나왔다. 이집트 사람들의 학대를 피해 이스라엘 자손과 운명을 같이 하려고 따라나선 타국인들도 꽤 많이 눈에 띄었다. 하지만 급하게 나오느라 먹을 양식은 미처 준비하지 못했다. 겨우 며칠간 먹을 무교병이 식량의 전부였다.

출애굽기 기자는 이때가 야곱의 가족들이 이집트에 내려와 거주한 지 430년이라고 증언한다. 이스라엘이 이집트의 노예생활로부터 해방된 사건을 족장들에 대한 약속, 시내산 약속과 함께 이스라엘 민족의 자기 이해에 결정적인 영향을 끼친 세 가지 전승들 가운데 하나로 보는 슈미트(W. Schmidt)는 이스라엘의 출애굽 전승을 신뢰할 만하다고 평가했다. 그러나 그의 견해는 보수적인 견해와는 상당 부분 차이가 난다. 그는 이스라엘이 이집트로부터 탈출한 것은 약속의 성취(출애굽기 3-4장, 6장)로 서술되고 이것은 훗날 이스라엘의 근본적인 신앙고백이 되었지만(출 20:2; 호 13:4; 겔 20:5; 시 81:10 등), 이집트에는 오직 한 지파만이 체류해 있었는데, 그 지파가 훗날 이스라엘 민족으로 — 더 정확히는 아마도 북왕국으로— 발전되었다고 주장한다.[212] 슈미트의 생각은 성경의 증언과는 크게 다르다.

미지의 땅 가나안을 향해 걸어가는 이스라엘 자손은 마치 잘 훈련된 군대처럼 질서 있고 힘 있게 보였다. 그들을 격려하고 싶은 출애굽기 기자는 아낌없는 찬사를 보냈다.

그들을 '여호와의 군대'²¹³⁾라고 불렀던 것이다. 이 표현은 과장된 게 아니다. 그들은 실제로 훈련받지 않은 오합지졸이었지만 믿음의(혹은 영적인) 눈으로 보면 하나님이 함께하시고 지휘하시는 막강한 군대였던 것이다. 약속의 땅을 향해 행군하는 '여호와의 군대'는 군대를 질서 있고 효율적으로 관리하고 가나안 땅 정복 전쟁을 수행할 하나님의 군대 편성을 위한 것이었다.

┃스코틀랜드 화가 데이비드 로버츠(David Roberts, 1796-1864)의 1828년 유화 작품. 〈이스라엘 자손의 대탈출〉(The Exodus of the Children of Israel)이란 제목이 말해주듯, 수많은 이스라엘 사람들이 약속의 땅을 향해 행진하려고 널찍한 북문에 운집해 있다. 데이비드 로버츠는 동양적인 화풍으로 이집트 등 성지를 순례하며 경험한 것들을 작품으로 많이 남겼다. 그는 나이가 들수록 예술가의 명성이 높아지면서 45세 때 왕립학술원으로 선출되었다.

2) 대탈출

성경은 이집트를 빠져나온 이스라엘 사람들은 장정만 60만 명이었다고 증언한다. 20세 이상의 남자만 60만 명이나 되었다고 하니, 부녀자들과 어린아이들까지 모두 합하면 이집트에서 나온 인구는 족히 200만 명은 넘었을 것이라는 추정을 가능하게 한다.[214] 이스라엘의 고대 역사에 상당한 식견이 있는 미국 신학자인 그라베(L. Grabbe)는 성서의 표현대로라면 출애굽 인구는 족히 300~400만 명은 될 거라고 말할 정도다.[215] 모세는 이집트를 탈출한 지 2년 후 인구조사를 실시했다. 그 결과 레위인을 제외한 장정의 숫자는 모두 603,550명이었다. 모세는 또 이집트를 떠난 지 40년 후 모든 이스라엘 백성들에 대해 두 번째 인구조사를 실시했다. 약속의 땅 분배를 목적으로 실시된 이 조사에서 1차 조사와 마찬가지로 레위인을 제외한 장정의 숫자는 601,730명이었다.

모세가 두 번에 걸쳐 실시한 인구조사 결과는 이스라엘을 탈출했을 때 숫자인 60만 명과 비슷한 숫자다. 네덜란드의 신학자인 기스펜(W. H. Gispen)을 비롯한 영(Edward J. Young), 찰스 다이어(Charles Dyer), 유진 메릴(Eugene Merrill)) 등 보수적인 신학자들은 이집트를 빠져나온 이 엄청난 장정들의 숫자는 과장된 숫자가 아니라고 주장한다. 딜만(Dillmann),

올브라이트(Albright) 같은 학자들은 이 숫자가 훗날 다윗 시대 때 성전세를 내는 사람들의 수라며 한발 물러서면서도 위 학자들의 주장에 사실상 동조하고 있다.[216]

하지만 어떤 학자들은 이 숫자가 터무니없이 과장되었다고 주장한다. 한 가족이 불과 수세기 동안 이처럼 어마어마한 숫자로 불어난 것은 역사적으로나 합리적 관점에서 볼 때 도저히 받아들일 수 없다고 말한다.[217] 숫자가 턱없이 과장되었다고 인정하는 이러한 목소리에 동조하는 복음주의 학자들도 더러 있다. 그들은 천(千)을 나타내는 히브리어 단어인 '엘레프'(אֶלֶף)가 군대조직의 부대나 가문의 단위를 의미하기 때문에 603,550의 실제 숫자는 5,550이라고 생각한다.[218] 복음주의적 학자라고 할 수 있는 힐(Hill)과 왈톤(Walton)도 '엘레프'를 군대의 단위로 해석해 실제 숫자는 18,000-100,000명일 거라고 추산한다. 싸움에 나갈 남자의 수가 이런 규모라면 전체 인구는 72,000-400,000명일 것이다.

전체 인구수에 대한 학자들의 의견은 다양하다. 멘델혼은 20,000명 이상, 웬함은 72,000명, 클라크는 140,000명이라고 한다.[219] 이것은 민수기에 기록된 숫자보다 현저히 줄어든 숫자이긴 해도 이 숫자가 히브리인들의 출애굽 기간 동안의 인구 패턴과 관련한 당시의 역사적 · 고고학적 자료들과 일치한다는 것이다.[220] 실망스럽게도, 웬만하면 성경의 기록을 사실로 받아들이려고 했던 존 브라이트조차 이집트를 탈출한 히브리인들의 숫자가 고작 수천 명에 불과했을 것이라고 주장했다. 그는 그 이유로 두 명밖에 안 되는 산파가 많은 수의 히브리 임신부의 해산을 돌보기 어려운 점, 수많은 사람들로 이루어진 집단이라면 단 하룻밤에 갈대 바다를 횡단하기에 불가능하다는 점, 적은 수의 이집트 군대에 겁을 집어먹고 있다는 점 등을 근거로 제시했다. [221)

이처럼 성경의 진정성에 회의를 품거나 툭하면 시비를 거는 사람들에게 스코틀랜드의 구약학자인 제임스 바(James Barr)는 일침을 가한다. "현대의 보수주의자들은 거대한 무리를 기적적으로 먹이신 하나님의 능력에 의거해 성경의 정확성을 담대하게 시인하고 있는가? 전혀 그렇지가 못하다. 저들은 오히려 숫자들을 깎아내릴 방법들을 찾느라 모든 수단을 동원하고 있다."[222) 우리는 이집트의 강력한 통치자인 바로의 정치적인 발언을 경청할 필요가 있다. "이 백성 이스라엘 자손이 우리보다 많고 강하도다"(출 1:9). 바로의 이 말이 꽤 과장된 표현이라고 하더라도 이스라엘 백성들이 이집트 사람들의 안보와 경제를 심각하게 위협할 만큼 인구가 급속도로 증가하였다는 것은 부인하기 어렵다.

2. 출애굽 루트

> "나 가나안 땅 귀한 성에 들어가려고
> 내 무거운 짐 벗어버렸네
> 죄 중에 다시 방황할 일 전혀 없으니
> 저 생명 시냇가에 살겠네
> 길이 살겠네 나 길이 살겠네
> 저 생명 시냇가에 살겠네
> 길이 살겠네 나 길이 살겠네
> 저 생명 시냇가에 살겠네"

찬송가 246장 1절 가사다. 나는 어렸을 때 이 찬송가 곡을 듣고 괜히 좋아라 했다. 선율도 좋지만 가사가 심금을 울려서였다. '가나안'이란 말이 마음에 깊이 새겨진 것은 그때부터였다. 어린 마음에도 그랬으니, 저 옛날 이집트에서 나온 이스라엘 사람들은 얼마나 가나안에 들어가고 싶었을까?

'가나안'은 오늘날 '팔레스타인'의 옛 이름이다. 말썽 많은 팔레스타인 말이다. 가나안은 갈대아 우르에서 살았던 아브라함이 이주해 살았던 땅이고, 이집트에서 탈출한 그의 후손 이스라엘 민족이 정복해 1400년 넘게 살았던 땅이다. 이스라엘 민족은 로마에 의해 멸망당해 전 세계에디아스포라로 흩어져 살다가 1948년 이곳에 다시 나라를 세웠다. 이 땅은 지금 땅의 소유권을 놓고 이스라엘 민족과 팔레스타인 민족(가자 지구와 요르단강 서안 지구에서 살고 있는 원주민들) 두 세력 간 분쟁이 끊이질 않고 있다.

팔레스타인은 국가로서의 이스라엘이 전통적으로 자기네 영토라고 여겨온 최북단 도시인 단에서부터 최남단 도시인 브엘세바까지 남북 240킬로미터 길이의 지리적 환경이다(삿 20:1; 삼상 3:20; 삼하 3:10; 24:2, 15; 왕상 4:25). '가나안'이란 이름은 창세기에 나오는 노아의 손자이며 함의 아들 이름에서 유래한 말이다(창 9:25; 10:15). 훗날 이 이름은 민족과 땅의 의미로 쓰였다. 아브라함이 하란을 떠나 가나안 땅에 들어왔을 때 세겜에는 가나안 사람이 거주하고 있었다(창 12:6). 가나안 족속은 여호수아 군대가 가나안 땅을 정복할 때 싸웠던 일곱 족속들 가운데 하나였다.[223] 이집트를 빠져나온 이스라엘 자손은 바란 광야의 가데스에 진을 치고 가나안 땅을 정탐했을 때 가나안인은 주로 지중해변과 요단 가에서 거주해 있었다(민 13:29). '가나안'은 일반사에서는 기원전 14-13세기에 팔레스타인과 시리아 일대에 이집트의 세력이 미치는 범위의 지역에 대한 공식적인 명칭이었다.[224]

고대에는 팔레스타인, 즉 가나안이 경제 · 문화 · 군사적으로 대단히 중요한 요충지였다. 그것은 가나안이 아나톨리아(오늘날의 튀르키예), 메소포타미아(오늘날의 이라크), 아라비아(서아시아의 사막으로 이루어진 반도)와 이집트를 잇는 교량과 같은 역할을 수행했기 때문이다. 출애굽 당시 이집트에서 가나안으로 가려면 배를 타고 가지 않은 이상 무조건 걸어서 가야만 했다. 이집트와 가나안 사이에 있는 시나이 반도(Sinai Peninsula)를 도보로 통과해야 했던 것이다. 아시아와 아프리카를 잇는 이 반도의 면적은 60,000㎢로, 남한 면적의 반이 조금 넘는다. 이 반도는 북쪽으로 지중해, 서남쪽으로 수에즈만, 동남쪽으로 아카바만으로 둘러싸여 있는 사막지대다. 작은 땅덩어리에 우리나라 지리산보다도 더 높고 험한 화강암 산들이 빽빽이 들어서 있다.

1) 북방 이론

고대 시대에 시나이 반도를 통해 아프리카의 이집트에서 아시아의 가나안으로 가는 육로는 세 개였다. 하나는 삼각주에서 북동쪽 방향으로 뻗어 있는 길이다. 이 길은 지중해를 왼편에 끼고 가는 해안로다. 이집트에서 가나안 땅으로 가는 가장 편하고 짧은 길이 이 도로다. 출애굽기 기자는 이 길을 블레셋 사람들이 살고 있는 방향으로 뻗어있는 길이라고 해서 '블레셋 길'(출 13:17)이라고 말하고 있다. 이 길은 국제 통상로이자 군사도로였다. 이집트와 메소포타미아를 오가는 거상들은 이 길을 이용했다. 전쟁이 있을 때마다 각국의 군대는 블레셋 길을 이용했다. 이 길은 이처럼 경제·군사적 측면에서 굉장히 중요했기에 요소요소마다 이집트의 핵심 수비대가 주둔해 있었다.

구약성경은 국제해안로인 이 길을 '해변 길'(사 9:1)이라고 했고, 중세 때는 '비아 마리스'(Via Maris)라고 불렀다. 이 길은 오늘날 콴티르(옛 라암셋으로 추정되는 유적지) 근처의 실레(Sile) 요새에서 시작해 지중해를 바라보는 가나안 서부의 성읍인 가자까지 이어지는 도로다. 시나이 반도에 들어서면 '애굽강'(창 15:18; 왕하 24:7; 암 8:8; 9:5)이 있다. 오늘날 와디 엘 아리쉬다. 이 강 하류에 시나이 반도에서 가장 큰 도시가 있다. 엘 아리쉬는 이집트의 수도 카이로에서 북동쪽으로 약 300km 거리에 있으며(라암셋은 카이로에서 약 250km 거리), 이곳에서 해변 길을 따라 40km쯤 올라가면 가자 지구에서 30km 남쪽에 위치한 라파가 나온다. 2023년 10월 이스라엘이 팔레스타인 무장정파 하마스의 근거지인 가자 지구를 전면 봉쇄하자 주민들이 이집트로 피신했는데, 이집트 정부가 주민들의 유일한 탈출구인 이 통로를 막았던 바로 그 라파다.

이 멀고 먼 길은 여기에서부터 또 시작해 아스글론, 아스돗, 욥바(엘 아리쉬 시에서 욥바까지의 해안로는 약 110km) 등 지중해 해변의 도시들을 거쳐 내륙인 아벡, 에벤에셀, 므깃도, 이스르엘 계곡을 통과해 갈릴리의 가버나움에 이르고, 하솔, 골란 고원, 다마스커스를 지나 수리아(오늘날의 시리아), 아나톨리아(오늘날의 튀르키예), 메소포타미아(오늘날의 이라크)까지 이어지는 국제 무역도로다. 만일 이집트의 라암셋를 떠난 이스라엘 백성이 약속의 땅인 가나안을 향해 갈 때 이 해안로를 선택했다면 그들은 지중해에서 가까운 만잘라 호수[225] 혹은 시르보니스 호수[226]를 건너 시나이 반도 북부 루트를 따라 약속의 땅을 향해 행진했을 것이다. 이러한 출애굽 루트 추정을 '북방 이론'이라고 한다. 히브리 구약성경은 이스라엘이 건넌 바다를 '갈대 바다'라고 밝히고 있다. 만잘라 호수나 시르보니스 호수 주변에는 갈대밭이 있다. 바로 이 점은 '북방 이론'의 주장을 강하게 뒷받침한다.

2) 남방 이론

또 하나는 홍해를 끼고 시나이 반도를 우회해서 가는 길이다. 이 길은 이집트의 삼각주 근처의 호수를 건너(혹은 그 아래 홍해 북단 근처의 호수나 바다를 건너) 광야로 나와 남쪽으로 방향을 틀어 수에즈 운하가 있는 홍해를 오른편에 끼고 가는 길이다. 성경은 이 길을 '홍해의 광야 길'[227](출 13:8)이라고 불렀다. 이 명칭은 홍해 곁 광야 길이라는 뜻이다. 히브리 구약성경은 이집트를 급히 탈출한 이스라엘 백성이 이 루트를 선택했다고 말한다. 만일 이스라엘 백성이 이 루트를 선택하기로 마음먹었다면, 그들은 홍해 북단 어딘가에서나 혹은 그 바로 위 큰 비터 호수(Great Bitter Lake)든 팀사 호수(Lake Timsah)를 건너, 시나이 반도의 북동쪽인 수르 광야에 와서, 남쪽으로 방향을 틀어, 비교적 행진이 수월한 홍해의 광야 길을 타고 목적지인 시내산을 향해 갔을 것이다. 시내산에서 가데스 바네아를 지나면 요단강 동편을 따라 남북으로 뻗어 있는 왕의 대로(King's Road)로 연결된다. 이집트를 탈출한 이스라엘 백성이 이러한 루트를 따라 가나안에 입성했다는 이론을 '남방 이론'이라고 한다. 이 이론은 성경에 근거한 것으로서 2000년 기독교 역사에서 전통적인 견해라고 할 수 있다.

이스라엘 자손이 거리가 가깝고 평탄한 해변 길 대신 멀고 험한 광야 길을 선택한 이유는 무엇일까? 그것은 자신들의 의지로 그렇게 된 게 아니라 하나님의 의지로 된 것이다. 전쟁 경험이 없고 무기도 제대로 갖추지 않은 이스라엘 자손이 훈련이 잘되고 무기를 갖춘 블레셋 사람들과 전쟁을 하게 되면 지레 겁을 먹고 이집트로 되돌아가려는 마음이 생길까 봐 하나님은 염려하셨다.

이스라엘이 해변 길을 선택하지 않고 굳이 홍해의 광야 길로 방향을 튼 두 번째 이유는 해변 길은 모세가 경험하지 않은 길이었기 때문이다. 모세는 40년을 광야에서 생활하면서 홍해의 광야 길에 익숙해 있었고 하나님과 약속한 대로 이스라엘 자손을 하나님의 산인 호렙에 인도해야만 했다(출 3:1,12). 그러므로 길에 대한 모세의 개인적인 경험으로 보나 하나님과의 약속으로 보나 이집트를 빠져나온 이스라엘 자손이 '홍해의 광야 길'을 선택한 것은 자연스러워 보인다. 아이스펠트(Eissfeldt)같이 툭 하면 성경의 기록을 거꾸로 해석하려고 하는 취향을 가진 사람들은 정작 이스라엘 자손이 선택한 길은 '광야의 홍해 길'이 아니라 '해안 길'이었을 것이라고 주장한다. 합리적인 그들에게는 아무리 늦게 걷더라도 열흘이면 당도할 수 있는 편한 길을 버리고 한 달 가까이 걸릴 수도 있는 험한 길을 구태여 선택했다는 게 이해가 되지 않기 때문이다. 오늘날 대부분의 학자들은 아이스펠트의 견해에 찬동하지 않는다.

이스라엘 자손은 시내산을 통과해야만 가나안 땅을 밟는 광야 길을 택했다. 라암셋에서 바다까지는 그리 멀지 않은 72-96킬로미터 떨어져 있는 거리로 세 번 정도 숙박하면 충분히 도달할 수 있고, 일단 그곳에 도착해 어떻게든 바다를 건넌다면 바다 너머 250킬로미터쯤 떨어져 있는 곳에 시내산이 있다.[228] 일단 바다를 건너는 게 급선무다. 그래야만 시내산을 향해 급히 걸음을 재촉할 수 있고 쏜살같은 바로 군대의 추적을 벗어날 수 있다. 경황이 없는 상황에서도 모세는 요셉의 유골을 갖고 나오는 것을 잊지 않았다. 모세는 수백 년 전 이스라엘의 존경받는 조상인 요셉의 유언을 백성에게 상기시켰다. "하나님이 반드시 너희를 찾아오시리니 너희는 내 유골을 여기서 가지고 나가라"라는 그 지엄한 유언 말이다. 모세가 이 말을 할 때에 이스라엘 자손들은 일제히 "와아!"하는 함성을 질렀을 것이다.

이스라엘 자손은 라암셋을 황급히 떠나 숙곳이란 곳에 당도했다. 이 이름은 목동들이 양을 칠 때 이용하던 숙영지로 '오두막'을 뜻한다. 이스라엘 자손은 이곳에서 이집트에서 가지고 나온 발교되지 못한 반죽으로 무교병을 구워서 주린 배를 채울 수 있었다. 그런 다음 그들은 바로의 손에서 일단 벗어난 것에 대해 안도의 한숨을 내쉬며 대략적인 인원을 세어보고 장비와 먹을 식량을 점검했다.

이스라엘 백성은 2차 집결지인 숙곳에서 잠시 쉰 뒤 홍해 쪽을 향해 걸음을 재촉했다. 저녁 무렵이 되어서야 그들은 광야 끝 에담이란 곳에 캠프를 쳤다. 이스라엘 백성이 이곳에서 캠프를 친 걸 보면 에담은 지형이 평평하고 꽤 넓은 것으로 보인다. 하나님은 낮에는 구름기둥으로 밤에는 불기둥으로 이스라엘 자손의 길을 인도하시며 그들 곁을 떠나지 아니하셨다. "그 불과 구름 기둥으로 인도하시니 가는 길이 형통하겠네 그 요단강을 내가 지금 건넌 후에는 저 생명 시냇가에 살겠네" 찬송가 246장 2절 가사처럼 하나님께서는

낮에는 더위를 피하라고 구름기둥으로, 밤에는 추위를
피하라고 불기둥으로 그들을 보호하시고 인도하셨던 것이다!

이스라엘 자손은 에담에서 하룻밤을 묵은 다음 서둘러 길을
재촉했다. 그리고 다다른 곳이 홍해의 한 바닷가였다. 성경은
이곳을 '바다와 믹돌 사이의 비하히롯 앞 곧 바알스본 맞은편
바닷가'라고 기록한다. 비하히롯은 이스라엘 자손이 홍해를
건너기 전 마지막으로 장막을 친 곳이다. 이스라엘 자손은
이곳에서 세 번째로 장막을 쳤다. 그 시각 바로의 군대는
왕의 추격 명령이 떨어지기를 기다렸다. 바로가 고집스럽고
무모한 본래의 모습으로 되돌아오기까지에는 그리 오랜
시간을 필요로 하지 않았다. 그는 왜 그토록 쉽게 이스라엘
자손을 놓아주었는지 후회하면서 화가 머리끝까지 치밀어
불끈 쥔 주먹을 허공에다 연신 휘둘러댔다. 바로는 신하들의
고막이 터질 만큼 큰 목소리로 전군에 동원령을 내렸다.
군대의 지휘관들이 바로 앞에 왔다. 바로는 군 지휘관들에게
병거를 몰아 이스라엘 자손을 따라잡아 닥치는 대로 죽이라고
명령했다.

병거 600대가 동원되고 말을 탄 기병들과 보병 수만 명이
소집되었다. 바로가 직접 지휘관들을 거느리고 이스라엘
백성이 간 길을 따라 맹렬히 추격하기 시작했다. 그 순간
이스라엘 백성들은 두려움에 사로잡혔다. 앞은 시퍼런

홍해 바다요, 뒤는 성난 바로의 군사들이 병거를 휘몰아쳐 금방이라도 덮칠 것만 같았다. 진퇴양난! 그들은 크게 소동하기 시작했다. 바로 이럴 때 신앙은 시험을 받는다. 신앙인은 이런 절박한 상황에 처할 때 하나님의 도우심을 바라고 하나님이 그 위기의 현장에 개입하실 거라고 믿는다. 그러나 신앙이 흔들리는 사람은 평소에는 하나님을 믿는다고 생각하며 희망을 바라보지만, 그 희망의 마지노선이 심각하게 무너질 때는 하나님이 어디 계시냐며 원망한다.

이스라엘 자손은 대개의 인간이 흔히 그러하듯 후자의 성향을 노골적으로 드러냈다. 이스라엘 백성은 모세를 대놓고 원망했다. "이집트에 매장지가 없어서 당신이 우리를 이끌어 내어 이 광야에서 죽게 하느냐? 어찌하여 당신이 우리를 이집트에서 이끌어 내어 우리에게 이같이 하느냐? 우리가 이집트에서 당신에게 뭐라고 말했냐? 우리를 그냥 내버려 두라고 하지 않았느냐? 우리가 이집트 사람을 섬길 것이라고 하지 않았느냐? 아이고, 이집트 사람을 섬기는 것이 광야에서 죽는 것보다 낫지." 모세에 대한 원망은 하나님께 원망하는 것이다. 원망은 은혜를 잊고 배신하는 것이다. 이스라엘 자손의 이러한 성향은 그들 미래가 결코 순탄하지 않음을 예고한다.

앞은 높은 물이 출렁이는 시퍼런 바다요, 뒤는 뽀얀 먼지를 일으키며 성난 기세로 휘몰아치는 이집트 군사들의 수많은 병거들과 기병들이다. 이스라엘 자손들은 물에 뛰어들어 빠져 죽거나 아니면 뒤로 돌아서 이집트 병사들과 싸워 모조리 죽을지도 모를, 그야말로 절체절명의 순간이었다. 원망하는 백성들에게 모세는 이렇게 말했다. "너희는 두려워하지 말고 가만히 서서 여호와께서 오늘 너희를 위하여 행하시는 구원을 보라. 너희가 오늘 본 이집트 사람들을 영원히 다시 보지 아니하리라. 여호와께서 너희를 위하여 싸우시리니 너희는 가만히 있을지니라"(출 14:13-14). 모세는 그렇게 말한 후 지팡이를 들고 손을 바다 위로 쭉 내밀었다. 그 순간 놀라운 광경이 일어났다. 홍해가 갈라진 것이다. 하나님은 희망을 잃고 절망에 빠진 당신의 백성들을 구해낼 능력이 있다는 것을 확실히 보여주시기 위해 깊고 넓은 홍해를 갈라놓으셨다.

성경의 역사성에 알레르기를 일으키는 군네벡 (Gunneweg)은 홍해는 아카바만을 의미하는 것 같고, 어차피 기적이 일어났다고 하는 바다니 갈대숲이니 하는 표현은 역사적인 게 아니고 이스라엘의 믿음을 표현하는 신앙적인 것이므로 홍해가 갈라진 일은 없다며 마치 그 현장을 목격한 듯이 말한다.[229] 존스톤(Johnstone)은 60만 명이나 되는 장정들이 맨발로 부녀자와 가축들을 대동하고 한밤중에 10-30킬로미터나 되는 홍해의 수에즈만을 건넜다는 것은 상식적으로 납득할 수 없다고 주장한다.[230] 군네벡이나 존스톤의 생각은 우리들 그리스도인들의 생각과는 상당히 다르다. 하나님이 자연법칙을 깨뜨리고 시퍼런 물이 넘실대는 홍해를 느닷없이 좌우로 갈라놓으셨다는 이 기적 같은 이야기를 출애굽기 해석의 거장인 더함(Durham)도 자신이 없다는 듯 입을 다물고 있다. 그는 홍해의 어디쯤에서 바다가 갈라졌는지, 이스라엘 백성이 홍해를 건넜다는 성경의 기록이 역사적 사실인지에 관해서는 말을 비켜간다. 그는 그 대신 그 사건의 의미와 그 사건이 후대 이스라엘 공동체에 어떤 영향을 주었는가 하는 문제에 관심을 나타낸다.[231]

유대인 랍비로서 이스라엘 종교사에 탁월한 식견을 가진 미국의 스펠링(Sperling) 박사는 구역성경의 진술이 역사적으로 정확한지에 대해 고민스러워한다. 그는 구약성경의 주요한 사건들의 역사성을 믿고 싶은 온건한 기독교인과 유대인이라면 성경의 사소한 골칫거리들은 그냥 넘길 줄도 알아야 한다고 충고한다. "내적인 불일치와 모순, 주요 인물들의 장기근속, 과장된 인구수, 환상에 가까운 이야기들"[232]에 일일이 대응하다가는 정작 성경이 말하는 본래의 취지는 놓치고 만다는 것이다. 엄청난 수의 이스라엘 자손이 순식간에 갈라진 홍해를 건넜다는 성경의 이야기를 역사적 사실로 인정한다는 게 그만큼 어려운 모양이다. 신학자들의 끝나지 않은 이러한 논란에 종지부를 찍는 최선의 방법은 성경의 기록을 있는 그대로 받아들이는 것이다.

이스라엘 자손이 아프리카에서 아시아로 넘어오려면 갈대가 있는 호수든 산호초의 얕은 바다든 깊은 홍해든 무조건 건너와야 한다. 성경을 가급적 합리적으로 보려는 사람에게는 이스라엘 자손이 횡단한 곳은 남쪽의 홍해(Red Sea)가 아니라 홍해 북쪽의 호수들 가운데 어느 하나라고 추정한다. 수에즈 운하가 개통된 이후론 몇몇 호수들은 민물과 짠 바닷물이 뒤섞인 석호(潟湖)[233]로 변모되었지만, 그 당시는 민물인 담수호였으므로 갈대가 자랄 수 있었다. 만잘라 호수나 큰 비터 호수는 갈대가 무성하게 많은 바다같이 큰 호수였기에 사람들은 이를 '갈대 바다(Reed Sea)'라고 불렀다.

존경 받는 구약 신학자인 빅터 해밀턴(Victor Hamilton) 교수도 수많은 이스라엘 사람들이 수심이 깊은 홍해를 건넜다는 게 미심쩍어서인지 얕은 갈대 바다를 건넜다고 생각한다.[234] 갈대 바다라면 오늘날 지중해에 면한 포트사이드(Port Said)항에서 그리 멀지 않은 만잘라 호수(Lake Manzalah)를 건넜다는 셈이 된다. 만잘라 호수는 길이가 47킬로미터, 너비가 30킬로미터나 되는 큰 호수로 갈릴리 호수보다 거의 두 배나 큰 호수다. 나일강이 바다와 접하는 북부 델타 지역에 위치한 이 호수는 출애굽 당시 이스라엘 민족이 출발한 기점인 람세스에서 걸어서 갈 만큼 지근거리에 있다. 어떤 학자들은 "바다와 믹돌 사이의 비하히롯 앞 바알스본 맞은편"을 이곳과 연결해 이스라엘 자손이 건너간 곳이 갈대 호수인 바로 이 만잘라 호수라고 주장한다.

그런데 이스라엘 백성이 이집트 북동쪽의 이 호수를 통해 지중해의 해안선으로 빠져나가는 이집트의 군사도로인 "호루스의 길"(Highway of Horus)을 따라갔다면 시내산은 시나이 반도 남부에 있는 게 아니라 네게브 남쪽에 있어야 한다.[235] 프로인드(Freund)는 지중해가 있는 이집트 북쪽이 남쪽보다는 상대적으로 요새들이 적고 사막화가 덜 된 지역이므로 이스라엘 민족이 이 방향을 택할 가능성이 많다고 본다.[236] 그러나 이스라엘 자손이 혹시 만잘라 호수를 건넜는지는 몰라도 지중해의 해안선을 따라 올라갔다는 북방 이론은 성경의 기록(출 13:17-18)과 배치되기 때문에 신뢰할 만한 게 못 된다. 성경은 분명히 이스라엘 백성이 싸움에 능한 블레셋 사람들을 두려워한 나머지 딴마음을 품게 될까 봐 하나님께서는 그들이 가는 방향을 홍해의 광야 길로 돌렸다고 증언한다.

3) 중앙 이론

마지막 세 번째 이론은 '중앙 이론'(central theory)이다. 이 이론은 이집트를 빠져나온 이스라엘 민족이 지중해 가까이에 있는 만잘라 호수 혹은 세르보니스 호수를 지나 시나이 반도

중부를 가로질러 아카바 만을 건너 아라비아 반도에 있는 시내산에 이르게 되었다는 이론으로, 몇몇 현대 탐험가들을 중심으로 주장되는 루트다. 이 길은 수르 광야 북서쪽에서 시나이 반도를 횡단해 네게브 남부 지역을 지나 아라비아 반도 서편 아카바만에 이르는 루트다. 이 경로를 확실한 출애굽 루트로 신봉하는 일군의 탐험가와 학자들은 성경이 말하는 시내산이 시나이 반도에 있는 산이 아니라 오늘날 사우디아라비아의 어느 산일 것이라고 주장한다.

중앙 이론을 주장하는 사람들은 이스라엘 백성이 건넌 바다는 수에즈만을 낀 홍해가 아니라, 시나이 반도에서 아라비아 반도 사이에 있는 아카바만 서해안의 누웨이바 (Nuweiba)이거나 혹은 그 아래 아카바만과 홍해를 잇는 티란(Tiran) 해협일 것이라고 추정한다. 티란 해협은 너비가 넓은 곳은 16킬로미터, 좁은 곳은 5-6킬로미터다. 아카만의 수심은 800-1800미터이지만, 티란 해협은 바다 밑이 사람들이 밟고 걸어가기에 적당한 자연적인 육교가 형성되어 있다고 한다. 육교는 수심이 70-200미터에 불과한 얕은 곳에 있어 이스라엘 자손이 건너기에 크게 어렵지 않았다는 것이다. 더욱이 해협 건너 펼쳐진 드넓은 광야에는 수백만 명에 달하는 이스라엘 백성이 지내기에 불편하지 않았다는 것이다. 그런데 이 주장은 그럴 듯하지만 상상력이 지나친 억측에 불과하다. 만일 이 주장이 맞는다면 수르 광야와 신 광야와 시내산은 오늘날 사우디아라비아 땅에 있어야 하고, 이스라엘은 그곳에서 40년 가까운 방랑생활을 했어야 했기 때문이다. 이 중앙 이론에 관해서는 다음에 이어지는 '시내산의 위치'에 관한 설명에서 자세히 다루려고 한다.

| 출애굽 루트 이론은 대략 세 가지가 있다. 북방 이론, 남방 이론, 중앙 이론. 북방이론은 소수 의견이고, 남방 이론은 성경에 근거한 전통적인 이론이며, 중앙 이론은 20세기 후반부터 급격히 관심을 모으고 있는 이론이다. 수에즈 운하를 옆에 끼고 있는 큰 호수들은 여섯 개나 된다. 학자들은 이스라엘 백성이 이 여섯 개의 호수들 가운데 어느 하나를 건너 시나이 반도에 들어갔다고 추정한다. 하지만 학자들이 선호하는 호수들은 제각각이다. 극히 몇몇 보수적인 학자들만 이스라엘 자손들이 건너간 곳을 수에즈만 상단부 홍해라고 추정하고 있다. 필자도 이 견해를 취하는 입장이다.

3. 시내산의 위치

"모세가 십계를 받은 시내산은 이집트가 아니라
사우디에 있다!"

포털이나 유튜브에 '시내산'을 입력하면 불쑥 튀어나오는 캐치프레이즈 문구 같은 이 말은 기독교인들을 당황하게 한다. 기독교인들은 시내산이 당연히 이집트의 시나이 반도에 있어야 하고, 또 있다고 여겨왔기 때문이다. 한 푼 두 푼 모아 성지순례 때 보았던 시내산이었다. 그런데 그 시내산이 사우디에 있다니! 빈 살만 왕세자의 나라 사우디아라비아 말이다. 어마어마하게 많은 돈과 절대 권력을 움켜쥐고 있어 뭐든 할 수 있다는 '미스터 에브리싱'(Mr. Everingthing) 빈 살만 왕세자. 빈살만은 2022년 11월 한국을 방문한 적이 있다. 그는 사우디가 추진하는 '네옴'(NEOM) 프로젝트에 한국 기업들의 참여를 희망했다. '네옴' 프로젝트는 2035년까지 약 5,000억 달러(670조원)를 투입해 서울시 면적의 44배나 되는 사우디 북서부 지역을 그린에너지 도시로 바꾼다는 세계사상 유례없는 초규모 건설 사업이다. 그 사우디 북서부에 시내산이 있단다. 이게 말이 되나? 될 수도 있고 안 될 수도 있다. 결론부터 말하면 필자는

'아니오'(No)에 한 표를 던진다. 지금부터 이 얘기를 해보자.

시내산은 이스라엘 백성이 이집트를 탈출한 후 약속의 땅인 가나안으로 들어가는 여정에서 중요한 장소로서 1차적인 목적지라고 할 수 있다. 이스라엘 백성은 이곳에서 1년여 동안 머물면서 하나님께 율법을 받고 언약을 맺었다. 이 시내산이 어디에 있는지에 대해서는 논란이 수그러들지 않고 있었는데, 그럼에도 기독교인들은 이 산을 오늘날 시나이 반도의 중남부에 위치한 제벨 무사산(아랍명으로 Jebel Musa, 일명 '모세의 산')으로 여겨왔다. 붉은빛이 감돌고 울퉁불퉁한 화강암으로 뒤엉긴 높이 2,285미터인 이 성스러운 산은 모세와 인연이 깊다고 해서 '모세의 산'이라고 불린다.

산 정상에서 북쪽 등성을 따라 내려오면 1,500미터 기슭에 캐더린 수도원이 있다. 캐더린은 이집트 알렉산드리아의 신심이 깊은 귀족의 딸로 전해져 온다. 캐더린은 기독교 박해 때 순교했다. '캐더린 수도원'은 이 성녀의 이름을 따서 붙인 이름이다. 캐더린 수도원은 기독교를 국교로 공인한 콘스탄틴누스 황제가 어머니 헬레나를 위해 지은 교회가 모태가 되었다. 200년쯤 후인 비잔틴 시대 530년 유스티니아누스 1세 황제는 비적들의 공격들로부터 교회를 방어하기 위해 요새화된 건물로 개축해 수도원으로 모습을 드러나게 했다. 캐더린 수도원은 현재 동방 정교회 소속의 기독교 수도원이다. 콘스탄틴 폰 티센도르프(Constantin von Tischendorf, 1815-1874)라는 독일 신학자에 의해 이 수도원에서 신약성경 최초의 필사본인 시나이 사본(Codex Sinaiticus)이 1844년과 1849년 두 차례에 걸쳐 발견되었다. 수도원 안에는 떨기나무 한 그루가 서 있다. 이 떨기나무는 저 옛날 하나님의 종 모세가 하나님의 음성을 듣고 사명을 받았을 때의 그 나무라는 말도 있고 아니라는 말도 있다. 캐더린 수도원은 수도사들의 은신처이자 기도처가 되어 왔으며, 순례자들이 찾는 명소로 유명하다.

그런데 시내산이 이곳 말고 또 다른 곳에 있다는 주장들은 계속해서 있어 왔다. 이런 주장이 수그러들지 않는 이유는 유대 전승 때문이다. 유대 전승에 의하면, 아브라함이 여종에게서 낳은 이스마엘이 어머니 하갈과 함께 가나안 땅을 떠나 마지막 정착지로 삼은 곳이 아라비아 반도의 북서부라고 한다. 성경은 이스마엘이 정착하여 살았던 곳이 미디안 땅인 것처럼 암시하는 언급들이 있다. 미디안 땅이 시나이 반도에 있는 게 아니라 마치 사우디아라비아 북서부에 있는 것 같은 분위기를 흩뿌리는 구절들 말이다. 수르 광야, 에담 광야는 그러한 분위기를 진하게 자아낸다(출 15:22; 민 33:8). 요셉을 구덩이에 빠뜨려 죽이려 했던 형제들이 마음을 고쳐먹고 요셉을 꺼내 어떻게 처리할까 망설이던 중에 때마침 그 현장을 지나가던 자들은 이스마엘 사람들이었다(창 37:27). 아마도 그 사람들은 메소포타미아의 튀르키예에서 출발해 시리아, 요르단을 거쳐 이집트로 내려가는 아라비아 대상들이었을 것이다. 이러한 맥락의 연속선상에서 미디안 땅은 모세의 피신과 관련하여 그 위치가 아라비아에 있었을 것이라는 견해도 있다. 모세가 바로의 낯을 피해 도망쳐 몸을 숨겼던 미디안 땅이 시나이 반도가 아니라 아라비아 반도라는 것이다. 이 주장이 제기된 지는 꽤 오래되었다. 미디안 땅은 모세의 장인인 이드로가 살았고 그가 속한 겐 족속(출 2:15-22; 18:1-5; 삿 1:16)이 살았던 곳으로, 시내산을 지칭하는 듯한 '하나님의 산'(출 18:5)이 거기에 있었다고 한다.

이상의 자료들은 나름대로 설득력을 가지고 있는데, 뭐니 뭐니 해도 결정적인 자료는 사도 바울이 기록한 갈라디아서 4장 25절이라고 할 수 있다. 바울은 율법주의에 빠져 있는 일부 갈라디아 교인들에게 유대교의 종의 율법과 기독교의 은혜의 복음을 풍유적으로 비교하는 대목에서 시내산이 마치 아라비아에 있는 것처럼 말하고 있기 때문이다. "이 하갈은 아라비아에 있는 시내산"이라고 하는 표현이 정확한 필사인지 여부를 떠나, 이 표현의 올바른 독법을 놓고 의견들이 구구하다. 바울은 유대주의자들이 주장하는 참된 구약적 기초를 논증하면서 '두 언약'(육체를 따라 난 약속, 성령을 따라 난 약속)을 끄집어낸 다음, 하갈을 육체를 따라 난 표본으로 제시하면서 돌연 시내산을 하갈과 동일시한다. 바울의 이 표현은 시내산이 아라비아에 있는 것처럼 오해를 일으킬 수 있다. 더욱이 아라비아는 바울이 다메섹 회심 사건 후 2-3년 동안 독거한 곳이어서 바울의 심상에 어떤 형태로든 이곳을 시내산과 연관하여 그려질 수 있다고 짐작하기란 그리 어렵지 않다.[237]

'하갈'의 어원은 헬라어나 히브리어로 '바위'(rock)라는 뜻을 지니고 있어 곧이곧대로 보면 이 이름은 시내산을 연상시킨다.[238] 그러나 하갈을 시내산과 동일시한 이 표현을 액면 그대로 받아들여서는 곤란하다. 왜냐하면 이것은 하갈이란 이름에 비추어 육체를 따라 난 율법주의적인 신앙을 경계하는 어원적·지리적인 강조를 위한 것일 뿐 시내산의 실제적인 위치가 아라비아에 있다는 것은 아니기 때문이다.[239]

아라비아의 지경이 반드시 아라비아 반도에 국한된 게 아니고 시나이 반도까지 포함된 것이라는 의견들도 꽤 많이 있다. 이것은 사료들로 증명이 되는데, 일례로 기독교 순례 초기인 4세기 말 에게리아(Egeria)라는 유럽 여성이 남긴 이집트 여행기이다. 에게리아는 가톨릭의 수녀라는 말도 있고, 그냥 여행을 좋아하는 모험심 많은 여성이라는 말도 있다. 에게리아는 381년부터 3년 동안 이집트와 팔레스타인 그리고 튀르키예의 하란 등을 거쳐 종착점인 콘스탄티노플까지 여행한 내용을 편지 형식으로 상세히 기록해두었다. 이것은 훗날 『Itinerarium Egeriae』(Travels of Egeria)라는 책으로 세상에 나왔는데, 이것은 현존하는 기독교 순례 여행기 중 최초의 책이다. 에게리아는 시나이 반도의 제벨 무사산을 방문하고 그 일대를 "아라비안의 땅"이라고 했다.[240]

그런데도 시내산이 시나이 반도에 있다는 것은 반드시 정설로 굳어진 건 아니다. 시내산이 시나이 반도에 있는 게 아니라 아라비아(오늘날의 사우디아라비아)의 미디안 땅에 있다는 주장은 기독교 초기부터 매우 드물게 제기되었다. 시내산이 아라비아에 있다고 맨 처음 주장한 사람은 알렉산드리아의 필로(Philo of Alexandria)였지만, 구체적으로 주장한 사람은 제정 로마 때 유대인 역사가이자 정치가인 플라비우스 요세푸스(Flavius Josephus, AD 37-100)였다. 요세푸스는 "모세는 이집트와 아라비아 사이에 있는 시나이(Sinai)라 불리는 산에 올랐다."[241]고 말했다. 요세푸스의 이 말은 문맥상 다소 모호하지만 시나이가 아카바만 동쪽 지역을 가리키는 말로 들린다. 요세푸스는 자신이 저술한 다른 책에서도 시내산의 위치가 이집트와 아라비아 사이에 있다고 말했다.[242] 요세푸스는 시내산은 아라비아의 미디안 땅에서 제일 높은 산이라고 보았다. 그는 또한 구약성경의 가데스 바네아가 페트라이고, 아론이 죽었다고 하는 호르산은 페트라 분지를 둘러싸고 있는 산 중에서 제일 높은 산인 자발 하룬(Jabal Haroun)이라고 말했다.[243] 몇몇 교부들도 미디안 땅을 아라비아에 있다고 하면서 시내산을 아라비아 반도에 있다고 보았다.[244) 영국 캠브리지 대학의 저명한 신학자로서 출애굽기의 권위자인 데이비스(Graham I. Davies) 교수는 시내산이 아라비아에 있다는 요세푸스의 이 증언을 신뢰한다.[245)

요세푸스의 견해대로 시내산이 만일 아라비아에 위치해 있다면 이스라엘 백성이 건넜다고 하는 홍해는 수에즈 운하를 통해 지중해에서 인도양으로 연결되는 시나이 반도 서편 홍해가 아니라 시나이 반도 동편인 홍해라는 얘기가 된다. 그렇다면 미디안 땅은 홍해의 아카마만[246) 동쪽, 아라비아 북서쪽에 위치해 있을 것이다. 하지만 기독교 역사가 진행하는 동안 시내산은 시나이 반도의 남중부 지역에 높이 솟은 해발 7,497피트(2,285미터)의 거대한 화강암 산인 제벨 무사산이라고 여겨져 왔다. 이 전통은 워낙 오래되고 흔들릴 수 없는 것이라서 그런지는 몰라도 시내산이 아카바만 동쪽 아라비아 반도에 있다는 설에도 불구하고 건재하다.

20세기 중후반 무렵부터 '진짜 시내산'(real Mount Sinai)의 위치에 대한 논란이 다시 불이 붙었다. 많은 학자들과 탐험가들이 이 분야에 뛰어들었다. 흥미로운 사실은, 시내산의 위치는 이 조사에 뛰어든 사람들의 수만큼이나 많다는 것이다. 현재까지 알려진 진짜 시내산은 13개가 된다.[247) 그중에서 가장 유력한 시내산 후보로는 시나이 반도의 기존 제벨 무사산(Jebel

Musa)과 최근 급부상한 아라비아 반도의 제벨 라오즈산(Jebel al-Lawz)이다.

　시내산이 사우디아라비아의 어딘가에 있을 것으로 추측하고 집을 나선 사람들은 학자들보다는 모험심이 강하고 열정적인 탐험가들이었다. 그중 가장 대중적인 이목을 끌었던 사람은 미국의 아마추어 탐험가인 론 와이어트(Ron Wyatt, 1933-1999)였다. 와이어트는 노아의 방주, 소돔과 고모라, 언약궤를 발견했다고 주장해 대중에게 이미 꽤 알려진 사람이었다. 와이어트는 하나님이 인류에게 십계명을 주고 기적을 베풀었던 신비의 산이 사우디아라비아의 한적한 산악 지대 어딘가에 있을 것이라고 믿었다. 그는 1984년 두 아들과 함께 사우디아라비아에 밀입국했다. 와이어트 일행은 라오즈산 일대를 탐사하다가 이 산을 진짜 시내산으로 확신했다. 그들은 증거로 삼을 만한 유적들을 영상과 사진에 담았다. 하지만 와이어트와 두 아들은 도굴꾼이라는 의심을 받아 사우디아라비아 경찰에 붙잡혀 조사를 받은 후 추방당했다.

　본국에 돌아온 와이어트는 이스라엘이 홍해를 건넜다고 하는 지점이 아카바만 서안 누웨이바라고 주장했다. 와이어트는 누웨이바 해변에서 페니키아 양식의 솔로몬 기둥을 발견했다고 말했다. 와이어트는 또 누웨이바 홍해 해저에서 산호 더미에 파묻힌 이집트 병사들의 병거 잔해들을 발견했다고 밝혀 사람들을 놀라게 했다. 그뿐만 아니라 와이어트는 라오즈산에서 금송아지 제단과 므리바 반석을 찾아냈다고도 했다. 와이어트는 몇 년 후 정식으로 비자 발급을 받아 사우디아라비아에 다시 들어갔다. 라오즈산에 이스라엘 백성이 숨겨둔 보물들이 있을 것으로 믿었기 때문이다. 이스라엘 백성이 이집트를 빠져나올 때 갖고 왔다던 그 은금 패물 말이다. 이 때문에 와이어트는 순수성을 의심받아 '공상가', '얼치기 탐험가', '보물 사냥꾼'이라는 불명예를 샀다.

와이어트가 보물들을 발견했다는 소식은 없었지만, 탐험가답게 나름 수확했다. 사우디아라비아 해안 지역에서 누웨이바 해변의 솔로몬 기둥과 비슷한 기둥을 발견했기 때문이다. 그는 두 기둥에 적힌 글자들을 해독하고 내용이 같다는 결론을 내렸다. 와이어트는 탐사 활동에서 본 것들을 열심히 홍보하고 다녔다. 많은 사람들은 성경에서 말하는 미디안 땅은 사우디아라비아에 있다고 믿게 되었다. 미디안 땅이 사우디아라비아에 있으므로 시내산도 사우디아라비아에 있다고 믿게 되었다. 사우디 북서부 지방 주도인 타북(Tabuk)에 있는 라오즈산이 바로 그 시내산이라는 거다. '라오즈'는 아몬드를 뜻한다. 라오즈산에는 실제로 아몬드 나무들이 있다. 사우디아라비아의 라오즈산을 진짜 시내산이라고 주장한 최초의 인물이 누군가를 놓고 이런저런 말들이 있지만, 와이어트는 자타가 공인하는 최초의 인물이 아닌가 싶다.

와이어트가 진짜 시내산이 라오즈산이라고 떠들썩하게 주장을 하던 80년대 후반, 두 명의 탐험가가 또 나타나 라오즈산이 진짜 시내산이라고 가세하고 나서 세인의 주목을 받았다. 국제적인 모험가이자 탐험가인 미국의 로버트 코르눅(Robert Cornuke)과 상원의원인 래리 윌리엄스(Larry Williams)다. 두 사람은 각각 책을 펴내 자신들의 주장을 학술적으로 입증하려고 했다.[248] 코르눅은 FBI에서 훈련을 받은 전직 경찰 수사관이자 특공대원이었다고 한다. 그는 성경에 나오는 잃어버린 장소를 찾기 위해 직업을 바꿔 탐험가로 나섰다. 그는 70개 이상 나라들을 돌아다니며 탐험 활동을 했다. 1988년 코르눅과 래리 윌리엄스는 위조 비자로 사우디아라비아에 은밀히 들어가는 데 성공했다. 〈뉴욕 타임즈〉 기자였던 하워드 블럼(Howard Blum)이 『엑소더스의 황금: 진짜 시나이산의 발견』(The Gold of Exodus: The Discovery of the True Mount Sinai)이란 책을 출간해 화제를 모으던 해였다. 두 사람은 론 와이어트가 탐험했다고 하는 사우디의 군사 기밀 지역인 라오즈산을 탐사했다. 그들은 라오즈산에 올라서서 신성한 경외감에 압도되었다. 거룩한 신 앞에서 모세가 신발을 벗고 그랬던 것처럼.

코르눅 일행은 유적과 명소들을 열심히 카메라에 담았다. 하지만 애석하게도 영화용 필름을 사우디 당국에 압수당했다. 코르눅과 래리 윌리엄스는 사우디 경찰에 체포되어 죽음의 위협까지 받았다고 한다. 감금에서 풀려나 미국에 돌아온 그들은 불에 탄 검은 봉우리 산이 "진짜 시나이 산"(Real Mount Sinai)이라고 주장했다. 그들은 놀랍게도 현지인들이 그 산을 제벨 무사(Jebel Musa, '모세의 산'이란 뜻)라고 부르고 있다는 사실도 알려주면서 12개나 되는 유적들이 출애굽기에서 묘사한 것과 놀라울 정도로 일치했다고 밝혔다. 32년 후인 2020년 코르눅은 사우디아라비아의 라오즈산을 다시 찾았다. 그는 모세의 산에 다시 돌아오게 될 줄은 꿈에도 생각하지 못했다고 하면서 감격해했다. 코르눅이 이 산을 다시 찾았을 때 라오즈산이 시내산이라는 자신의 오랜 신념이 더 확인되고 공고해졌음은 물론이다.

라오즈산이 진짜 시내산이라고 주장하는 탐험가들에게 힘이 되어주는 과학자도 있었다. 스웨덴의 스톡홀름에 있는 카롤린스카 의과대학연구소(KI: Karolinska Institutet)의 레나르트 묄러(Lennart Möler, 1954-2021) 환경의학 교수는 이스라엘 백성의 출애굽 루트와 라오즈산이 진짜 시내산이라는 것을 과학적으로 증명하려 했다. 묄러 교수는 2002년 자신의 연구를 책으로 출간했다. 『출애굽 사건』(The Exodus Case)이란 제목의 이 책에서 묄러는 누웨이바 해저에서 론 와이어트가 보았다는 이집트 병사의 병거 잔해가 저 옛날 이집트를 탈출해 가나안 땅을 향해 가던 이스라엘 백성을 뒤쫓은 이집트 병사들의 병거가 틀림없다고 말했다.

아주 많은 모험가들이 라오즈산이 시내산이라는 사실을 밝히려고 사우디를 방문했다. 그중에서 가장 주목을 받는 사람은 미국의 보안 전문가인 라이언 마우로(Ryan Mauro)라는 사람이다. 마우로는 세 번이나 라오즈산을 탐사해 〈모세의 산을 찾아서: 사우디아라비아의 진짜 시내산〉 (Finding the Mountain of Moses: The Real Mount Sinai in Saudi Arabia)이라는 다큐멘터리 영화를 만들었다. 이 영화는 2018년 말 개봉되었다. 마우로는 시나이 반도와 사우디아라비아 사이를 가르는 아카바만을 가로질러 동쪽으로 100마일 떨어진 곳에 진짜 시나이 산이 존재한다고 주장한다. 이 영화를 본 많은 사람들은 라오즈산을 성경이 말하는 시내산으로 믿었다. 미국의 저명한 라디오 진행자이자 머큐리 라디오 아츠(Mercury Radio Arts)의 창업자인 그렌 벡(Glenn Beck)은 이 영화를 "인류를 위한 게임 체인저"(gamechanger for mankind)라고 말해 입소문을 타게 했다. 이 영화는 지금까지 42개 언어로 800만 명 이상의 조회수를 기록하고 있다. 순전히 성경만을 기초로 이집트를 탈출한 이스라엘 백성이 이집트를 벗어나 횡단한 홍해는 티란 해협이었고, 시내산은 사우디아라비아에 있으며, 가데스 바네아는 요르단의 페트라에 있다는 것을 증명하기 위해 출애굽 루트를 해독하는 42개의 열쇠를 발견했다는 사람도 있다. 스티븐 러드라는 사람이다.[249]

4. 시나이 반도의 시내산은 급조된 성지?

시내산이 우리들 크리스천이 성지 순례하는 시나이 반도에
있는 게 아니고 엉뚱하게 사우디아라비아에 있다는 소식은
대한민국의 크리스천들을 경악하게 했다. 우리나라에서는
김승학 장로가 불을 지폈다. 김승학은 시나이 반도의 시내산은
기원후 527년 가톨릭이 순례객들을 충족시키기 위해 급조된
성지라고 하면서, 그 전에는 어떤 기록이나 누구도 그 산을
시내산이라고 부르거나 기록하지 않았다며 '진짜 시내산'
전도사를 자임하고 나섰다.

김 장로는 사우디아라비아의 왕실 주치의로 일하면서
시내산은 시나이 반도에 있는 현재의 제벨 무사산이
아니라 사우디아라비아 북부에 있는 제벨 라오즈산이라고
주장했다. "시나이 반도엔 시내산이 없다"는 김 장로의 주장은
기독교인들의 통념을 뒤집는 것이라서 충격적이었다. 김승학
장로는 성경의 기록들과 자신이 직접 탐험한 고고학적인
증거들을 조목조목 제시했다. 한의사 자격증이 있는 그는
사우디아라비아에서 왕실과 친분을 쌓고 왕실의 비호를
받아 2001년 3월부터 2006년 8월까지 사우디아라비아

북부 지역에 있는 라오즈산을 12차례나 탐사했다고 한다. 그 결과 그는 사우디아라비아의 라오즈산이 성경이 말하고 있는 시내산이라고 굳게 확신한다. 그러기에 지금까지 기독교인들에게 시내산이라고 알려져 온 시나이 반도의 제벨 무사산이 진짜 시내산이 아니고 사우디의 제벨 라오즈산이 성경이 말하는 바로 그 시내산이라는 것을 알리고 다니는 일에 생애를 건 사람이다. 김승학 장로는 라오즈산이 성경이 말하는 시내산임을 증명하는 책을 두 권이나 냈다.[250] 김 장로의 주장은 상당히 설득력이 있어 한국 교계의 주목을 끌고 있다. 김승학 장로가 주장하는 중심적인 내용은 이렇다.

1. 이집트를 탈출한 이스라엘 백성이 시나이 반도로 향하면서 선택한 경로는 지금까지 알려져 온 남부 방향이 아니라 중부 방향이다.

2. 이스라엘 백성은 시나이 반도 중심부를 가로질러 라암셋에서 약 600km쯤 떨어져 있는 아카바만 해변 마을 누웨이바에 다다랐고, 바로 거기에서 홍해를 건너 미디안 땅(오늘날의 사우디아라비아 북서부 지역)으로 갔다.

3. 성경이 말하는 미디안 땅은 시나이 반도에 있는 게 아니라, 오늘날의 사우디아라비아의 북서부 지역인 미디안 지방에 있다.

4. 이스라엘 백성이 시나이 반도의 험지에 1년 동안 숨어있다는 것은 실제로 불가능하다. 왜냐하면

시나이 반도는 이집트의 지속적인 통제하에 있었기 때문이다.

5. 가데스바네아는 시나이 반도 북부에 있는 게 아니라, 아라바 광야의 페트라[251] 부근에 있다.

6. 시내산은 지금까지 알려져 온 시나이 반도의 제벨 무사산이 아니라 오늘날의 사우디아라비아 서북 지역인 타북(Tabuk)에 있는 제벨 라오즈산이다.

김승학의 주장은 무리한 데가 있다. 김승학의 주장을 이 책에서 일일이 반박하는 건 무리다. 필자는 김승학 장로처럼 라오즈산을 직접 가본 적이 없기 때문이다. 하지만 그것보다는, 성경의 기록들과 이런저런 학자들의 견해들을 웬만큼 알고 있는 필자의 지식으로 그의 주장들을 반박하려면 책 한 권으로도 모자랄 것이기 때문이다. 김승학의 주장은 처음부터 잘못 짚은 데가 있다. 우선 수르 광야의 위치부터가 이상하다. 수르 광야는 홍해를 건넌 이스라엘 백성이 맨 먼저 이른 곳이기에, 그곳이 시내 광야에 있는지 미디안 광야에 있는지 판별하는 데 첫 번째 기준이 된다. 출애굽기 기자는 "모세가 홍해에서 이스라엘을 인도하매 그들이 나와서 수르 광야로 들어가서 거기서 사흘 길을 걸었으나 물을 얻지 못했다"고 증거한다.

김승학은 그 수르 광야가 사우디아라비아에 있다고

생각한다. 왜냐하면, 사우디아라비아 홍해 해변에 '수르'라는 족장이 살고 있어(민 25:15), 그 땅을 수르 광야라고 했다는 것이다. 그 사람은 미디안인이었고, 미디안은 아라비아 반도에 있다는 것이다. 그러나 민수기 25:15의 '수르'(צור)는 출애굽기 15:22의 '수르'(שור)와 히브리어로 전혀 다르다는 사실을 김승학은 모르는 것 같다. 전자는 히브리어 알파벳 'צ'(짜데)로 시작하지만, 후자는 'ש'(쉰)으로 시작하는 단어다. 우리말 한글로는 'ㅈ'(지읒)과 ㅅ(시옷)의 차이다. 이를테면 완전히 다른 '자랑'과 '사랑' 같은.

김승학 장로가 수르 광야가 사우디아라비아에 있다고 확신하는 또 하나의 이유는 모세의 장인인 이드로가 미디안 사람이었기 때문이라는 것이다. 미디안은 아브라함이 아내 사라가 죽은 후 새로 맞이한 후처인 그두라에게서 낳은 네 번째 아들이다(창 25:1-2). 김 장로는, 성경에 자주 나오는 미디안이 오늘날 아카바만을 끼고 있는 사우디아라비아 북서 지역이라고 생각하기 때문에 수르 광야는 아카바만 동쪽에 있다고 본다. 출애굽기 기록에 따르면, 이스라엘 백성은 수르 광야에서 신 광야를 지나 시내 광야에 도착했다. 시내 광야에는 하나님의 산인 시내산이 있었다. 나이 40세에 이집트 군인을 죽이고 급히 이집트에서 도망쳐 나온 모세는 시내 광야에서 미디안 제사장인 이드로의 딸 십보라와 결혼했다(출 2:16; 3:1; 18:1,2,5,12). 하나님은 모세에게 이스라엘 백성을 이집트에서 인도하여 이 미디안 땅으로 데려오라고 명령하셨다(출 3:12). 모세는 이스라엘 백성을 인도하고 다시 시내 광야에 돌아왔다. 그때 이드로는 모세와 이스라엘 백성이 진을 친 하나님의 산에 모세의 아내 십보라와 모세의 두 아들을 데리고 모세를 방문했던 것이다(출 18:5).

이스라엘 백성이 홍해를 건넌 후 도착한 수르 광야의 위치를 추정할 수 있다면 그 홍해가 수에즈만이 있는 홍해인지 아니면 아카바만이 있는 홍해인지 알 수 있다는 점에서 김승학 장로가 수르 광야의 위치를 탐색한 것은 충분히 이해가 간다. 그런데 그는 수르 광야가 미디안 땅에 있다고 오해해 이스라엘 백성이 건넌 홍해가 오늘날의 아카바만이라는 오류를 범하고 있으며, 따라서 시내산도 사우디아라비아에 있다는 오류를 범하고 있다. 출애굽기를 살펴보자. 출애굽기에 따르면, 수르 광야는 에담 광야와 같은 곳이다(민 33:8). 수르는 이집트의 동부 델타 지역, 즉 시나이 반도의 남서쪽에 있었던 것으로 보인다. 이스라엘은 그 광야를 사흘 길을 걸었지만 물을 얻지 못해 마라라는 곳에서 진을 쳤다고 한다(출 15:22-23; 민 33:8). 이스라엘은 하나님이 기적을 베푸시어 쓴물이 단물로 변한 그곳에서 물을 마실 수 있었다. 구약성경은 이 수르 광야가 시나이 반도에 있다는 것을 여러 곳에서 알려 준다.

우리말 성경은 '수르'를 '술'로 번역한 곳도 있다.

히브리어로는 똑같은 'שור'이다. 사라의 여종 하갈이 집에서 쫓겨나 헤맨 곳이 바로 이 수르 광야였다. 그녀가 지쳐 있을 때 여호와의 사자가 그녀에게 찾아와 위로하고 축복했다는 기록이 성경에 나오는데, 그 지점이 "광야의 샘물 곁 곧 술 길 샘 곁"(창 16:7)이었다. 아브라함이 헤브론에 있는 마므레에서 네게브로 옮겨가 가데스와 술 사이 그랄에 거주했을 때 '술'이라는 곳은 수르 광야에 있는 지역이었다(창 20:1). 성경은 또 이스마엘의 12 아들들이 정착하여 거주한 곳이 "하윌라에서부터 앗수르로 통하는 이집트 앞 술까지 이르렀다"고 말한다(창25:18). 사울왕이 아말렉을 진멸할 때 범위가 "하윌라에서부터 이집트 앞 술까지"(삼상 15:7)였다.

이로 보면 수르 광야는 아프리카의 이집트에서 호수를 건너든 홍해를 건너든 아시아의 시나이 반도에 있는 게 분명하다. 호수를 건넜다면 바닷물이 섞인 석호수인(潟湖水)인 팀사 호수(Lake Timsah)나 비터호수(Bitter Lake)였을 것이고, 깊은 홍해를 건넜다면 수에즈만과 가까운 최북단이었을 것이다. 그렇다면 수르 광야는 지금의 시나이 반도의 서북쪽에 있었을 것이다. 그 수르 광야에서 오른쪽으로 홍해를 끼고 계속 올라가면 시내 광야가 나오고 시내 광야 안에 하나님의 산이 있다. 오늘날 제벨 무사산이다. 미디안 족속이 아라비아에 살았을지라도 일부는 남부 팔레스타인과 트랜스요르단 지역에 살았다. 그들은 같은 종교를 공유하고 있었고 여러 지역에 흩어져 사는 유목민 부족 연맹이었다.[252] 미디안 제사장 이드로는 시내 광야에서 거주하고 있었기 때문에 모세를 하나님의 산으로 쉽게 찾아올 수 있었다. 김 장로는 출애굽 당시 시나이 반도는 이집트의 지배를 받고 있었으므로 이스라엘 백성이 시나이 반도에 장기간 머무를 수 없다고 주장한다. 모세가 이집트 군사들이 주둔하는 시나이 반도에 이스라엘 백성을 인도했을 리 만무하다고 보기 때문이다. 고대 근동과 이집트의 역사적 자료와 고고학적인 발견물들은 이스라엘의 출애굽 시기인 후기 청동기 시대에 이집트 군인들이 가나안과 시나이 반도에 주둔한 사실이 있다는 걸 알려주고는 있지만, 이집트 군인들이 가나안과 시나이 반도 전역에 깔려 있었던 건 아니다.

김승학의 주장에 결정적인 허점이 있는 또 하나의 이유는 이집트를 탈출한 이스라엘 백성이 건넜다는 홍해의 위치를 잘못 짚은 데 있다. 김승학은 그곳이 아카바만 서쪽 해변의 누웨이바라고 주장한다. 김승학은 라암셋을 떠난 이스라엘 백성이 누웨이바 해변에 3일 만에 왔다고 한다. 이것은 터무니없는 주장이다. 이게 말이 안 되는 까닭은 이스라엘 백성이 출발한 이집트의 출발 기점인 라암셋에서 누웨이바까지는 직선거리로 300킬로미터나 떨어져 있는 먼 거리이기 때문이다. 직선거리가 이 정도라면 광야의 거칠고 험한 길로는 500킬로미터는 되고도 남을 것이다. 수백만 명의 이스라엘 백성이 하루에 걷는 거리가 20킬로미터라면, 25일이 걸릴 만큼 라암셋에서 누웨이바까지는 굉장히 먼 거리이다. 김승학은 수백만 명의 이스라엘 자손이 이렇게 먼 길을 단 3일 만에 도달했다고 말한다. 그렇다면 이스라엘 백성은 집단적으로 축지법이라도 썼다는 것인가?

| 김승학 장로가 주장하는 출애굽 루트. 이른바 중앙 이론이다. 론 와이어트를 비롯한 현대 탐사가들이 즐겨 채택하는 이론으로 전통적인 남부 이론과는 크게 차이가 난다. 중앙 이론에 따르면, 이스라엘 자손은 이집트 비터 호수와 수에즈만 최북단 사이 어딘가를 건너 시나이 반도에 들어서서, 곧장 시나이 반도 중앙을 횡단해 아카바만 서해안의 평평한 지대인 누웨이바에 다다라, 홍해를 건너 수르 광야와 신 광야를 거쳐 시내산(라오즈산)에 도착했다고 한다.

마지막으로, 김승학은 가데스 바네아에 대한 위치에 대해 잘못짚고 있다. 가데스 바네아가 아라바 서편에 있느냐 아니면 아라바 동편에 있느냐는 대단히 중요한 문제다. 그것은 시내산이 시나이 반도에 있는지 아라비아 반도에

있는지를 가늠하는 기준이 때문이다. 학자들은 가데스 바네아의 위치를 오늘날의 시내 광야 북동부의 '텔 엘 쿠데이라트'(Tell el-Qudeirat)와 같은 지역으로 본다. 그러나 김승학은 가데스 바네아가 아라바 동편에 있다고 본다. 그는 가데스 바네아의 위치가 페트라, 즉 지금의 페트라 고고학 공원(Petra Archaeological Park) 지역과 동일하다고 본다. 사해 남단과 아카마만 북단의 중간 지점에 있는 페트라는 아카바 항구로부터 100킬로미터, 요르단의 수도 암만으로부터 130킬로미터쯤 떨어져 있다.

가데스 바네아는 이스라엘이 불순종으로 인해 출애굽 여정에서 약 38년 동안이나 광야 생활을 할 때 중심 장소였다. 이스라엘 백성은 이곳을 떠나 지금의 요르단에 있던 아모리 족속을 물리치고 비로소 가나안에 들어갈 수 있었다. 김승학은 이스라엘 백성이 시내산을 떠나 페트라까지 오는 데 11일이 걸렸다고 하면서, "호렙 산(시내산)에서 세일산을 지나 가데스 바네아까지 열 하룻길이었더라"는 신명기 1장 3절의 기록을 갖다 댄다. 이건 어느 정도 설득력이 있으나 자세히 살펴보면 억지 논리에 가깝다. 왜냐하면 아카마만 동쪽 해변에서 내륙의 사막지역(김승학은 그 지역을 '신 광야'로 본다)까지는 직선으로 100킬로미터나 멀리 떨어져 있다. 또 티란 해협에서 페트라까지는 250킬로미터나 떨어져 있다. 이스라엘 백성이 사막을 가로질러 가더라도 페트라까지 거리는 250킬로미터쯤 될 것이다. 만일 가데스 바네아가 페트라 혹은 페트라 바로 아래에 위치해 있었다면, 이런 먼 거리를 노약자와 아녀자들을 포함한 수백만 명이나 되는 사람들이 단지 11일 만에 걸어서 도달한다는 건 굉장히 어려운 일이다. 더욱이 성서 지리적으로 볼 때 가데스 바네아는 시나이 반도의 네게브에 위치해 있을 가능성이 농후하다. 사우디의 라오즈산에서 아라바 광야 건너편 네게브의 가데스 바네아까지는 400킬로미터나 된다. 그 먼 거리를 노약자들이 걸어서 단지 11일 만에 도달한다는 건 사실상 불가능하다.[253]

이상과 같이 필자는 많은 지면을 시내산의 위치를 살피는 데 할애했다. 시내산이 사우디아라비아에 있다는 얘기들이 여과 없이 나도는 기독교 일각의 풍조를 염려해서다. 시내산이 아카바만 동쪽 어딘가에 있다는 주장의 기원을 거슬러 올라가면 그 뿌리가 깊다. 전술한 것처럼, 사도바울이 시내산을 아라비아에 있다고 하는 언급(갈 4:25)부터가 시내산의 위치를 헷갈리게 한다. 바울 시대 때 아라비아는 시나이 반도를 포함한 아라비아라고 말하는 사람들도 있지만, 그에 못지않게 고대 미디안, 즉 현재 사우디아라비아의 '알 바드'(Al-bad) 일대를 포함한 아라비아를 가리킨다는 반론도 만만치 않게 제기되고 있다. 요세푸스는 시내산이 아카바만 동쪽 지역에 있다고 했다. 제롬을 비롯한 몇몇 교부들도 그렇게 생각했다. 알렉산드리아의 필로도 아라비아 북서부에서 시내산을 찾는 알렉산드리아의 전통에 더 힘을 실어주었다. 그뿐만 아니라 프랭크 무어 크로스(Frank Moore Cross) 하버드대학교 명예교수를 비롯한 현대의 명망 있는 학자들도 시내산의 위치를 사우디아라비아에서 찾고 있다.[254]

그러나 대다수 학자들은 시내산이 시나이 반도에 있다는 전통을 고수한다. 미국의 '성서 지리학의 아버지'라는 별명이 있는 미국의 에드워드 로빈슨 교수, 미국의 저명한 신학자인 사무엘 바레트 목사, 잔 시몬즈 교수(에덴에서 흘러나온 첫 번째 강인 비손이 금이 있는 하윌라 온 땅을 둘렀다고 하는 창세기 2장 11절의 "하윌라 온 땅"이 아라비아 반도 전체를 통칭한다고 보았다) 등이 그러한데. 이들 학자들은 지금의 제벨 무사산을 성경의 시내산이라고 보는 학자들이다.[255] 히브리대학의 멘쉬 하르엘 교수(시내산의 사우디 위치에 강한 거부감을 나타냈으나 시내산이 남부가 아닌 중서부에 위치한 제벨 신 비샬산이라고 보았다) 등이 그러한 학자들이다.[256] 한국 신학계와 교계에서도 김승학 장로의 주장에 강한 이의를 제기한다. 강후구 박사(서울 장신대), 정연호 박사(예루살렘 홀리랜드 대학), 성기문 교수(국제신학대학원대학교), 장관흥 목사 등은 학술대회와 논문 발표를 통해 성경의 시내산을 제벨 무사산이라고 보고 있다.

지금까지 필자는 아주 많은 지면을 할애해 시내산의 위치에 대해 설명했다. 시내산에 대해 이처럼 많은 관심을 기울이는 까닭은 기독교인들의 신앙생활에 시내산의 위치는 너무도 중요하기 때문이다. 기원후 4세기경부터 현재에 이르기까지 1500년 동안 수많은 기독교인들은 이집트의 시나이 반도 중남부의 화강암 산악지대에 높이 솟아 있는 제벨 무사산이 성경이 말하는 시내산인 줄 알고 그곳을 찾았다. 천성을 향한 열망과 소망을 마음에 품고 성지를 찾는 순례객들이다. 순례객들은 새벽부터 일어나 모세의 숨결을 느끼며 정상에 올라 동쪽에서 떠오르는 태양을 두 팔로 맞이하며 감동에 젖는다. 그런데 그런 모세의 산이 이 산이 아닌 다른 곳에 있는 산이라면 어찌 될 건가? 코미디도 이런 코미디는 없을 것이다. 시나이 반도에는 시내산이 없고 사우디에 있다는 소문이 퍼지면서 최근 들어 무사산을 찾는 순례객들의 발길은 뚝 떨어졌다고 한다. 그 대신 라오즈산이 있는 사우디의 타북 지역을 찾는 순례객들의 발길은 잦아졌다고 한다. 사우디아라비아가 2019년 관광객들에 대해 비자 발급을 크게 완화한 탓도 있다고는 하나, 전통적인 시내산이라고 여겨져 온 무사산에 대한 의문이 전에 없이 커진 탓이다.

'진짜 시내산'이 어디에 있는지는 현재로서는 누구도 100% 자신할 수 없다. 이스라엘의 저명한 고고학자로서 텔아비브 대학의 명예교수인 이스라엘 핀켈스타인(Israel Finkelstein)도 마찬가지다. 핀켈스타인은 근대 이후 150년의 탐사와 연구가 있었지만 이스라엘의 광야 유랑과 출애굽의 여정에 대해서는 여전히 베일에 가려져 있다고 푸념했다.[257] 핀켈스타인은 "분명한 답이 없는 복잡한 문제를 다룰 때 요구되는 고통스러운 작업을 외면한 채 단순한 해결책을 제시해서는 안 된다"며 시내산의 위치에 대해 여기 있다 저기 있다 하지 말라고 당부한다. 진짜 시내산이 어디인지 확인하기 위해서는 성서 해석학적으로, 성서 지리적으로, 고고학적으로 수많은 과제를 안고 있는 것이다. 그렇다면 이 지난한 과제는 예수님이 오시거나, 혹은 천국에 가서나 확인하게 될 것인가?

5. 이스라엘 백성이 건넌 곳―호수? 바다?

그렇다면 과연 이스라엘 자손이 애굽의 라암셋을 출발해 아프리카 대륙에서 아시아로 건너갔던 지점은 과연 어디일까? 이 문제에 대한 정확한 대답을 놓고 논란은 끝없다. 논란을 일으키게 하는 첫 번째 이유는, 히브리 성경의 출애굽기가 두 가지 해석이 가능하게 만들었기 때문이다. 출애굽기의 어떤 본문에는 횡단 지점을 '갈대 바다'[258], 또 어떤 본문에는 '바다'[259]라고 기록되어 있다. 두 번째 이유는, 히브리어 출애굽기 본문을 맨 처음 헬라어로 번역한 알렉산드리아 70인역이 '갈대 바다'를 하나같이 '홍해'라고 표현했기 때문이다. 세 번째 이유는, 지리와 생물 등 고고학적 연구 결과가 뾰족한 해답을 제시하지 못하고 있기 때문이다. 본서는 첫 번째와 두 번째 이유에 대해서 논하고 필자의 견해를 밝히고자 한다. 본서가 세 번째 이유에 대해서 소상하게 설명하는 것은 온당하지 않다. 필자가 이 분야에 정통한 지식이 있는 것도 아닌 데다, 이것을 설명하기에는 아무래도 방대한 지면을 필요로 하기 때문이다.

필자는 출애굽 루트와 시내산의 위치에 대해 다양한 의견들이 나오는 것에 거부감을 나타내고 싶지 않다. 출애굽 루트와 시내산의 위치가 우리가 통상 알고 있는 지식과 다른 것이라고 할지라도 출애굽과 시내산 사건이 있었다는 성경의 진리는 훼손되지 않기 때문이다. 그렇더라도 필자는 다른 대안들보다는 전통적인 '남방 이론'(southern theory)을 고수한다. 이 이론은 이스라엘 민족이 오늘날의 홍해(수에즈만 최북단)를 횡단, 바다 건너편 시나이 반도에 도착해 북쪽 지중해의 해안길을 따라가려다가, 블레셋의 방해공격을 염려해 남쪽으로 방향을 돌려, 수르광야와 신 광야를 거쳐, 시나이 반도의 남부에 위치한 시내산에 당도했다는 게 골자다.

그러면 남방론의 정당성을 논증하기에 앞서 출애굽 루트의 핵심이라고 할 수 있는 갈대 바다 혹은 홍해를 건넌 문제가 왜 논란이 되고 있는지 살펴보자. 먼저 첫 번째 이유다. 출애굽기는 이스라엘 민족이 애굽에서 아시아로 탈출할 때 물을 건너갔다고 계속해서 밝히고 있다. 문제는 그 물이 민물인지 바닷물인지가 명확히 판별하기가 쉽지 않다는 데 있다. 어떤 곳에서는 '갈대 바다'라고 했다가 또 어떤 곳에서는 '바다'라고 말하기 때문이다. 갈대 바다라면 짠맛이 나는 민물로 채워진 늪지 호수나 민물과 바닷물이 만나는 얕은 바다였을 것이고, 바다라면 염분이 있는 홍해였을 것이다. 호수와 바다는 엄연히 다르다. 그런데 갈대 바다는 호수를 연상하게 하고 홍해는 말 그대로 바다를 가리킨다. 히브리 성경 출애굽기 본문에는 이스라엘이 횡단한 곳을 갈대 바다라고 하였다.

갈대 바다(The Sea of Reeds)는 히브리어로 '얌숩'(יַם־סוּף)이다. '얌'(יַם)은 바다, '숩'(סוּף)은 갈대를 뜻한다. 두 단어를 직역하면 '갈대들의 바다'다. 갈대는 바다에서는 자라지 못하고 늪지나 호수에서만 자라는 식물이다. 그렇다면 이스라엘 민족은 바다가 아닌 호수를 건넜다는 건가? 데버(Dever)는 이스라엘이 건넌 물이 홍해가 아닌 호수라고 확신한다.[260] 이스라엘의 출애굽 경로에 대해서 상당한 시간을 들여 조사한 존 브라이트도 수많은 이스라엘 사람들이 라암셋에서 멀리 떨어진 홍해까지 걸어와 단 하룻밤에 그 깊은 홍해를 건너기에는 불가능에 가깝다고 생각했다.[261]

만일 이스라엘 민족이 호수를 건넜다면 여섯 개의 호수들 가운데 어느 하나를 건넜다는 얘기가 된다. 여섯 개의 호수라면 북동쪽으로부터 아래로 지중해의 포트사이드와 가까운 만잘라 호수(Lake Manzala)와 그 아래 시르보니스 호수(Lake Sirbonis), 수에즈 운하 중간 부분 위쪽에 있는 발라 호수(Balah Lake)와 그 아래 악어 호수라 불리는 팀사 호수(Timsah Lake), 운하 중간쯤에 있는 큰 비터 호수(Great Bitter Lake)와 작은 비터 호수(Little Bitter Lake)가 있다. 지금은 홍해의 수에즈 항구도시에서 지중해의 포트사이드에 연결된 수에즈 운하가 이 호수들을 통과하고 있어 민물과 바닷물이 뒤섞인 호수들이지만, 옛날에는 육지가 오목하게 패여 민물만 고여 있는 담수호들이었다.

많은 학자들은 이 호수들 가운데 어느 한 호수를 통해 이스라엘이 아프리카에서 아시아로 갔을 것으로 생각한다. '갈대 바다'는 갈대가 자랄 수 있는 민물 호수이지 상식적으로 결코 바다가 아니라는 것이다. 앤더슨(Anderson)은 이스라엘이 건너간 곳이 홍해인지 호수인지를 놓고 머리를 싸매고 고민할 필요가 없다고 말한다. 홍해는 바닷물이므로 절대로 갈대가 자랄 수 없으므로 이스라엘 자손은 갈대가 있는 호수를 건너간 게 틀림없을 거라고 한다. 이스라엘이 호수를 건넜다면 그 호수는 만잘라 호수 아니면 팀사 호수였을 것이다.[262]

출애굽기 기자는 이스라엘 민족이 고센 땅 라암셋을 출발해 숙곳과 광야 끝 에담에서 1박을 하고 홍해와 믹돌 사이의 비하히롯 앞 곧 바알스본 맞은편에 캠프를 치기까지 3일이 걸렸다고 증언한다. 그들은 홍해를 건넌 후에는 수르 광야로 들어가 시내산 방향으로 나아갔다. 수르 광야는 시나이 반도의 북서쪽에 있다. 만일 이스라엘이 건너갔다고 한 곳이 갈대의 호수라는 성경의 기록이 정확하다면 —문서가 여러 개가 아니고 하나로 통일된 것이라면— 이 중에서 성경의 증거에 가장 잘 부합되는 호수는 만잘라 호수일 것이다. 보수신학자인 유진 메릴(Eugene Merrill)도 그렇게 생각한다.[263] 만잘라 호수가 유력한 호수라고 여겨지는 것은 이 호수가 라암셋에서 출발한 이스라엘 자손이 걸어서 3일이면 당도할 만큼 가까운 곳에 위치해 있기 때문이다. 그러나 지중해로 통하는 이 루트는 이집트 군대가 주둔하는 전초기지가 있었기 때문에 유력한 루트라고 볼 수 없다. 전초기지에 주둔하고 있는 이집트 군대는 라암셋을 벗어난 이스라엘의 탈출 행렬을 쉽게 추적할 수 있으므로, 이 사실을 잘 알고 있는 모세가 이 루트를 선택하지는 않았을 것이다.

만잘라 호수가 일단 제외되면 그다음 유력한 호수는 만잘라 호수 아래의 소금기가 있는 초호의 호수 시르보니스를 생각해볼 수 있다. 그러나 북부 델타 지역의 호수들 가운데 하나인 이 경로를 통해 이집트 땅을 빠져나가는 것은 이 역시 이집트 군대의 전초기지가 가깝고, 블레셋 사람들을 겁내는 이스라엘을 배려해 하나님께서 일부러 블레셋으로 통하는 길로

인도하지 않고 홍해의 광야 길로 돌렸다는 출애굽기 13:18의
기록으로 미루어 탈출 가능한 루트에서 제외된다.

| 작은 지도에 세 개의 땅이 나온다. 왼쪽은 아프리카의 이집트,
중앙은 시나이 반도, 오른쪽은 아라비아 반도의 미디안 땅이다.
시나이 반도의 서쪽과 동쪽에 홍해의 수에즈만과 아카바만이 있다.
수에즈만은 지중해와 홍해를 통해 북대서양과 인도양을 잇는
세계에서 가장 긴 수로(193킬로미터)다. 운하는 북쪽의 포트사이드와
남쪽의 수에즈항을 잇는다. 지중해 쪽에서 수에즈 운하기 시작하는
곳에 만잘라 호수가 있고, 중간 부분에 비터 호수가 있다. 수에즈
운하는 6개의 호수들 가운데 비터 호수 등 세 개 호수를 지나간다.
나일강 삼각주에 이스라엘 자손이 거주했다는 고센이 있고, 그
인근에 훗날 피압제 민족인 이스라엘 자손이 건설한 비돔과 출애굽의
출발지인 라암셋이 있다.

그렇다면 이스라엘의 횡단 지점은 만잘라와 시르보니스
호수보다 30km 아래쪽에 있는 발라 호수나 그 아래 팀사
호수를 생각해 볼 수 있는데, 이 또한 이스라엘이 불과 3일

동안에 라암셋에서 멀리 떨어져 있는 이 호수까지 당도한다는 것은 사실상 불가능하다는 점에서 이 역시 유력한 루트에서 제외된다. 발라 호수와 시르보니스 호수도 불가능하다면 이 호수들보다 더 멀리 떨어져 있는 남쪽의 비터 호수를 통해 빠져나간다는 것은 더더욱 불가능한 일이었을 것이다.[264] 여기까지 당도하려면 이스라엘 자손이 빠른 걸음으로 움직여도 적어도 6-7일이 소요되기 때문에 이것은 성경의 증언과 어울리지 않기 때문이다.

어떤 학자는 성서의 모든 증거들과 이집트의 지리적 상황을 종합적으로 고려해볼 경우 이스라엘이 건너간 호수는 비터 호수일 것으로 추정한다.[265] 이스라엘이 건넌 곳이 바닷물로 채워진 호수라고 보는 베노 야곱(Benno Jacob)은 그 호수가 팀사 호수와 비터 호수 사이 아니면 비터 호수와 수에즈 만 북단 사이에 위치해 있다고 추정했다.[266] 프랑스계 미국의 개신교 신학자인 테리앙(Terrien)은 이스라엘의 횡단 지점이 비터 호수에서 가까운 수에즈 지협의 평평한 늪지라고 주장해 주목을 끌었는데, 이 횡단 지점은 수에즈 만에 최대한 근접한 곳이다.[267] 피일즈(W. Fields)는 스에즈 지협 최북단에 위치한 이곳 갈대 바다는 사실상 홍해와 맞닿은 곳이라서 사실상 홍해라고 보아도 무방하다고 주장한다.[268] 이 지점의 갈대 바다는 너비가 6.5킬로미터, 깊이가 6미터쯤 된다. 하지만 이 견해의 문제점은 이스라엘 자손이 홍해를 건넌 후 '수르 광야'로 들어갔다는 출애굽기 15:22의 기록과 배치된다는 데 있다. 이 지점에서 이스라엘의 어린이들과 노약자들이 바다를 건너 수르 광야에 도달하기에는 힘들기 때문이다. 수르 광야는 오히려 비터 호수에서 건너가면 도달하기 용이한 곳으로 비터 호수의 북동쪽에 위치해 있다.

존 브라이트가 지적한 것처럼, 이스라엘 자손이 만일 수에즈 만 최북단 지점에서 바다를 건너갔다면 이곳은 라암셋에서 너무 멀리 떨어져 있어 이스라엘 자손이 당도하기도 전에 추격하는 바로의 군대를 만났을 것이다. 그래서 유력한 견해로 나온 게 비터 호수설이다. 이스라엘이 수에즈만과 가까운 비터 호수를 횡단했다는 견해는 이스라엘의 어린이와 노약자, 부녀자들이 바다와 호수가 뒤섞인 물이 빠지고 바닥이 말랐을 경우에는 걸어서 건너가기에 그리 어렵지 않고, 바로의 추격 군대가 도착하기도 전에 바다를 건널 수 있는 시간적 여유를 확보하고 있는 데다, 시나이 반도의 저지대로 통과하는 길목에 놓인 수르 광야에 당도하기에 좋은 지근거리에 있어 성경의 내용과도 부합된다는 장점이 있다.[269]

그런데 이스라엘이 아프리카 대륙에서 아시아로 건너간 곳이 호수냐 홍해냐를 놓고 논란이 많다. 기독교가 사용하는 영어 성경과 한글 성경 모두가 한결같이 '홍해'(Red Sea)라고 말하기 때문이다. 이것은 히브리 구약성경을 그리스어로 번역한 70인역(Septuagint)의 영향을 받은 것이다. 70인역은 '얌숩'을 번역하면서 '갈대 바다'라 하지 않고 '붉은 바다'를 뜻하는 'ἐρυθρα θάλασσα'(에뤼트라 탈라사)라고 번역했고, 이것을 또다시 번역한 라틴어 벌게이트 성경을 따라 영어 성경들은 한결같이 'Red Sea'로 번역해 놨다. 갈대 바다는 영어로는 'Reed Sea'고, 붉은 바다는 'Red Sea'다. 영어 성경의 번역가들이 'Reed Sea'와 'Red Sea'를 구분 못 할 만큼 멍청하지 않다. 영어권의 성경 번역가들이 고민하지 않고 갈대 바다를 붉은 바다를 뜻하는 'Red Sea'로 번역한 것은 잘한 일이다. 신약성경의 기자들이 이스라엘의 횡단 지점을 '갈대 바다' 혹은 '갈대의 늪지'라 하지 않고 '붉은 바다'라고 표현한 것은 현재 우리가 알고 있는 홍해를 당시에는 '붉은 바다'라고 인식했기 때문이라는 추리 말고는 더 설득력 있는 추리를 기대할 수 없다.

70인역이 홍해를 붉은 바다라고 호칭한 배경에는 홍해가 붉은 해초 탓에 물이 붉은 색깔을 띠었기 때문이라는 설도 있고, 혹은 홍해 너머 에돔 땅에 거주하였던 에서의 붉은 피부를 연상해 만들어졌다는 설도 있다. 그리스인들은 수에즈만과 아카바만뿐 아니라 페르시아만까지 홍해라고 불렀는데, 이것은 성경의 본문과는 직접적인 관계는 없더라도 이스라엘이 횡단한 곳이 최소한 수에즈만의 북쪽 혹은 아카바만의 중간 지점이나 남쪽으로 뻗어 있는 어느 지점이었을 것임을 암시한다.[270]

우리는 확실한 출애굽 루트를 확인하기 위해 육지에 있는 호수들과 인도양에 면한 홍해에 대해 출애굽기를 비롯한 성경의 기자들이 어떤 명칭을 사용했는지를 먼저 알아둘 필요가 있다. 육지에 있는 호수들이라면 북쪽의 지중해로부터 남쪽의 수에즈만 사이에 있는 민물 호수를, 홍해라면 오늘날의 수에즈만을 가리킨다. 출애굽기는 이스라엘이 건넌 곳이 갈대의 바다를 뜻하는 '얌숩'이라고 하면서 동시에 바다를 뜻하는 '얌'이라고 하는 데 문제의 복잡함이 있다. 출애굽기 이외 구약성경의 다른 책들도 이스라엘이 건넌 곳을 '얌'이 아닌 '얌숩'이라고 하였다.[271] 히브리어 원문으로 볼 때 이것은 이스라엘이 바다가 아닌 갈대 호수를 건너갔다는 것을 굳건히 지지해주는 것 같다.

그러나 출애굽 사건을 생생하게 묘사하는 출애굽기에서는 '얌숩'과 '얌'이 번갈아 나타나는데 전체적인 분위기는 '얌'이다.[272] 곧 갈대 바다가 아닌 바다라는 것이다. 이러한 분위기를 반영하듯 우리말로 된 구약성경은 '얌숩'을 거의 예외 없이 '홍해'라고 번역해놓고 있다. 이것을 어떻게 봐야 할 것인가? 옳은 대답은 갈대 바다가 곧 홍해다. 성경 전체를 자세히 관찰하면 '얌'(바다)과 '얌숩'(갈대 바다)은 상호교환적으로 쓰여 둘 다 홍해를 의미한다는 것을 알아 둘 필요가 있다. 성경의 어떤 구절에는 갈대(출 2:3,5; 사 19:6)와 바다풀(욘 2:5)이 어원론적으로 같은 뜻인 '숩'(סוּף)으로 나타난다. 특히 여호수아

24:6과 시편 106:7은 갈대 바다가 다름 아닌 홍해라는 것을 말해준다. 출애굽기 10:19에는 하나님이 이집트에 내린 메뚜기 재앙을 거두실 때에 "강렬한 서풍을 불게 하여 메뚜기를 홍해에 몰아 넣으셨다"고 한 표현이 있다. 여기에서 '홍해'를 히브리어로 '얌숩'(יַם־סוּף)이라고 지칭했다. 이로 보면 하나님께서 엄청난 수의 메뚜기들을 몰아넣은 곳을 갈대 늪지가 아닌 드넓은 홍해라고 보는 게 자연스러운 생각일 것이다.

이스라엘의 경계를 나타내는 홍해(출 23:31)와 출애굽 경로인 홍해(민 33:11)를 말할 때도 '얌숩'이라고 한 것을 보더라도 갈대 바다는 홍해를 의미한다고 봐야 한다. 또 열왕기상 9장 26절에는 솔로몬 시대에 에돔 땅 홍해 물가의 엘롯 근처 에시온게벨의 조선소에서 선박들을 건조했다는 이색적인 기록이 있다. 열왕기상 기자 역시 이 기록을 하면서 홍해를 '얌숩'이라고 불렀다. 예레미야도 에돔 사람들에 대한 심판을 예언하면서 그들의 부르짖는 소리가 홍해에 들린다고 하였는데, 이 경우에도 히브리어는 '얌숩'이 쓰였다.

구약성경의 기자들이 이처럼 갈대 바다를 홍해와 동의어로 혼용해서 쓴 까닭은 하나의 굳어진 언어적 관습이었던 것 같다. 특히 출애굽기 기자는 물론 출애굽 당시를 살았던 이스라엘 사람들은 의심할 여지가 없이 홍해를 지금의 갈대 호수와 같은 뜻으로 혼용해서 사용한 게 틀림없다. 이스라엘이 건너간 곳이 얕은 호수나 늪지가 아니라 깊은 바다라는 것은 출애굽기의 실감나는 장면으로 보아서도 분명하다. 그곳은 수심이 깊었고(출 15:5), 파도가 언덕같이 넘실대었고(출 15:8), 파도와 파도가 부딪치며 엉기는 꼴이 어지간한 배도 가라앉힐 만큼 굉장했고(출 15:8), 내리치는 파도가 ˙바윗덩어리라도 집어삼킬 만하게 거셌다(출 15:10). 그러기에 뒤쫓아 온 이집트 군인들과 말들과 병거들이 왼쪽과 오른쪽에서 느닷없이 합쳐진 물에 꼼짝 못하고 허우적대다가 납같이 바다 밑에 수장되고 말았던 것이다.[273] 이 생생한 표현으로 미루어 이스라엘 자손은 이집트를 벗어날 때 얕은 물 호수가 아닌 깊은 바다를 건너간 게 틀림없어 보인다. 그것은 난데없이 격렬한 화산이 폭발해서 땅과 바다가 큰 격변이 일어나 된 것도 아니고, 또한 이따금 동쪽에서 불어오는 바람이 때마침 불어와서 물을 비껴가게 하고 땅을 마르게 해서 된 게 아니라, 자연을 다스리시는 하나님의 능력으로 정확히 그 시각에 그 장소에서 가능하게 된 것이다.[274]

아프리카에서 아시아로 건너간 곳이 지금의 홍해라고 치자. 그렇다면 이집트를 황급히 빠져나온 이스라엘 자손이 3일 동안에 무려 180km도 더 되는 거리를 걸어왔다는 것인가? 수심이 가장 얕고 물살이 세지 않은 홍해의 상단부 지점에서 건너갔다면 이스라엘 자손은 200킬로미터 넘게 걸어왔다는 셈인데, 이것은 더더욱 말이 안 된다. 왜냐하면

하루에 70킬로미터를 강행군한다는 것은 인간의 체력의 한계, 이집트의 기후와 도로 사정으로 볼 때 불가능하기 때문이다. 더군다나 200만 명이 넘는 탈출 행렬에는 많은 어린이와 노약자, 가축들도 있었다.

그렇다면 이스라엘이 건넌 곳은 지금의 홍해가 아니라 홍해 위쪽의 갈대 호수들 가운데 어느 한 호수가 아닌가 하는 의문이 제기되는 것은 당연하다고 하겠다. 이에 대해 결론부터 말하면, 그럼에도 이스라엘 자손은 홍해를 건넜다! 이 문제를 해결하는 유일한 방책은 라암셋을 출발한 이스라엘 자손이 홍해 접경지대 혹은 상단지대까지 걸어오는 데 최소한 7일 정도는 소요되어야 함을 전제해야 한다. 그런데 출애굽기와 민수기는 분명하지는 않지만 그 여정에 소요된 시간이 2박 3일이라고 증언하고 있다(출 12:37-42; 13:20-22; 민 33:5-7). 따라서 우리는 이 본문들뿐 아니라 출애굽기 전체의 문맥을 관찰해 그 소요 기간을 7일로 추산해야 하는데, 이를 증명하기 위한 본문의 정보들이 충분하지 못해 해결책이 마땅하지 않다.

그러므로 다소 옹색한 접근이긴 해도, 우리는 성경의 정보가 함축적이고 출애굽기 텍스트를 한 명의 저자가 쓴 게 아니라 복수의 저자들이 쓴 것이라는 점을 이 대목에서는 감안할 필요가 있다. 벨하우젠을 비롯한 문서학자들은 출애굽기가 세 가지 자료들(J, E, P)이 결합하였으며, 여기에 마지막 편집자의 손질로 최종적인 형태의 본문이 탄생했다고 주장한다. 필자는 문서학자들의 성경을 보는 방식을 거절하는 편이지만, 출애굽 사건을 다루는 본문에 대해서는 이질적인 자료들이 결합한 결과 정확한 날짜 계산에 어려움을 겪을 수도 있다고 생각한다. 그렇지 않고서야 모세가 날짜 계산을 허투루 취급할 만큼 순간적으로 총기를 잃을 사람도 아니지 않은가. 물론 모세는 날짜보다는 이스라엘의 이동 경로와 하나님의 놀라운 구원의 행동에 온통 마음이 쏠릴 수도 있다. 그러나 이러한 추측들은 망상에 불과하다. 성서의 메시지가 내뿜는 분명한 사실은 이스라엘 민족이 모세의 영도로 이집트의 압제로부터 벗어나 하나님이 약속하신 가나안 땅을 향해 힘찬 발걸음을 내디뎌 며칠 후에 홍해 바다에 도착했다는 것이다.

우리는 역사적 사실을 기술하는 수천 년 전 성경의 기자들한테서 지나친 정보를 요구해서는 안 된다. 그들의 성경 기술방식은 신속·정확한 보도를 생명으로 하는 신문기사의 작성이나 엄정한 역사기록을 원칙으로 삼는 조선조의 춘추필법처럼 어떤 역사적 사건을 사실에 입각해 정확하게 기술하기보다는 하나님의 계시의 사건을 신학적·문학적·상징적으로 기록한다는 점을 양지할 필요가 있다. 그런 점에서 볼 때 우리는 출애굽 사건, 특히 이스라엘이 홍해를 건넌 사건을 논리적으로 조리 있게 야박하게 따지기보다는 포괄적으로 이해해야 한다.

쭉 편 검지와 장지 두 손가락처럼 시나이 반도의 서쪽에 있는 만이 수에즈만, 동쪽에 있는 만이 아카바만이다. 대서양으로 통하는 홍해의 관문인 수에즈만은 남쪽 어귀에서 북쪽 운하 입구 수에즈 항구도시까지의 길이가 장장 314킬로미터에 달한다. 홍해의 수에즈만의 바닷물길이 육지를 뚫고 나가 인도양으로 통하는 지중해의 포트사이드에 닿는 대운하가 바로 수에즈 운하다. 총 길이 193킬로미터나 되는 세계 최대의 수에즈 운하는 1869년 11월 17일 개통되었다. 수에즈 운하가 지나가는 곳에 있는 여섯 개의 큰 호수들은 민물이지만 소금기가 있어 짠맛이 난다. 그래서 당시 사람들은 그 호수들을 홍해를 연상해 갈대 바다라고 불렀다. '바다 같은 갈대의 호수들'이 일상의 펑퍼짐한 의미로 이미지화되어 홍해에 포함되는 이유다.

이처럼 고대 이스라엘 사람들에게 '얌숩'이라는 용어는 전통적으로 호수는 물론 바다까지를 가리켰다. 이스라엘 자손은 7-8일간 빠르게 걸어서 그 홍해 바다에 당도했을 것이다. 어떤 학자들의 주장처럼, 이집트의 해안선이 과거 3000년 동안 급격하게 변모했다면 수에즈만은 지금보다 훨씬 위쪽으로 뻗어 있었을 것이다.[275] 그런 경우 이스라엘 자손은 5-6일 만에 수에즈만에 당도했을지도 모른다(어쩌면 3일 만에). 그들은 민물과 바닷물이 만나는 하구를 건너간 게 아니라 깊은 홍해 바다를 건너갔을 것이다. 그들이 통과한 곳은 오늘날의 수에즈만 상단부의 어디쯤일 것이다.

신약성서에는 이스라엘이 홍해를 건넌 사건을 기록한 곳이 세 군데서 나타난다. 스데반 집사가 이스라엘의 역사를 장황하게 설명할 때 이 단어가 튀어나왔다(행 7:36). 또 하나는 히브리서 기자가 그리스도인들에게 선진들의 믿음을 본받을 것을 촉구하면서 모세를 언급하는 대목에서 이 단어를 썼는데(히 11:29), 여기서도 영어 성경은 'Red Sea', 우리말 성경은 '홍해'다.

마지막 한 군데는 사도 바울이 이스라엘의 과거 불순종의 역사를 회고하면서 신약 시대의 그리스도인들에게 우상숭배를 피할 것을 간곡히 당부하는 고린도전서 10장이다. 바울은 이스라엘 민족의 집단적 세례 받음을 조상들이 홍해를 건넌 사건에 유비하면서 그들이 바다 가운데로 지났다고 말한다(고전 10:1-4). 바울은 홍해라고 표현하지는 않았지만 이스라엘 사람들이 지나간 곳이 갈대 호수가 아닌 지금의 홍해를 의도한 게 문맥상 분명하다. 이것을 의식한 듯 공동번역이나 현대인의 성경은 '바다'라고 하지 않고 '홍해'라고 번역했다. 신약성경의 기자들이 이렇게 언급하고 있는 것을 보더라도 이스라엘이 아프리카에서 아시아로 건넌 곳은 명백히 현재의 홍해가 확실하다.

무섭고 깊은 홍해 바다에 이집트의 기마병들과 600대의 병거들과 지휘관들이 순식간에 수장되었던 것이다. 이 어찌 놀라운 사건이 아닌가. 이 충격적이고 감동적인 구원 사건은 이스라엘인들의 뇌리에 깊이 새기고도 남을 만큼 인상적이었다. 그들은 구원의 환희와 감사를 아름다운 시로 노래했다. 출애굽기 15장의 '모세의 노래'와 '미리암의 노래'에서 보듯 홍해 도하 사건은 이스라엘 백성에게는 영원히 잊지 못할 구원의 사건이었다. 이스라엘은 대대로 홍해의 구원 경험을 통해 자연을 다스리시는 창조주 하나님과 구원을 베푸시는 구속자 하나님을 찬양하였다.

출애굽 사건과 시내산 계시를 출애굽기와 레위기의 가장 두드러진 초점이라고 보는 클라인즈(Clines)는 15장 2절의 "나는 너의 하나님이 될 것이다"는 통찰력 있는 찬양에서 이미 성취한 약속을 바라보고 있다.[276] 왈키(Waltke)는 모세와 이스라엘 백성이 하나님(I AM)을 찬양한 노래에서 하나님이 자신의 왕국을 세우시기 위해 이스라엘 역사 속에 뛰어들어 약속(I AM's promise)을 성취하실 것이라는 예언적인 메시지를 발견한다.[277] 후대의 선지자들과 시인들은 적들로부터 하나님의 구원을 갈망하고 자유와 평화가 충만한 새로운 세계를 희구할 때는 어김없이 홍해의 기적 사건을 떠올리곤 했다. 적들에 대한 하나님의 맹렬한 진노와 하나님을 경외하는 의로운 백성에 대한 하나님의 구원은 요한계시록에서도 뚜렷하게 대비된다 (계 15장).

| 인공위성이 촬영한 홍해 - 자료 출처: 위키피디아

제3장

출애굽기 15장 22절–18장 27절: 시험

이집트를 극적으로 빠져나온 이스라엘 백성들의
기쁨과 환호가 싸늘하게 식어버리기까지에는
그리 오랜 시간을 필요로 하지 않았다.
은혜는 공짜지만 신앙과 믿음은 공짜가 없다.
그것은 쓰리고 혹독한 대가를 요구한다. 하나님을
정말로 신뢰하는지 아니면 겉만 번드르르하게
신뢰하는지는 광야 생활에서의 태도에서 확연히
판가름나는 법이다. 성경은 그것을 시험이라고 한다.
/본문 중에서.

이스라엘 백성들은 이집트를 떠난 지 한 달 만에 신 광야에 도착했다. 광야는 거칠고 춥고 먹을 것이 없고 앞이 잘 보이지 않는 곳이다. 광야는 인간을 시험하고 방황하게 한다. 사실 인생의 길은 광야의 삶과 같다. 성경은 우리에게 인생길 가는 동안에 하나님과 동행하며 약속의 미래를 향하여 영광스러운 역사에 동참하도록 가르친다. 이스라엘 백성의 삶의 이야기들은 우리에게 "신앙인의 내적 투쟁 곧 하나님의 길이 감추어져 있다는 당혹감, 하나님의 섭리보다는 인간의 계획을 더 의지하고자 하는 유혹, 신앙의 변질과 불신앙을 반영하는 거울이다."[278]

신앙은 홍해의 기적과 광야의 고난 사이에 있는 리트머스 시험지와 같은 것이다. 홍해의 기적 앞에 있을 때는 신앙은 빛나지만, 광야의 고난 가운데 있을 때 신앙은 빛이 바래진다. 신앙에 빨간불이 켜지면 불평이 나오는 법이다. 복음주의 신학자인 덤브렐(Dumbrell)이 이스라엘의 광야 여정을 보여주는 출애굽기 15:22-18:27(정확히는 19:2)까지의 단락의 제목을 '하나님의 보호'니 '하나님의 인도'니 하는 제목이 아닌 "광야의 불평"[279](murmuring in the wilderness)이라고 단 것은 신앙과 광야의 관계를 단적으로 잘 드러내주고 있다.

이집트를 극적으로 빠져나온 이스라엘 백성들의 기쁨과 환호가 싸늘하게 식어버리기까지에는 그리 오랜 시간을 필요로 하지 않았다. 그들은 홍해를 건너 수르광야로 들어가서 거기서 사흘 동안 물 한 방울 구경조차 못하게 되자 마음들이 사나워지기 시작했다. 표독스러운 인간은 마음들이 사나워지면 하나님께 대한 감사한 마음도 신뢰도 없어지는 법이다. 그러면 불평불만으로 가득 차게 된다.

불평은 하나님의 임재하심과 돌보심을 거절하고 결국에는 하나님 없이 제멋대로 살려는 불신앙의 발호이다. 빅터 해밀턴(Victor Hamilton)은 말한다. "불평이라는 것은 어려움에 처해 있을 때 하나님이 충분한 능력을 가지신 분이 아니라고 믿는 마음의 틀이다."[280] 이스라엘 백성들의 태도가 이렇게 변한 것은 그들의 여정이 고난과 불확실로 가득 차 있었기 때문이다. 그러나 신앙의 원리는 고난과 불확실성에서 증명되고 성숙해 나가는 게 아닌가. 우리 인간은 미래를 알 수 없지만 전능하신 하나님은 아신다. 욥은 그 이치를 깨달은 사람이다.

'광야'라는 환경의 주제는 오경 전체에 걸쳐 나타난다. 노트(Noth)는 오경을 형성하는 핵심적인 전승들 가운데 광야 주제를 출애굽 전승과 약속의 땅 정착 전승보다는 낮게 평가했지만 이것을 중요한 주제로 채택했다.[281] 광야에서의 이스라엘의 불평과 원망의 관찰을 통해 신앙의 정체를 찾으려

했던 코우츠(Coats)는 오경에서 광야의 환경은 모세가 사명을 받은 시내산 떨기나무 불꽃 체험(출 3-4장)부터 발아되어 출애굽 과정에서 다시금 광야를 체험(출 13:18)하기 시작해 그 후부터 오경의 중요한 사건들에서 잇달아 나타나고 있다고 말한다.[282] 신앙인의 광야 경험은 인내와 소망으로써 하나님과의 관계를 바르게 하고 자신의 믿음을 튼튼히 쌓을 수 있는 절호의 기회가 된다. 광야는 신앙인에게 "사회적 · 신앙적 제 구조를 창조하는 환경"[283]을 제공하는 훈련도장이라고 할 수 있다. 이 때문에 광야 생활은 축복의 밑거름이다. 아니, 축복이다. 그렇다면 삶이 평탄할 때도 하나님을 신뢰해야 하겠지만 거친 광야에 있을 때에는 더욱 하나님을 신뢰해야 한다.

은혜는 공짜지만 신앙과 믿음은 공짜가 없다. 그것은 쓰리고 혹독한 대가를 요구한다. 하나님을 정말로 신뢰하는지 아니면 겉만 번드르르하게 신뢰하는지는 광야 생활에서의 태도에서 확연히 판가름나는 법이다. 성경은 그것을 시험이라고 한다. 히브리어로는 '나짜'(נסה)이다. 이 단어를 우리말로 번역하면 '시험하다' 혹은 '증명하다'이다. 하나님께서 아브라함을 시험하실 때 이 단어가 쓰였다. 거의 예외 없이 시험을 하시는 주체는 언제나 하나님이시고 시험을 당하는 객체는 언제나 하나님이 사랑하시는 백성이다.[284] 그리고 보면 우리는 이 단어에서 "당신의 믿음을 증명해 보이시오."란 말은 "당신은 하나님이 주신 시험에서 합격하였소."란 말과 크게 다르지 않다는 것을 얼른 느끼게 된다. 광야의 생활에서 시험은 한 치 앞을 내다볼 수 없는 상황에서 하나님을 온전히 신뢰하는지 안 하는지 믿음을 테스트하는 것이다. 출애굽기 15:22부터 18:27까지의 단락을 관통하는 중심 단어가 바로 이 '시험하다'(15:25; 16:4; 17:2,7)이다.[285] 중심 단어가 '시험하다'라면 중심 주제도 '시험'이다. 구약성서, 특히 출애굽기에서 이 단어가 나올 때는 율법의 수여와 이스라엘의 율법에 대한 순종의 실패를 예견하게 한다.[286]

하나님은 이스라엘에게 "내가 이스라엘 자손 중에 거하여 그들의 하나님이 될 것이다"(출 29:45)라고 약속했음에도 그들은 르비딤에서 "여호와께서 우리 중에 계신가 안 계신가"(출 17:7)라고 서로 다투면서 하나님을 시험하였다. 테리앙(Terrien)이 하나님이 인간에게 종종 자신의 얼굴을 감추시는 것을 "포착하기 어려운 하나님의 임재"[287]라고 표현했듯 하나님이 인간과 멀리 계신다는 느낌, 즉 하나님의 부재는 이 장면에서 도드라진다. 그러나 신명기는 인간을 향한 하나님의 시험을 긍정적으로 규정한다. 하나님께서 무려 40년 동안이나 이스라엘 백성들을 광야에서 방랑하게 하신 목적은 이 시험을 통해 하나님을 신뢰하는 사람들이 되게 하시기 위함이었다. 신명기 8:3은 그것을 단적으로 알려주는 말씀이다.

"네 하나님 여호와가 이 사십 년 동안에 네게 광야
길을 걷게 하신 것을 기억하라
이는 너를 낮추시며 너를 시험하사 네 마음이
어떠한지 그 명령을 지키는지 지키지 않는지
알려 하심이라."

200만 명을 헤아리는 엄청나게 많은 백성들이 걸어서
시내산까지 가려면 충분한 물과 식량이 필요하다. 또
추위로부터 몸을 보호할 수 있는 의복도 필요하고 취침
도구들도 필요하다. 약탈자들로부터 재산과 생명을 지키는
일도 필요하다. 또한, 이런 많은 일들을 질서 있게 통제하고
체계적으로 해야 하는 명령체계도 어느 정도는 확립돼 있어야
한다. 그 때문에 모세의 건강과 신앙과 리더십이 더할 나위 없이
요구된다.

예상대로 이스라엘이 가는 곳에 위기들이 기다리고
있었다. 오합지졸과 다름없는 하나님의 백성들은 이집트에서
시내산까지 가는 동안에 적어도 네 차례의 위기를 맞았다. 네
차례의 위기란 마라의 쓴 물(15:22-26), 충분한 식량의 결핍(16:1-
36), 마실 물의 부족(17:1-7), 아말렉의 기습(17:8-16)이다. 물과
양식 그리고 안전은 인간이 살아가는 데 절대적으로 필요한
것들이다. 하나님은 이스라엘 백성들의 불평에도 불구하고
사랑하시는 백성들에게 물을 먹이시고, 일용할 양식을 주시고,

적들로부터 보호하셨다. 그러나 이스라엘 백성들은 틈만 나면 하나님을 시험하였다. 그들은 "여호와를 시험하여 여호와께서 우리 중에 계신가 안 계신가"(17:7) 반신반의하며 투덜대고 불평을 늘어놓았다. 하지만 사랑 많으신 우리 하나님은 화를 꾹꾹 참으시고 그들이 원하는 것들을 모두 들어 주셨다.

제4장

출애굽기 19장 1절–24장 18절: 시내산 언약

1. 하나님과 이스라엘 간 시내언약 체결

이스라엘 백성들은 천신만고 끝에 마침내 시내산에 도착했다. 큰 탈 없이 수많은 사람들이 이역만리 먼 곳에서 이동하여 이곳 낯선 산에 당도하게 된 것은 실로 독수리 날개로 업어 인도하신 하나님의 도우심이 아니면 불가능한 일이었다. 이집트에서 탈출한 이스라엘 백성은 시나이 반도 남쪽 중심부에 있는 이 산 밑에 진을 쳤으며, 모세는 산 정상에서 십계명을 받았다.[288] 이스라엘 백성이 이집트를 출발해 시내산에 도착한 것은 2개월 후인 3월 1일이고, 바란 광야를 향해 시내산을 떠난 날은 이듬해인 2월 20일이니 1년 가까운 동안을 시내산에 체류했던 것이다. 이 기간 동안 이스라엘은 하나님의 백성으로서 자기를 이해하고 정체성을 형성하는 데 결정적인 시간을 가질 수 있었다. 이스라엘의 시내 광야 내러티브는 여기서부터 시작해 민수기 10장 10절까지 계속된다. 블렌킨솝(Blenkinsopp)은 흥미로운 사실을 발견했다. 그는 오경이 다루고 있는 연대는 2,706년간이고 이 동안에 시내산에 한정된 기간은 10개월에 불과하지만, 시내산 본문은 무려 오경의 3분의 1을 차지한다고 한다.[289]

모세는 혼자서 시내산 정상에 올라갔다. 하나님은 이 산에서 이스라엘 백성과 언약을 체결하셨다. 시내산 언약을 맺음으로써 이스라엘은 선택되었으며 인류를 향한 거룩한 사명을 받았다. 하나님은 이스라엘과의 언약 체결을 통해 인류를 향하신 자신의 분명한 뜻을 드러내시고 인간에게는 책임을 요구하셨다. 하나님의 말씀을 순종하고 언약을 이행할 책임은 인간 쪽에 있지만 그것을 유지하고 보존할 책임은 하나님께 있으므로 언약의 주도권은 하나님이 쥐고 있다.

며칠 후 언약 백성은 언약서의 내용을 모두 듣고 "여호와의 말씀을 우리가 준행하리이다"고 맹세하였다. '여호와'라는 이름 속에 내포된 하나님과 그의 백성 간의 인격적인 관계는 이 언약의 계약적인 성격에 의해서 이스라엘 종교의 두드러진 특징이 되었다. "이 언약으로 말미암아 이스라엘은 하나님의 강력한 신적 역사 안에 들어가게 되었고, 고대 근동의 민족들 가운데서 특별한 역사관과 운명관을 갖게 된 것이다." [290]

시내산에서 이스라엘과 언약을 세우신 하나님은 누구신가? 그분은 세상을 창조하셨으며 이스라엘 족장들의 하나님이시다. 하나님은 이스라엘이 하나님만을 경외하고 언약의 말씀대로 따라 행하면 세 가지로 보답해주시겠다고 약속하셨다(출 19:5-6). 첫째, 이스라엘은 모든 민족 중에서 하나님과 특별한 관계를 가진 백성으로서 하나님의 소유가 될 것이다. 둘째, 이스라엘은 이방의 나라들을 하나님께로 인도하는 중보자로서 사명을 담당하는 제사장 나라가 될 것이다. 셋째, 이스라엘은 하나님께 선택된 백성으로서 온 세계에 하나님의 영광을 드러낼 거룩한 나라가 될 것이다. 빅터 해밀턴(Victor P. Hamilton)에 따르면 첫 번째 내용은 특권에 관한 것이고, 두 번째 내용은 특권과 책임에 관한 것이고, 세 번째 내용은 성격에 관한 것이다. [291]

하나님이 시내산에서 이스라엘을 특별한 백성으로 삼으신 이 사건을 월터 브루그만(Walter Brueggemann)은 "특수성의 스캔들"[292](scandal of particularity)이라고 하였다. 모세가 시내산에 올라 하나님께 받은 이 말씀은 언약신학의 패러다임으로 하나님과 모세, 하나님과 이스라엘 백성

3자의 관계와 정체성을 규정하는 신학적 틀을 제공한다. 출애굽기에서 가장 중요한 이 본문은 하나님께서 이스라엘의 아들 됨에 관해 족장들에게 하신 약속과 이스라엘을 여호와의 종 된 나라로 삼으신 시내산 언약의 요체가 된다.[293] 만일 '나라'가 왕정 또는 왕권을 의미한다면 '제사장'은 그 '나라'의 속성을 말할 것이다. 따라서 '제사장 나라', '거룩한 백성'이란 말은 하나님이 직접 통치하시는 신정정치 체제하에서 이스라엘이 특별히 구별된 존재로서, 마치 제사장이 그의 백성을 위해 봉사하는 것처럼 열방과 세계를 위해 봉사해야 한다는 사명과 축복의 통로가 된다는 것을 뜻한다. 브루그만은 그런 점에서 이스라엘의 언약에 대한 책임이 얼마나 막중한지를 강조한다. "여호와의 처음 구출(출애굽 사건)이 비조건적이고 단서조항이 없는 것이라면, (이스라엘의) 여호와의 지속적인 관계는 언약을 위한 엄격한 요구 가운데 하나다."[294] 구약성서의 메시지들을 창조의 관점에서 관찰한 프레타임(T. E. Fretheim)은 출애굽기의 창조 신학은 특히 이 장면에서 두드러진다고 본다. 프레타임에 따르면, 하나님께서 이스라엘을 부르신 사건은 넓은 의미의 창조적 행위이며, 이 구속적인 행위는 그 효과에 있어서 우주적이다.[295]

출애굽기 19장 3절 하반절부터 6절까지 모세의 언약신학을 요약하는 문구는 작게는 24장까지의 내러티브를 이끌면서 크게는 민수기 10장 10절까지의 굉장히 큰 단락을 이끄는 중요한 신학적 표현이다. 차일즈(Childs)는 정경적 관점에서 출애굽기 19장부터 민수기 10장까지의 시내 전승은 하나의 군집으로서 역사적인 발전 과정을 거쳤다고 보면서, 이 단락을 역사적 재구성물이라고 주장하는 역사비평 학자들의 견해들을 일축한다. 그는 이 거대한 단락이 오경의 중심이라고 생각한다. "어떤 면에서 창세기가 오경의 서문이고 신명기가 발문이라고 한다면, 출애굽기, 레위기, 민수기의 중간에 있는 시내 전승이야말로 오경의 중심부라고 할 수 있다."[296] 이 거대한 내러티브를 시내산 언약이 이끌고 있다.

언약 개념을 구약성경의 중심 주제라고 생각한 아이히로트(Eichrodt)는 구약의 중요한 언약들 가운데서 시내산 언약이 특히 구약성경을 한눈에 꿰뚫을 수 있는 렌즈와 같은 것이라고 하였다. 그런데 프리젠(Vriezen)은 시내산 언약을 아브라함 언약보다 낮게 평가한다. 왜냐하면 아브라함의 신앙이 진정한 계시를 표현하는 것인데 반해 모세 율법은 성격상 중간 단계의 과도기적인 것이기 때문이다.[297] 시내산 언약을 모세 오경에서 핵심이라고 보는 세일해머(Sailhamer)도 율법 중심의 시내산 언약을 은혜 중심의 아브라함 언약보다 낮게 평가한다. 시내산 언약은 주로 이스라엘의 실패를 보여준 것이지만, 아브라함 언약은 신실하신 하나님의 약속이 궁극적으로 성취되는 미래의 때를 지향하기 때문이다.[298]

기독교적인 관점에서 볼 때는 시내산 언약과 아브라함 언약은 둘 다 중요하지만, 인간의 책임에 비중을 두는 시내산보다는 하나님의 은혜에 강한 비중을 두는 아브라함 언약이 기독교 진리를 이해하는 데 훨씬 중요하다. 아브라함 언약이 예수 그리스도의 십자가 사랑, 구속의 은혜, 기독교적 믿음을 이해하는 문을 여는 데 있어서 굉장히 중요한 열쇠가 되고 있다고 생각한 사람은 사도 바울이었다. 바울은 아브라함 언약으로 말미암아 예수 그리스도의 십자가 사건이 있게 되었고, 믿음이 주어졌으며, 기독교 복음이 선포되어 비로소 새로운 인류가 탄생하였다고 확신했다(갈 3:1-22; 4:21-31). 바울에 의하면 새로운 인류는 하나님의 이스라엘, 곧 새 이스라엘이다.

바울이 말하는 '새 이스라엘'이란 협의의 의미로는 그리스도의 피값으로 세워진 교회를 가리키고, 광의의 의미로는 하나님이 원래부터 세우고자 하셨던 하나님의 사랑과 의로 충만한 지상의 공동체를 가리킨다. 그것은 지상에서 새로이 회복된 에덴이자 모든 민족이 그리스도 안에서 하나 된 예수 공동체를 가리킨다. 바울은 은혜의 언약인 아브라함의 언약의 중요성을 누누이 강조하면서도 시내산 언약의 중요성을 결코 가볍게 보지 않는다. 시내산 언약은 예수 그리스도를 믿는 믿음으로 안내하는 표지판과 같은 역할을 하였다고 본다. "율법은 우리를 그리스도께로 인도하는 초등교사가 되었다"(갈

3:24). 그리스도께서 우리에게 오시기 전에는 시내산 언약이 유효하였지만, 그리스도께서 우리에게 오신 신약의 시대에는 누구든 예수 그리스도를 믿으면 하나님의 자녀가 될 수 있다. 그러므로 은혜의 언약이 지배하는 신약 시대에서는 아브라함의 자손은 이스라엘이 아니라 예수 그리스도를 믿는 모든 사람이다.

이스라엘의 시내 광야 도착부터 율법 수여에 이르기까지 시내산 정황을 살펴보면, 하나님이 이스라엘을 언약 백성으로 부르신 후 언약이 먼저 선언되고 그 후에 이스라엘이 율법을 받았다. 그런데 19장부터 시작되는 시내산 언약 내러티브는 구도와 구성이 잘 짜인 창세기의 요셉 내러티브와 앞의 출애굽 내러티브와 달리 좀 산만하고 엉성한 느낌이 든다. 사실 독자들은 이쯤에서 하나님과 이스라엘 사이에 뭔가 특별하고 획기적인 사건이 있을 것으로 기대하였다. 하나님이 이스라엘을 언약 백성으로 삼아 계약을 체결하고 율법을 주신다는 경이로운 사건 말이다. 하지만 이 놀랍고 특별한 사건을 기록한 시내산 언약 내러티브는 연대기적 서술이 불분명하고 어떤 내용은 중첩된 것 같아 전체적으로 산만하다. 그럼에도 이 내러티브의 산만함이 용납되는 것은 창세기부터 출애굽 사건에 이르기까지 크고 작은 디테일을 사전에 충분히 뿌려놓고 그러한 디테일을 이 놀라운 언약 체결의 현장까지 성실하게 도달하게 한 저자의 문학적 기교와 재능이 워낙 뛰어나기 때문이다. 무엇보다 횃불 언약인 창세기 15장과 요셉 이야기인 창세기 37-48장, 그리고 모세의 소명과 출애굽의 긴장감 넘치는 출애굽기 1-18장에서 독자들은 언약 체결의 현장을 향해 일직선으로 내달려 왔다.

2. 십계명을 먼저 받고 언약법전을 후에 받다

한편 출애굽기 19장부터 24장까지의 내러티브를 살펴볼 때 모세가 십계명을 받은 것은 19장 19절 다음에 있어야 할 것 같은데, 정작 십계명은 모세가 하나님과 대화를 하는 19:20-25 단락을 건너뛰어 20:1-17에 배치되어 있다. 이것은 아마도 19장 19절에 나타난 것과 같이 모세가 하나님과 대화하고 있는 장면이 별로 손상됨이 없이 20장부터 시작되는 십계명 선포를 충분히 예비하는 효과를 자아낸다. 세일해머는 19:25의 서술로 미루어 십계명과 언약 법전은 19:20-20:17의 사건이 있기 전에 받은 게 확실하다고 본다.[299] 문제는 십계명이 언약 법전과 따로 구분되어 먼저 주어졌는지 아니면 언약 법전과 함께 주어진 것인지가 다소 모호하다는 점이다. 그러나 이스라엘이 하나님과 언약을 세우고 율법을 받은 전체 문맥을 관찰해볼 때 십계명과 언약 법전을 받은 때는 따로 구분되어 있다고 생각하는 게 자연스럽다. 십계명을 먼저 받고 그다음에 언약 법전을 받았다. 패트릭 밀러(Patrick Miller)도 모세가 먼저 십계명을 하나님에게 직접 받았고, 이 일이 있은 후 모세가 백성들을 대신해 언약 법전을 받았다고 본다.[300] 그러므로 십계명은 언약 백성에 대한 하나님의 직접적인 계시이지만, 언약 법전을 비롯한 나머지 율법들은 모세를 통해 중재되었다. 이것은 언약 법전을 비롯한 나머지 율법들이 십계명보다 중요하지 않다는 것을 의미하지 않는다. 그렇더라도 십계명이 율법의 출발점이고 다른 율법들보다 높은 수준에 있는 것만은 분명하다.

모세가 하나님을 만난 후 백성들은 자신들을 성결하게 해야 할 3일간의 준비기간이 필요했다. 셋째 날 아침에 이스라엘 백성들은 하나님을 뵈려고 산꼭대기를 향해 올라가다가 우레와 번개와 빽빽한 구름과 나팔소리를 동반한 하나님의 강림을 목격했다. 그리고 나팔소리가 점점 커질 때에 하나님은 모세의 말에 음성으로 대답하셨다. 백성들은 무섭고 두려워 더는 올라가지 못하고 산기슭에서 하나님의 현현을 보았다. 산 위에서 나팔 소리가 점점 커질 때 모세가 하나님께 말하자 하나님은 음성으로 대답하셨다.[301] 이 장면에서 모세는 이미 하나님으로부터 십계명을 받은 게 확실하다.

그런데 의아한 것은, 성경은 이 장면에서 십계명을 받은 사실에 대한 언급은 없고 이스라엘 백성이 하나님을 두려워한 나머지 하나님과 분리되고, 그 결과 이스라엘에 하나님과 백성 사이를 중개하는 제사장직 출현의 필요성에 대해서만 강력하게 암시하고 있다. 이스라엘이 하나님과의 첫 번째 대면에서 경험한 이 어이없는 낭패는 이스라엘 사회에 제사장직과 성전의 필요에 대한 기회를 제공한 셈이다. 이 지점에서 모세의 역할은 선지자직에서 성막에서의 제사장직으로 급격히 쏠린다.

실제로 출애굽기는 언약 법전 내러티브가 끝나자마자 25장부터 성막 건축 지시 내러티브가 시작된다. 성막이 만들어짐으로써 이스라엘 백성은 이제 이 거룩한 하나님의 임재의 현장에서 제사장의 중개로 안심하고 전능자를 만날 수 있게 되었다. 마이어스(C. Meyers)는 이스라엘의 신앙 전통에서 시내산의 이름이 '호렙', '하나님의 산' 등 다양한 이름으로 나타나는 것에 대해 흥미로운 견해를 피력한다. 예루살렘 성전이 지상에 세운 중앙 집중적 · 정치적 · 제도적 현상이라면, 시내산은 어떤 의미에서는 하나님의 원래의 집으로서 하나님의 자유로운 활동이 보장되는 일종의 "치외법권적인 현장"(extraterritorial site)이라는 것이다.[302]

시내산 정상에서 자신의 능력과 영광 가운데 강림하신 하나님은 이스라엘 백성들에게 율법을 주시고 언약을 맺으셨다. 율법은 십계명과 언약서(언약의 책)로 나뉜다. 조금 전

언급했거니와 십계명이 먼저 주어졌고 계약 법전인 언약서(출 24:7)가 나중에 주어졌다. 하나님께서 이스라엘 백성에게 십계명을 주신 목적은 하나님의 자녀들이 "하나님을 날마다 가까이하여 경외함으로 범죄하지 않게 하려는 것"이다. 십계명(출 20:2-17)은 모세가 하나님께로부터 직접 받은 것으로 이스라엘 율법의 헌법과 같은 구실을 한다.[303]

맥콘빌(McConville)은 "십계명은 이 세상에 대한 하나님의 창조질서를 이집트의 노예상태로부터 풀려난 구속 백성의 삶을 위한 명령으로 간략하게 변형시켜 놓은 것이다."[304]라고 말한다. 그것은 해방 공동체의 삶을 위한 토대, 즉 하나님의 백성이 더불어 살면서 공동선을 위해 생활할 수 있게 하는 일종의 표준이 되는 것이다.[305] 십계명은 나아가 "모든 시대를 위해, 모든 사람들에게"[306] 해당되는 하나님의 명령이다. 그것은 "변함없는 하나님의 성격과 의지를 표현하고 있기 때문에 모든 인간들에게 적용되며, 그들에게 구세주가 필요함을 의식하게 해준다."[307] 율법은 이스라엘을 통해 세계 모든 민족들에게 축복이 된 것은 사실이지만, 그것은 그리스도의 사역과 죽음으로 폐지되어 이제는 더 이상 그리스도인들이 율법의 계명들을 지키지 않아도 된다. 그러나 도덕법으로서의 십계명은 율법 아래 살았던 구약 백성은 물론 은혜 아래 살고 있는 신약 백성들에게 보편적으로 적용된다.

십계명(Decalogue/Ten Commandments)은 문자 그대로 '열 개의 말씀'(출 34:28; 신 4:13; 10:4)이다. 하나님께서 모세를 통하지 않고 십계명을 이스라엘 백성에게 직접 주셨다는 것은 열 개의 언약의 말씀이 절대적 권위를 가진다는 것을 의미한다.[308] "십계명을 제외한 다른 율법들은 이스라엘이 맹세의 땅에서 지켜야 하는 반면(신 5:31), 십계명은 지리나 역사에 제한받지 않는다. 십계명은 시간과 공간의 제약을 받지 않으며 어떤 문화에도 상대화될 수 없다. 열 개의 말씀은 민족과 시대를 막론하고 적용된다."[309]

슈미트(W. H. Schmidt)와 침멀리(Zimmerli)는 하나님의 유일성·배타성을 강조하는 "나는 네 하나님 여호와니라"(출 20:2)는 십계명의 제1계명은 복잡하고 다양한 구약의 내용들을 하나의 통일된 개념으로 체계화할 수 있는 중심이 되는 문장이라고 주장한다. 슈미트는 구약의 장구한 역사, 다양한 문학, 신약과의 관계 등으로 볼 때 구약에서 어떤 하나의 중심을 가지고 통일성을 찾는 문제는 쉽지 않지만, 하나의 공통분모를 찾는다면 그것은 제1계명이라고 생각한다.[310] '여호와의 이름'을 신학의 출발점으로 삼는 침멀리는 역사는 흐르고 변하지만 변하지 않는 한 가지 사실은 오직 한 하나님 외에는 다른 신을 인정할 수 없다는 제1계명의 선언이며, 이 선언이야말로 구약의 통일성을 지향하게 한다고 생각한다.[311] 첫 번째 계명이 누구를 섬기고 예배해야 하는가에 대해 명령하는 것이라면, 두 번째 계명은 그 무엇과도 대체할 수 없는 유일신 여호와 하나님을 어떻게 섬기고 예배드려야 하는가에 대한 명령이다. 이스라엘 종교의 두드러진 특징은 이 두 개의 계명에서 극명하게 발견된다. 폰 라트는 처음 두 계명을 "이스라엘이 세계를 이해하는 열쇠"[312]라고 말했다.

3. 하나님이 미워하시는 죄 ― 간음

출애굽기 20:2-17에 나오는 십계명은 신명기 5:6-21에서 다시 반복되어 나타난다. 이 간결한 명령들은 율법 전체를 요약하며, 사회법이나 의식법과 구분되고 도덕법과도 구분된다. 그것은 하나님께서 자신의 언약 백성에 대해 삶의 가장 본질적인 기준을 규율하기 위한 절대적인 명령인 것이다. 인간의 모든 언행의 궁극적인 판단의 기준이 되는 첫째 계명부터 넷째 계명까지는 인간이 하나님과의 관계에서 지켜야 할 가장 기본적인 계명들이고, 다섯째 계명부터 마지막 열째 계명까지는 인간이 인간과의 관계에서 지켜야 할 가장 기본적인 계명들이다. 앞의 네 계명들을 한마디로 말한다면 "인간은 하나님을 사랑해야 한다."라고 압축할 수 있다. 인간이 하나님 외에 다른 것들(존재하지도 않은 헛된 신들을 포함해)을 사랑한다면 그것은 영적 간음이다. 인간이 인간을 상대로 하는 성적 일탈은 일곱 번째 계명에 명시되어 있다. 아름다운 창조 질서를 따라 한 몸을 이룬 남자와 여자는 하나님께서 짝 지워주신 배우자 이외에 다른 사람과 간음하는 것은 중대한 범죄행위다. 창조질서를 파괴할 뿐만 아니라 하나님을 모독하기 때문이다. 십계명에 언급된 간음은 육체적인 것에 국한돼 있는 것처럼 보인다. 예수님은 이 계명을 더한층 엄격하게 강화하여 시각적인 것까지도 확장시켜 놓으셨다(마 5:27-30).

하나님께서 인간이 반드시 지켜야 할 도덕률 가운데 '간음'을 하나의 계명으로 별도로 해두신 것은 시사하는 바가 크다. 십계명에는 일부다처제나 혼전 섹스나 혹은 이혼을 금한다는 말씀이 없다는 것을 유념하기 바란다. 이런 문제는 시대의 다양한 상황과 문화와 관련이 있으므로 그 가치판단이 어렵고 복잡하다. 성경은 원칙적으로는 일부다처제, 혼전 섹스, 이혼을 금하고 있는 게 분명하다.[313] 그러나 금지의 명령이나 율법조항은 없다. 이에 반해 간음은 하나님의 직접적인 말씀으로 금지하고 있다. 그만큼 간음은 하나님께서 미워하시는 명백한 죄다.

구약에서 간음은 자신의 배우자가 아닌 다른 사람과 성적인 관계를 맺는 것을 의미하지만, 때로는 하나님의 백성인 이스라엘이 우상을 숭배하고 영적으로 불신앙의 상태에 빠져 하나님을 멀리할 때에도 이 말이 쓰인다. 십계명 중 일곱 번째 명령이 간음과 관련이 있다는 것은 배타적인 결혼관계에 있는 부부의 성적 순결과 가정의 소중함이 하나님의 창조질서 유지에 얼마나 중요한지를 보여준다. 모든 남편은 아담이 오로지 한 여자만을 사랑한 것처럼 한 명의 아내만을 사랑해야 한다. 또한 모든 아내는 하와가 오로지 한 남자만을 사랑한 것처럼 한 명의 남편만을 사랑해야 한다. 한 남자가 수많은 여자들 가운데 한 여자만을 평생 사랑한다는 것은 억울한 처사가 아닌가? 억울하지 않고 억울하게 생각해서도 안 된다! 그것은 마치 한 남자가 그가 만나고 알았던 한 하나님만을 섬기고 사랑해야 하는 것과 같다. 또 한 여자가 수많은 남자들 가운데 한 남자만을 평생 사랑한다는 것은 억울한 처사가 아닌가? 이 또한 억울하지 않고 억울하게 생각해서도 안 된다! 그것은 마치 한 여자가 그가 만나고 알았던 한 하나님만을 일편단심 섬기고 사랑해야 하는 것과 같다. 사람으로 태어나 하나님을 만나 하나님을 사랑하는 것은 억울하기는커녕 인생 최고의 기쁨이요 자랑이므로 이 세상에서 하나님을 대체할 것은 없다. 이런 이치를 알고 있는 사람은 다음과 같은 찬양을 부를 때 삶의 환희와 만족이 그 배에 가득하게 된다.

　　"나 무엇과도 주님을 바꾸지 않으리
　　다른 어떤 은혜 구하지 않으리
　　오직 주님만이 내 삶에 도움이시니

주의 얼굴 보기 원합니다
주님 사랑해요 온 맘과 정성 다해
하나님의 신실한 친구 되기 원합니다"

한국사회는 '동방의 예루살렘'이라는 칭송과는 전혀
어울리지 않게 '간음 천국 대한민국'이라는 말을 들을 정도로
지난 수십 년간 어그러진 길을 치달려 왔다. 그러던 차에
간통죄가 폐지되어 버렸으니 그야말로 보통 큰일이 아니다.
헌법재판소는 2015년 2월 27일 간통죄를 위헌으로 결정했다.
"내밀한 성생활의 영역에 국가가 개입해 형벌의 대상으로 삼는
것은 성적 자기 결정권과 사생활의 비밀·자유를 침해한다."는
이유로 간통죄 처벌조항(형법 제241조)이 헌법에 위반된다고 본
것이다.

이로써 음습한 불륜은 면죄부가 주어져 양지 위로 기어
올라왔다. 대낮에 간음하다 붙잡힌 여자가 사람들에게 돌에
맞아 죽을 뻔한 요한복음 8장의 이야기는 이제 '전설 따라
삼천리' 같은 이야기가 되어버릴 참이다. 헌재의 간통죄
폐지로 한국사회는 부부생활의 심리적 안전장치인 마지노선이
무참하게 무너져 내리게 된 것이다. 그러나 헌재 결정이 나온
이날 음란한 한국사회는 화답으로 반겼다. 주식시장에서
콘돔 제조회사의 주가가 상한가까지 올랐다. 며칠 뒤에는
기혼자들의 만남을 주선하는 온라인 사이트가 등장해 눈길을
끌었다. 이 불륜 사이트는 얼마 전 공개적으로 한국에 상륙한

캐나다의 기혼자 외도 사이트를 본떠 만든 것이라고 한다. "인생은 짧아요. 바람을 피우세요."라는 슬로건을 내건 이 외도 사이트의 젊은 CEO는 한국은 시장성이 충분하기 때문에 사업전망이 밝을 것으로 내다봤다. 그는 한국이 불륜이 많이 일어나는 점, 이혼율이 높은 점, 전자 상거래가 활발한 점을 근거로 한국에서의 성공을 기대한다고 호언장담했다. 이게 웬 망발인가. 이래 가지고서 대한민국이 무슨 '동방의 예루살렘'이고 전 세계에서 미국 다음으로 해외에 선교사를 많이 파송하는 '선교 강국'인가.

간음은 아주 심각한 결과를 가져온다. 가정이 붕괴되고 인간성은 파괴되며 사회는 원망과 증오와 복수심으로 피멍이 든다. 그러므로 "간음하지 말라"는 하나님의 이 간결하지만 선 굵은 명령은 이유여하를 막론하고 부부는 절대로 배우자 외에 다른 사람에게 한눈을 팔거나, 마음을 빼앗기거나, 삶의 한계선 밖으로 뛰쳐나가거나 하는 따위의 허튼짓을 해서는 안 된다는 거룩하신 하나님의 천둥소리와도 같은 말씀이다. 신성한 결혼으로 맺어진 부부는 부부 이외의 누구와도 성적인 관계를 맺어서는 안 된다. 자칫 성적으로 타락하기 쉬운 현대를 사는 젊은이들과 기성세대는 욕망의 화신인 보디발의 아내를 물리친 요셉을 삶의 모범으로 삼을 필요가 있다. "내가 어찌 이 큰 악을 행하여 하나님께 죄를 지으리이까"(창 39:9)라며 강렬한 유혹을 이겨낸 요셉에게 하나님은 함께 하시며 범사에 형통한 은혜를 베푸시지 않았는가.

4. 언약법전의 기능

하나님께서 친히 두 돌판에 새긴(출 31:8; 34:1; 신 10:4) 십계명은 그 중요성을 나타내기 위해 언약궤 안에 영구히 보관하도록 하였다(왕상 8:9; 대하 5:10; 히 9:4-5). 한 율법사가 예수님을 시험하려고 율법 중에서 어느 계명이 가장 크냐고 물었을 때 예수님은 "네 마음을 다하고 목숨을 다하고 뜻을 다하여 주 너의 하나님을 사랑하라 이것이 첫째 되는 계명이다"라고 하시며 신명기 6장 5절을 인용하셨는데, 이것은 십계명의 전반부 4계명까지를 요약한 것이다. 주님은 이어 레위기 19장 18절을 인용해 "네 이웃을 네 자신같이 사랑하라"라고 하시며 둘째 계명이라고 하셨는데, 이것은 십계명의 후반부인 다섯 번째 계명부터 열 번째 계명까지를 요약한 것이다.

십계명이 모세가 하나님으로부터 직접 받은 것이라면 24장 7절의 언약서(언약의 책)는 모세가 영감에 의해 받은 것이다. 모세가 영감에 의해 말씀을 받았다는 것은 하나님과 이스라엘 백성 사이의 중개자로서 말씀을 전달하였다는 의미이다. 언약서에 들어 있는 율법들은 20:22부터 23:19(혹은 33절)까지

수록되어 있다. 이 언약이 저 유명한 시내산 언약이고, 이 언약을 통해 하나님과 이스라엘 사이에 체결된 율법을 언약 법전(Covenant Code)이라고 한다.[314] 롤란드 해리슨 같은 몇몇 보수주의적인 학자는 언약서가 십계명을 가리킨다고 생각하지만,[315] 비평학계에서는 모세가 백성에게 낭독했다고 하는 출애굽기 24:7의 언약서(언약의 책)가 이 언약 법전을 가리킨다고 보는 게 정설처럼 되었다. 마샬(Marshall)은 언약의 책의 범위가 언약 법전(계약 법전)뿐 아니라 십계명을 포함한다고 본다. 그래야만 거대문맥으로서의 모세법의 의미가 잘 나타나며, 언약서는 하나님과 이스라엘 간의 언약체결을 증명하는 공적문서로서 기능한다는 것이다.[316]

언약의 책은 하나님의 거룩한 현존이 임하는 장소인 제단에 관한 법으로 시작하고 이어서 시민법과 종교법이 들어있다. 복음주의 신학자들은 모세가 계약법전을 받아써서 이스라엘 백성에게 중재했다고 보지만, 비평학자들은 십계명이 일상생활에서 구체적으로 적용되도록 언약서의 율법들이 발전과정을 거쳐 더욱 통상적인 법규에 적합한 형태로 정비되었다고 생각하는 경향이 짙다. 독일 신학자인 크뤼제만(Crüsemann)은 기원전 722년 북이스라엘이 멸망한 시기와 그리 오래 떨어지지 않은 8세기 말이나 7세기 초에 남왕국 유다에서 소정의 법률교육을 받은 전문가들과 공신력 있는 사법적 권한을 가진(예를 들면, 후대의 산헤드린 공회의

전신이랄 수 있는 '예루살렘 최고 재판소') 기관이 계약법전을 편찬했다고 본다.[317]

어떤 비평학자는 최종적인 형태의 언약서는 바벨론 포로기에 완성되었다고 주장할 정도로 극단적이다. 파괴된 국가와 그 국가의 후원자인 여호와 하나님과의 관계를 새롭게 규정하라는 포로기의 시대적 요구에 부응하기 위해 언약 형식을 빌린 법전이 나왔다는 것이다. 그러나 마샬은 언약서의 율법들은 발전적으로 형태를 갖춘 게 아니라 이스라엘이 왕국으로 출현하기 훨씬 이전에 이미 실제로 시행되던 법 조항들이었다고 주장하면서 비평학계와 각을 세웠다.[318] 구약의 전승 안에서 십계명 내러티브를 유심히 살펴본 차일즈(Childs)도 십계명의 양식, 언어, 위치 등을 고려할 때 십계명은 전반적으로 시내산 언약과 관련이 있다고 확신했다.[319]

아무튼 십계명이 헌법과 같은 언약 문서의 총괄적 이행조항이라면 십계명 다음에 이어지는 언약서의 율법들은 십계명의 상세하고 구체적인 적용조항이라고 볼 수 있다.[320] 송제근은 십계명과 계약법전의 차이점을 출애굽기 19:5의 '소유/존귀한 자'(세굴라, 히브리어 סְגֻלָּה)란 단어를 주목, 하나님께서 "이스라엘이 존귀한 자답게 살도록 주신 일반적인 방법이 십계명이고, 그 구체적인 방법이 시내산 언약법"[321]이라고 정의한다.

계약법전에 전형적으로 나타나는 두 가지 법이 있다고 처음 발견한 학자는 독일의 양식비평학자인 알트(Alt)다. 그는 계약법전에 고대 근동의 법인 정언법(apodictic law)과 결의법(casuistic law)의 두 가지 형태가 있다고 관찰했다. 정언법은 필연법, 절대법, 단언법이라고도 한다. 결의법은 조건법이라고도 한다. 십계명이 보편적인 내용을 다루는 명문화된 필연법인데 반해, 언약서에 있는 율법들은 결의법적 성격을 지닌 조건법이다.[322] 필연법은 긍정과 부정의 형태로 된 일반적이고 무조건적인 명령이다. 명령의 형태는 "너는……하지 말지니라"는 부정의 명령과, "너는……할지니라"는 긍정의 명령으로 나타난다.[323] 이와는 달리 조건법은 "만일……하면……할지니라"는 조건절(protasis)과 귀결절(apodosis)로 된 명령 형태로 되어 있다.[324]

언약서에 있는 율법들은 언약의 원리를 개별적인 사건에 적용하기 위한 하나의 예시로서 판례법과 같은 구실을 한다. 따라서 이들 율법들은 각 조항의 의도를 확대 규명하고 영역을 확대하기도 하는데, 특히 제의적 원리나 실제에 있어서는 더욱 그러하다.[325] 알트와 그의 제자들은 족장들에 관한 창세기와 모세에 관한 출애굽기의 기록들은 역사적인 실재와 본질적인 영속성을 지니고 있다고 여겼다.

한편 시내산 언약은 고대 근동의 대부분 지역에서 흔히 볼 수 있는 정치적 비준서와 비슷한 봉신조약과 같다는 학문적인 연구가 수십 년 전부터 발표돼 학계의 주목을 받아 왔다. 특히 오늘날 튀르키예의 서북부 지역에서 발흥하여 고대 근동의 여러 나라들에 막강한 세력을 떨쳤던 히타이트 제국(기원전 1450-1180)의 종주—봉신조약(Suzerain-Vassal Treaty)이 그러하다.

히타이트의 국제조약 문서는 기원전 2000년대 후반까지 거슬러 올라간다. 멘델홀(G. E. Mendelhall)은 이 분야의 탁월한 선구자다. 멘델홀에 따르면 종주권 계약이란 종주국의 대왕과 속국의 왕인 봉신 사이에 체결하는 계약이다. 종주는 자신의 봉신에게 생명과 재산에 대한 보호와 안전보장에 관한 약속을 문서로 계약하고, 봉신은 그 계약 내에서 보호와 안전을 보장받는 것이 종주권 계약의 핵심을 이룬다. 상당수 학자들은 출애굽기 19-24장의 시내산 율법이 종주국의 왕과 속국인 봉신 사이의 관계가 거의 틀림없이 하나님과 자기 백성 사이의 관계를 반영한 것으로 보고 있다. 그들은 모세가 만일 출애굽기의 저자라면 그가 히타이트 사람들(헷 족속)과 오랫동안 교류가 있었던 이집트에서 살았기 때문에 이러한 조약이 있다는 것을 알았을 것으로 추측한다.[326] 하지만 모세가 근동의 타문화권의 조약 체계를 모방하지 않고 시내산 언약을 서술할 수는 없었을까? 모세의 예언자적 측면을 고려하지 않거나 무시한다면 이러한 학설은 귀를 솔깃하게 한다.

5. 시내산 도착부터 언약체결까지 시간적 순서

지금은 복잡한 출애굽기 19장부터 24장까지 시간의 흐름을 살펴보자. 이 단락에서 우리가 먼저 알아두지 않으면 안 되는 것은, 이스라엘 백성들은 언약의 조건을 받아들이기로 동의하였지만(19:8), 실제로 언약이 체결하는 의식은 24장에 기록되어 있다는 점이다. 그러므로 24장의 위치는 19장 바로 다음이어야 정상적인 흐름이다. 24장은 한눈에 내용을 파악할 수 없을 만큼 혼란스럽다. 더함(Durham)은 24장에 짜증스러운 시선을 보낸다. 24장의 내용은 복잡하고 산만한 여러 가지 자료들이 편집되어 최종적인 형태의 본문이 되었기 때문에 전체적인 조망을 어렵게 하고 있다는 것이다. [327]

그러나 24장을 19장에서 시작된 계시적 사건들의 결론으로 간주하고 19장부터 24장까지 아우르는 큰 문맥 안에서 본다면 그리 이상할 게 없다. 그런 점에서 본다면 출애굽기 24:1-2의 정황은 19:24의 정황과 자연스럽게 연결된다는 것을 알 수 있다. 하나님은 모세로 하여금 백성들에게 내려가 두 돌판에 쓰인 십계명과 언약서의 판례법(21:1-23:33)을 전하도록 하게 하신 다음, 다시 아론과 함께 올라오라고 말씀하셨다(19:24).

출애굽기 24:3에서 '말씀'은 구약의 다른 곳에서 십계명과 동의어로 쓰이는 히브리어 '데바림'(דברים)이고, '율례' (미스파팀, 히브리어로 משפטים)는 언약서의 구체적 조항들을 가리키는 것이 분명하다. 그러므로 24:3은 19:25의 반복이라고 봐야 할 것이다. 따라서 19장부터 24장까지 굵직굵직한 사건들이 일어난 순서를 시간대로 정리해보면, 이스라엘 자손의 시내 광야 도착(19:1)→언약의 선포(19:5-6)→이스라엘 자손의 시내산 등정(19:16-23)→모세의 40일 기도(24:2)→모세가 십계명을 받음(24:12-18)→모세가 계시로 받은 언약서를 기록함(24:12-18 ?; 24:4 ?)→모세가 십계명과 언약서를 이스라엘 자손에게 전달(24:3)→언약의 체결 의식(24:7-8) 순으로 진행되었다고 봐야 한다.

제5장

───────~⚮~───────

출애굽기 25장 1절-40장 38절: 예배

1. 이스라엘의 뼈아픈 실패 ― 금송아지 숭배

하나님은 이스라엘 백성에게 율법을 주시고 언약을 체결하신 후, 하나님 자신이 백성들 가운데 거하시기 위해 모세에게 성막을 만들도록 계시하셨다. 성막에 관한 이야기는 지루할 정도로 길다. 출애굽기의 클라이맥스를 기대하는 독자들은 25장부터 시작되어 40장까지 장장 열여섯 장을 조는 눈을 비비면서 상당한 인내심을 발휘하여야 끝까지 읽을 수 있다. 재미없는 영화가 대개 그러듯이 성막에 관한 이야기도 중간에 잠시 흥미를 끄는 대목이 물론 있기는 하다. 이스라엘 백성들이 금송아지를 숭배하여 하나님의 진노를 사서 하마터면 파멸했을 뻔한 사건(32-34장)이 그것이다.

이 충격적이 사건이 뭐냐 하면, 모세가 십계명을 받고 있는 동안 이스라엘 백성은 보이지 않는 하나님을 보이는 금송아지로 둔갑시켜 숭배한 사건이다. 이스라엘의 배교를 적나라하게 보여준 이 사건의 중심에는 모세의 형 아론이 있었다. 아론의 실망스러운 태도와 처신은 말을 잘 못한다고 발뺌을 하는 모세에게 "네 형 아론이 네 대언자가 될 것이다"(7:1)라는 하나님의 호평과는 너무나 다른 모습이다. 우리는 여기서 전혀 다른 또 하나의 아론을 만나보게 되는 것이다. 출애굽 당시 이집트를 포함한 고대 근동 지역에서는 황소는 신을 표상하는 동물이었다. 이집트는 살아 있는 황소를 숭배하였다고 한다. 이집트인들에게 황소는 "지배권, 힘, 넘치는 활력, 비옥의 상징"[328]이었다.

금송아지 사건은 이스라엘의 실패를 보여주는 대표적인 사건이다. 그것은 제사장 나라의 언약 백성이 하나님과의 약속을 어기고 실패하고 말 것이라는 예언적 사건이다. 이 때문에 금송아지 사건은 가까이는 가데스에서 보여준(민 14장) 불순종한 출애굽 1세대의 전멸을 의미하고, 멀게는 "하나님과 반역적인 백성 사이의 교제를 유지시키는 관계가 어떻게 가능한가 하는 항구적인 의문을 떠안았다."[329]는 심각한 의미를 내포한다. 하나님은 이스라엘 백성이 최선을 다해(마음을 다하고 뜻을 다하고 힘을 다하는 최선) 하나님을 섬기라고 명령하셨지만 이스라엘은 가능한 한 최선을 다해 하나님을 섬기려 하지 않았다. 이러한 이스라엘의 타락은 세대에서 세대로 이어져 갔다(왕상 12:28).

금송아지 사건은 이스라엘이 하나님을 오해한 데서 생긴 끔찍한 비극이다. 이스라엘은 하나님에 대한 잘못된 지식을 갖고 있었다. 하나님은 거룩하시고 전능하시지만 보이지 않은 분이시다. 하나님은 또 멀리 계시는 분이 아니고 그의 사랑하시는 백성들과 가까이 계시는 분이시다. 예배란 보이지 않는 하나님을 만나보는 영적 사건이며, 그러기에 멀리 계시는 하나님을 가까이에서 경험하는 사건이다. 그러나 인간은 아담과 하와가 금단의 열매에 억제할 수 없는 호기심을 가진 것처럼 하나님이란 존재에 대한 비밀을 더욱 알고 싶어 하는 참으로 묘한 존재다. 눈으로 만족하는 하나님을 진짜 하나님, 친근한 하나님이라고 여기며 자꾸 더 높은 단계의 영적 체험을 갈구하다 보면 신앙은 흉측하고 추한 꼴로 되기에 십상이다. 예나 지금이나 광적인 종교적 엑스터시(황홀경)는 이래서 탈이다. 이스라엘이 그러했다. 이스라엘은 그들 가까이에 계시는 하나님을 믿지 않고 멀리 계신 분으로 오해하였기 때문에 거룩한 존재가 항상 그들 가까이에 있기를 원했다. 이스라엘 역사에서 그 결과는 이스라엘 사람들의 눈에 보이고 가까이에서 만날 수 있는 바알 등 이방종교의 거짓 신들을 끊임없이 하나님과 대체하려는 불신앙으로 나타났다.

이스라엘의 뿌리 깊은 불신앙의 연원은 이집트 생활로 거슬러 올라간다. 오랜 세월 그들의 몸과 정신에 밴 노예근성은 달면 삼키고 쓰면 뱉어버리는 비굴하고 배반적인 기질을 갖게 하였으며, 실패에 대한 두려움은 그들로 하여금 끊임없이 눈에 보이지 않는 하나님보다는 눈에 보이는 우상 신들을 탐닉하게 하였던 것이다.

이스라엘의 금송아지 우상숭배 사건을 우리 삶에 신학적으로 적용해본다면, 가령 우리 눈에 보이는 돈이 하나님보다 우선한다면 그게 바로 금송아지 우상이다. 우리 눈에 보이는 학위 타이틀이나 심지어 자녀가 하나님보다 우선한다면 그게 바로 금송아지 우상이다. 인간은 어리석고 연약해 눈에 보이는 것들을 하나님보다 신뢰하려는 고약한 버릇이 있다. 신앙은 보이지 않는 하나님과 보이는 우상 사이에서 언제나 긴장관계에 있다. 신앙은 치열하게 충돌하는 두 대상 중에서 하나님 편에 서고, 하나님을 선택하는 결단적 행위이다. 하나님을 아는 지식과 성령으로 충만하지 않으면 신앙은 기울어진 운동장처럼 변질되고 치유할 수 없는 중증에 시달리게 되는 법이다. 이스라엘은 우리에게 신앙으로 사는 게 무엇인지를 보여주는 산 모델이다. 먼 훗날 이스라엘은 나라가

망하고 성전이 초토화되어 바벨론에 포로로 끌려갔을 때 그들의 마음속 깊숙한 곳에 잠복해 있던 뿌리 깊은 노예근성과 쓰라린 실패에 대한 두려움을 공공연히 표출하였다.

거룩하신 하나님과 약하고 죄 많은 인간 사이의 교제를 구역성경 메시지의 근본 뿌리라고 생각하는 프리젠(Vriezen)은 이스라엘의 금송아지 사건을 하나님과 인간 사이의 비뚤어진 교제의 전형적인 사례라고 주장한다[330]. 세일해머(Sailhamer)는 금송아지 사건에서 보여준 이스라엘의 타락(출애굽기 32장)을 에덴동산의 타락(창세기 3장)과 밀접히 연관시키고, 아담과 하와가 선악과 열매를 따 먹고 난 후 '벌거벗음'(아람, 히브리어 ערם)과 '방자해짐'(파라야, 히브리어 פרע) 간에 언어유희가 있는 것을 발견했다[331]. 나머지 오경을 통해 이 사건은 하나님께 대한 이스라엘의 관계에서 어두운 그림자를 짙게 드리운다. 이 설화 속에서 레위인들이 특별히 선택되고,[332] 시내산에서 하나님께 대한 이스라엘의 관계에 모종의 중요한 변화가 일어났다는 것을 알려준다.[333]

금송아지 사건을 계기로 이스라엘은 "율법을 지키는 것의 필요성"과 "믿음을 가지는 것의 필요성"[334] 사이에 있게 되었다. 원래 시내산 언약은 은혜의 언약으로 의도되었지만, 이스라엘 자손이 자유로운 인간의 길을 선택하는 것을 포기하고 스스로 노예가 되기를 갈망하면서 그들의 생각이 이집트를 향해 돌아섰을 때 율법이 이차적으로 더해졌다.[335] 국가적 차원의 은혜의 언약(특히 십계명)이 성립되는 바로 그 순간 백성들이 금송아지를 숭배함으로써 사실상 언약은 깨져버렸다. 언약의 조건에 동의하자마자 그 즉시 그것을 지킬만한 능력이 없다는 것을 스스로 보여준 셈이다.[336] 심지어는 율법의 계시를 받은 모세마저도 율법을 지킬 만큼 온전한 사람이 못 되었다. 율법 아래 사는 사람은 어느 누구도 율법의 의로운 요구를 성취할 수 있는 사람은 없는 것이다.

오경의 저자는 이스라엘의 즉각적인 타락을 보여주는 이 금송아지 사건이 "시내산 언약의 성격에 근본적인 변화"[337]를 불러일으켰다는 사실을 부각하려는 의도가 있는 것 같다. 그런 점에서 금송아지 사건 내러티브의 앞뒤에 증거막 내러티브가 배치된 것은 우연이 아니다. 그것은 그 이후 나타나는 사건들과 유의미하게 연관되지 않으면 안 되는 어떤 치밀한 의도가 있을 것이다. 카수토(U. Cassuto)는 금송아지 숭배사건을 언약적 축복과 저주에 관한 레위기 26장과 관련지어 이스라엘이 금송아지 숭배사건의 결과 언약 파기의 쓰라린 경험이 언약에 의한 축복과 저주를 반영한다고 보았다.[338] 이스라엘이 하나님께 대한 믿음과 신뢰가 갑자기 바닥까지 떨어진 금송아지 우상숭배 사건은 의식적 예배라는 법적 언약이 은혜 언약을 대체하게 하여 언약 백성은 그 후부터 자유로운 은혜의 삶보다 "한층 더 모질고 엄격한 삶"[339]의 통제를 받지 않으면

안 된다는 것을 보여주고 있다. 세일해머에 따르면 오경에서 명확하게 인식되는 율법 집합, 즉 십계명(출 20:1-17), 언약법(출 20:22-23:33), 제사장법(출 25장-레 16장), 성결법(레 17-26장) 등 오경의 최종 배열과 형태는 금송아지 사건 전후의 언약 관계의 상황을 잘 나타내준다고 한다. 금송아지 사건 전에 있었던 시내산 언약은 십계명, 언약법, 성막 모형에 대한 규례(출 25-31장)로 특징짓지만, 금송아지 사건 후에는 커다란 율법군인 제사장법(출 35-레 16장)이 이러한 율법들 대신 들어선다.[340]

금송아지 숭배사건 내러티브는 신앙인에게 두 개의 '역설적인 선물'을 주었다. 그 하나는 하나님의 말씀을 대언하는 자는 하나님께서 신적 권위를 부여한다는 사실이다. 금송아지 내러티브는 참된 예배를 모티브로 하나님의 거룩한 현존과 그 계시의 매개체 역할을 하는 모세의 특권적 지위에 대해서 말해주고 있다. 이 내러티브에서 중요한 메시지는 모세의 얼굴 피부가 광채가 나서 모세가 하나님과 대화할 때는 광채 난 얼굴을 가린 수건을 벗고 있다가 백성들을 만날 때는 다시 수건으로 얼굴을 가렸다는 신기한 내용이다. 이것은 이스라엘의 종교적 제의가 있기 전 제사장으로서의 모세의 특별한 역할과 카리스마적 권위를 강조하고 있다.

모세가 수건을 벗고 있을 때는 하나님 앞에서 제의를 집전하는 자(오늘날로 말하면 예배 인도자)로서 역할을 하지만,

수건을 쓰고 있을 때는 한 시민으로서 이스라엘 공동체에 동화되지 않는다는 것을 암시한다. 수건이라는 가면의 쓰고 벗음은 곧 초능력적이고 초월적인 것에 대한 은폐와 노출이다. 이 두 개의 전혀 다른 패러다임은 하나님의 대언자로서 모세의 권위와 모세로부터 나온 토라의 권위를 한층 높여주는 동력을 제공해준다. 모세를 이스라엘 사회로부터 분리하고 그에게 독특한 권위를 부여하는 이 기능은 "이스라엘의 범죄에 대한 부정적 심판"[341]으로 이해할 게 아니라, "모세의 독특한 신분과 사회적 권위에 관한 긍정적인 진술"[342]로 이해하여야 한다. '하나님의 종'인 모세의 직분이 이 세상의 어떤 직함들보다 영광스러운 것처럼 하나님의 말씀을 선포하는 설교자들은 '예수 그리스도의 종'으로서 자긍심을 가져야 한다. 금송아지 사건이 신앙인에게 준 또 하나의 '역설적인 선물'은 하나님이 누구신가를 알게 하는 34:6-7절 말씀이다. 기독교인들은 출애굽기에서 3:14을 가장 중요한 성경구절로 여겨온 반면, 유대인들은 34:6-7을 가장 중요한 성경구절로 여겨왔다.

모벌리(Moberly)는 출애굽기 34:6-7 말씀에 반했다. 그는 이 말씀을 기본 토대로 삼아 자신의 성경신학을 구축했다.[343] 모벌리는 금송아지 사건 이후 하나님이 자신이 누구이고 어떤 성품을 지녔는지를 보여주는 이 말씀을 하나님의 신성한 자기계시라고 본다. 하나님의 자비를 강조하는 이 말씀은 하나님의 자기 자신을 위한 규정, 자기 자신에 대한 제한에 관한 진지한 연설이다.[344] 따라서 이스라엘 자손의 금송아지 숭배사건 내러티브의 강조점은 시내산 계약법전 내러티브의 강조점과 다르다. 즉 19-24장까지의 계약법전이 하나님의 이스라엘에 대한 윤리의 요청이라면, 32-34장까지의 금송아지 내러티브는 하나님의 자기 백성에 대한 은혜의 추구이다.[345] 출애굽기는 십계명이 나오는 20장 이후에 여러 가지 주제들이 나오는데, 이것을 내용별로 구조화하면 [도표 4]와 같다.

[도표 4] 언약서와 성막 내러티브 (출 21:1-40:38)

내러티브	수록	비고
계약 법전	21-23장	언약서
계약 체결	24장	시내산 언약
성막의 기물들에 관한 규정	25-31장	성막 계시
이스라엘의 불순종	32-34장	금송아지 숭배
이스라엘의 순종	35-40장	성막 건립

출애굽기에서 성막 내러티브는 계약법전을 체결한 24장 이후부터인 25장부터 40장까지이다. [도표 4]에서 보는 바와 같이 성막에 대한 계시는 25장부터 31장까지이고, 그 계시된 명령에 의해 성막을 건립하는 내용은 35장부터 마지막 40장까지이다. 그 가운데 금송아지를 숭배한 이스라엘의 불순종이 삽화처럼 끼어 있다. 금송아지 사건은 이스라엘 백성이 하나님의 언약관계를 깨고 자기 멋대로 살겠다는

분명한 전조다. 그런 가증스러운 동족을 향해 환멸을 느낀 모세는 증거의 두 돌판을 산 아래로 던져 깨뜨려버렸다. 그런데도 하나님은 모세의 의로운 분노를 책망하지 않으시고 외려 두둔하셨다. 자기 뜻대로 되지 않는다고 사역을 걷어치우거나 걸핏하면 교인들에게 핏대를 내는 목회자들은 자기들의 추태를 십계명이 새겨진 돌판을 산 아래로 던져버린 모세의 행동과 견주며 정당화하곤 한다. 하지만 모세는 하나님의 뜻에 어긋나지 않은 의로운 분노였지만, 이런 식의 목회자들의 분노는 하나님의 뜻과는 관계없는 분통이자 혈기라는 것을 명심해야 한다.

이스라엘의 뿌리 깊은 불신앙은 그들의 운명을 불행하게 몰고 갔다. 결국, 하나님은 그들을 외면하시고 바벨론에 비참한 포로로 끌려가게 하신 것이다. 이게 이스라엘의 탓인가 아니면 하나님 탓인가? 유다가 멸망한 지 630년쯤 후 스데반 집사는 산헤드린 앞에서 유대인들을 향해 "목이 곧고 마음과 귀에 할례를 받지 못한 사람들아 너희도 너희 조상과 같이 항상 성령을 거스르는도다"라고 개탄하면서 고집스러운 유대교의 신앙이 끝나고 그리스도가 주신 새 신앙의 시대가 열렸다고 외쳤다.

2. 하나님의 임재가 가득한 성막

출애굽기 기자는 금송아지 숭배사건(32-34장)을 가운데 두고 성막 내러티브(25-31장, 35-40장)를 앞뒤에 배치해 놓고 있다. 성막 내러티브는 두 개의 긴 문단으로 나뉘어져 있지만 제의처소 건립을 통한 하나님의 임재와 언약 백성의 순종을 향한 열망에 초점이 맞추어져 있다는 점에서 이질적인 문단이 아니라 하나로 통합되는 문단이다. 물론 비평학자들 간에는 두 개의 성막 내러티브의 자료가 서로 다르다는 주장들도 있다. 크놀(Knohl)에 의하면 25-31장의 자료는 초기 P문서 토라(earlier Priestly Torah)에서 나왔고, 35-40장은 성결 학파(Holiness School)에서 유래된 것이라고 한다.[346] 유대인 신학자인 베노 야곱(Benno Jacob)은 문서비평 학자들의 이러한 주장을 일축했다. 그는 두 내러티브가 서로 다른 관점에서 다루어졌을 뿐 이질적인 자료가 아니라고 말한다.[347] 그런데 성막 내러티브를 자세히 살펴보면 하나님께서 지시하신 공정순서와 실제 공정순서는 똑같지 않다. 가령 언약궤, 떡상, 금등잔대와 함께 성막의 4대 기구 중 하나인 분향단은 다른 기구들과 달리 제작 계시가 25장에 나타나지 않고 30장에 나오고, 실제 건립은 37장에서 다른 기구들과 나란히 나오면서 38장에 나오는 번제단보다 먼저 언급되고 있다. [도표 5]에서처럼 하나님께서 모세에게 성막의 기구들을 제작하라는 계시와 실제 제작이 어느 장에 배치되어 있는지 아는 것은 성막 이야기를 한눈에 이해하기에 도움이 된다.

성막(Tabernacle)은 하나님이 거하시는 이동식 성소로(25:8) 이스라엘 백성들이 하나님께 제사(오늘날의 예배)를 드렸던 장소를 말한다. 성막은 모세로부터 다윗 시대에 이르기까지 하나님이 거하시는 지상의 처소였다. 이스라엘 백성의 입장에서 보면, 성막은 그들이 하나님을 만나 예배드리는 장소였으며 희생 제사를 드림으로 죄 용서를 받는 곳이었다. 성막은 하나님께서 자신의 백성들을 자주 만나 주시는 곳이어서 '회막'(오헬, 히브리어 אהל), 이동식이어서 '장막'(미쉬칸, 히브리어 משכן), 증거의 말씀을 증거궤에 넣어 두었다고 해서 '증거막'(미쉬칸), 법궤가 들어 있다고 해서 '법막'(오헬)이라고 불렸다. 이 외에도 '여호와의 성막'(민 16:9), '여호와의 전'(출 23:19), '여호와의 집'(삼상 1:7; 수 6:24) 등으로 다양하게 나타난다. 신약에서는 '세상에 속한 성소'(히 9:1), '증거의 장막'(행 7:44; 계 15:5)이란 말로 극히 제한적으로 사용되고 있다.

율법이 이스라엘 백성들의 여호와 신앙과 정의로운 삶의 기준을 제시한 것이라면, 성막은 그 율법에 따라 거룩하신 하나님을 만나고 예배를 드리던 처소였다. 성막은 하나님께서 모세에게 친히 지시하신 규격과 내용대로 만들어졌다. 하나님께서 성막을 만들게 하신 목적은 이스라엘 백성들을 이집트 땅에서 구원하신 하나님이 언약 백성과 임마누엘로 함께 계시어 그들의 하나님이 되시려고 하였기 때문이다(출 25:8; 29:45-46). 따라서 성막은 항상 이스라엘의 진 중앙에 세워져야 했으며, 해가 떠오르는 동쪽을 향해서 세워져야 했다(민 2:2, 17).

성막은 크게 지성소, 성소, 뜰로 나뉜다. 성막의 전체 크기는 길이 100규빗(45미터), 너비 50규빗(22.5미터), 높이 5규빗(2.25미터)이다. 지극히 거룩한 장소로 성막의 가장 안쪽에 있는 지성소에는 두 그룹이 덮고 있는 언약궤가 덮개인 속죄소(시은좌)[348]와 함께 있다. 지성소(내소)의 바깥쪽은 휘장으로 가려져 있는데 이 공간은 성소(외소)다. 성소에는 안으로부터 바깥쪽으로 분향단, 진설병상(떡상), 등잔대가 놓여 있다. 지성소와 성소만을 가리켜 작은 의미의 성막이라 부른다. 성막의 바깥은 뜰인데, 이 뜰에는 물두멍과 번제단이 놓여 있다. 성막의 구조는 거룩하신 하나님이 이스라엘 회중 가운데 거하신다는 것을 상징한다. 지성소에 가까울수록 하나님의 임재에 가까워지게 되며 거룩성의 정도가 커지게 된다. 또한 성막의 재료들의 차이나 기물들의 접근 허용의 정도 차이도 법궤와 얼마나 거리가 떨어져 있느냐에 따라 거룩성의 정도가 차이가 난다. 성막의 사방에는 레위인들이 천막을 칠 수 있었고, 그 레위인들의 바깥 사방에 이스라엘 12지파가 진을 칠 수 있었다. 진 밖은 이방인들과 제의적으로 부정한 자들의 영역이었다.

어떤 비평학자들은 출애굽기에 묘사된 성막이 허구라고 생각한다. 벨하우젠은 이스라엘 백성이 광야 생활을 하면서 성막과 같은 구조물을 건립했다는 것은 있을 수 없는 일이라고 주장했다.[349] 정경비평 학자를 자처하면서도 급진적인 미국 신학자 마크 조지(Mark Jeorge)는 모세 시대에 성막은 실제로 있었던 가견적인 구조물이 아니라고 생각한다. 그는 이스라엘의 이동식 성막을 사회학적인 공간 현상으로 본다. 바벨론에 의해 예루살렘 성이 파괴되고 성전을 잃은 유다 왕국의 포로민들이 사회적·경제적인 물리적 공간을 다시 쟁취하고자 하는 염원으로 정신적 공간을 필요로 하였는데, 성막은 그 공간을 충족시켜주는 장치였다는 것이다.[350] 대부분의 현대 성서학자들은 이러한 극단적인 견해를 받아들이지 않는다.

그런데 모세 시대에 이동식 성막이 있었다면 성막은 무엇이고 회막은 또 무엇인가? 성막의 모양과 기능과 동일한 회막이 있었다는 것인가(단일 회막론), 아니면 이 회막이 진영 바깥에 있는 회막과 다른 또 하나의 별개의 회막이 있다는 것인가?(두 회막론). '두 회막론'을 주장하는 학자들 가운데 어떤 이들은 성경에 묘사된 성막이 출애굽기 33:7-11에 언급된 것같이 어떤 단순한 구조물의 형태로 모세 시대에 실재했을 것으로 생각한다. 이러한 견해는, 출애굽기 33:7-11에 언급된 '단순한 성막'은 출애굽기 25장부터 40장까지 언급된 '화려한 성막'과는 그 기원과 목적이 다르기 때문에 출애굽기의 성막 관련 내용은 서로 다른 두 자료('단순한 성막'은 E, '화려한 성막'은 P)가 결합된 결과라는 데서 나온 것이다.

그러나 보수신학자인 세일해머 교수는 33:7-11에 나타난 회막은 브살렐과 오홀리압에 의해 건립된 성막(36:8-38)과는 다른 것을 인정하면서도 ──이 회막은 오로지 모세와 여호수아만을 위한 것이었고, 백성들은 단지 멀리서 바라볼 수만 있는 것이어서 하나님과 분리되는 수단이었다── 그렇다고 모세 시대에 '화려한 성막'이 없었다고 여기는 생각은 성경의 영감을 흐리게 한다고 보았다.[351] 구약의 창세기와 시내산 언약을 예수 그리스도의 삶과 죽음과 부활의 의미와 잘 연결하여 해석하는 우리 시대의 탁월한 신학자 모벌리(Moberly)도 세일해머의 견해에 동조한다. 그 또한 '화려한 성막'이 후대의 구상에서 나왔다는 일부 비평학자들의 견해는 근거가 없다고 단호히 반대한다. 그는 33:7-11에 언급된 장막은 금송아지 우상숭배 때문에 만든 것이고, 따라서 이 장막은 이후에 건립되는 더 영구적인 성막의 대체물이었을 것으로 본다.[352] 만일 모벌리의 견해가 맞을 경우엔 회막은

하나로 존재하면서 진영 안과 밖을 필요할 때마다 들어오고
나가고 하는 식이 아니었을 것이다. 결론적으로 이스라엘의
시내 광야 상황에 부응하는 시기를 달리하는 두 개의 회막이
존재하고 있었다고 생각하는 게 자연스럽다. 두 개의 회막은
문서비평 학자들의 주장처럼 출애굽기의 서로 다른 자료
때문에 생긴 해프닝은 아니다.

[도표 5] 성막 계시와 제작

	계시	제작	비고
4대 기구	25장	37장	(분)향단 없음
성막 본체	26장	36장	
제단, 뜰, 등불	27장	38장	등불은 레24장
제사장 옷	28장	39장	
제사장 직분 위임	29장	레8장	
매일 드릴 번제	29장	민28장	상번제
분향단	30장	37장	
속전	30장	38장	
놋물두멍	30장	38장	
양기름	30장	-	관유
향	30장	-	

학자들 사이에는 성막의 내러티브가 성경의 다른
내러티브와 어떤 유사성이 있는지 연구가 활발하다. 예를 들면
출애굽기 25-31장에 나오는 일곱 개의 하나님의 말씀을 창조의
칠일과 훌륭하게 연결해 연구한 학자가 있는가 하면,[353] 성막을

시내산과 비교하며 유사성을 발견하는 흥미로운 연구결과들도 있다. 뿐만 아니라 성막을 예수 그리스도의 성육신과 연결하여 성막의 출현을 성육신의 교두보적인 역할을 하고 있다는 연구결과들도 있다. 이런 연구들은 성막계시를 이해하는 데 많은 학문적인 도움을 줄 것이다. 어쨌거나 성막은 구약의 많은 주제들 가운데서도 기독교인들의 상상력을 크게 자극하는 주제들 중 하나다. 이것은 성막 그 자체가 신비하고 상세하게 묘사된 기물들로 인해 호기심을 일으키기에 충분한 탓도 있지만, 성막을 예수 그리스도의 사역과 연관 지어 해석하는 신약(히브리서 9-10장)의 영향도 크다. 해밀턴 교수는 출애굽기 본문을 너무 지나치게 해석하지 않도록 주의를 기울일 것을 권고한다. 그는 "각각의 기구나 천이나 커튼 고리나 색깔에서 숨겨진 의미를 하나하나 찾아내려고 하는 것은 주석적인 것이라기보다는 공상에 가까운 것이다."[354]고 말한다. 이와 함께 그는 모세 시대의 성막이 후대의 성전보다 무조건 우월하다는 식의 주장도 비난받아야 한다고 강조한다.[355]

출애굽기의 마지막 세 구절(40:36-38)은 이스라엘 자손이 약속의 땅을 향해 가는 질서 정연하고 거룩한 행진에 관한 보고다. 그들은 구름이 성막 위에 떠올라야만 비로소 행진할 수 있었고 구름이 떠오르지 않으면 한 발짝도 앞으로 나아갈 수 없었다. 낮에는 여호와의 구름이 성막 위에 머물러 있었고, 밤이 되면 불이 구름 가운데 있었다. 이스라엘 온 족속은 모든 여정에서 그들의 눈으로 직접 이 놀라운 광경을 목도했다. 출애굽기는 이렇게 이스라엘 자손이 가는 곳곳마다 하나님께서 그들과 함께 계신다는 사실로 끝을 맺는다. "산의 하나님은 이제 진영의 한 중앙에 거하시는 하나님이시다. 이스라엘이 내주하신(그들 가운데 오신) 하나님을 공경할 것인지 아니면 엉뚱한 행동을 할 것인지는 오직 시간만이 말해줄 것이다."[356]

제3부 │ 출애굽기의 신학적 주제

출애굽기의 신학적 주제

출애굽기의 기록목적은 출애굽기의 신학이다. 인간의 죄와 불순종을 중요한 신학적 과제로 다룬 폴 하우스(Paul House)는 출애굽기의 핵심적인 두 가지 주제를 "하나님의 유일성"과 "인류의 믿음"으로 꼽았다. 그는, 피조물인 인간은 창조주 하나님의 약속을 청종하여 믿음으로 반응할 때만이 희망이 있다고 말한다.[357] 폴 하우스가 잘 피력한 것처럼, 유일하신 하나님은 이스라엘을 선택하시어 계약을 맺고 믿음의 백성으로 살게 하셨다. 하나님께 거룩한 백성으로 초청을 받아 선택된 민족이 바로 '이스라엘 자손'(출 3:15)이다. 그들은 야곱의 자손들이다. 그들이 기근을 피해 가나안을 떠나 애굽에 내려왔을 때는 70명에 불과했으나 400년쯤 후에는 엄청나게 많은 인구가 되었다.

때가 되어 그들은 하나님의 도움으로 극적으로 이집트를 빠져나올 수 있었다. 출애굽기는, 이스라엘의 하나님인 여호와께서 이스라엘의 조상들에게 맹세하신 약속들을 이들 이스라엘 자손을 통해 어떻게 이행해 가는지를 소상히 밝혀놓은 책이다. 하나님은 당신의 사랑하시고 선택하신

백성들을 구원하시어 축복된 땅으로 인도하시기 위해 모세를
택하시어 큰 구원의 역사를 일으키셨다. 하나님께서 중동의
한 소수민족을 선민으로 택하신 것은 그들을 제사장 나라,
거룩한 백성으로 되게 하여 하나님의 주권과 영광을 온 세계에
알리기 위함이었다. 출애굽기는 자연을 초월하시어 대자연에
대한 절대적인 주권을 행사하시고 역사에 의미를 부여하시는
하나님과 그 역사적 사명을 완수하는 인간의 감동적인
이야기다. 이를 염두에 두면서 출애굽기의 기록목적을 아래와
같이 네 가지 측면으로 제시해본다.

1. 하나님 나라의 공적 출범

출애굽기는 언약 · 선택 · 구속 · 임재 · 율법 · 예배 등
거룩하신 하나님의 속성들을 잘 드러내기 위해 역사 속에서
일어난 하나님의 위대한 활동을 기록한 책이다. 이 책에서
하나님의 속성은 34:6에 압축되어 있다. 하나님의 구원활동이
인간의 역사 현장에서 펼쳐지기 때문에 출애굽기의 사건들은
역사적 사건이면서 또한 신학적 사건이다. 출애굽기의 사건은
이스라엘 민족이 기적적으로 이집트를 탈출하는 이야기로부터
출발한다. 출애굽기는 역사의 시작인 창세기와 모세 오경의

남은 책들까지의 교량역할을 한다. 창세기는 출애굽기의 배경을 이루고 레위기, 민수기, 신명기는 출애굽기의 이야기를 계속해서 이어간다. 창세기에서 발아된 희망과 축복은 출애굽기의 사건들을 통해 현실로 나타나기 시작한다. 아브라함과 이삭과 야곱에게 약속하신 "생육하고 번성하여 땅에 충만하라"는 하나님의 축복의 말씀은 이집트에서 이스라엘의 급속한 성장으로 나타나고, 이윽고 출애굽의 장엄한 역사가 시작된다. 하나님은 강한 팔과 편 손으로 그를 대적하는 자에게는 심판을, 그가 사랑하시는 백성에게는 구원을 베푸신다. 하나님은 이스라엘을 마침내 열방의 빛인 선민으로 삼으시어 그의 영광을 만천하에 드러내시려고 하셨다.

이처럼 출애굽기는 하나님 나라가 이 땅 위에서 공적으로 출발하는 것을 보여준다. 구약 전체에 흐르는 하나님 나라 사상은 출애굽기에서 하나님과 인간 사이의 언약을 통해 실현된다. 성서가 제시하려고 하는 '하나님 나라'라는 궁극적인 목적이 언약이라는 합당한 역사적 수단에 의해 이루어지고 있는 셈이다. 창세기에서 이미 완료된 하나님 나라의 씨가 이제 그 완성을 향해 출애굽기에서 걸음을 떼고 있다.[358]

출애굽기의 주제가 만일 하나님 나라라면 그 나라의 구체적 실천과 완성을 향해 치닫는 신약의 정신과도 깊은 관계가 있다.

출애굽 사건은 신약 백성이 입은 구원의 은총과 교회 공동체의 사명과 일직선상에 있기 때문이다. 그렇다면, 출애굽 사건은 하나님 나라를 이 땅에 가져오고 그 나라를 궁극적으로 실현할 예수 그리스도의 구원 사역을 미리 보여준 사건이다.

2. 하나님의 구원

출애굽기는 예수 그리스도로 말미암은 구속을 예표해주는 책이다. '유월절 양'으로 오신 예수 그리스도,[359] 광야에서 시험을 이기신 예수 그리스도,[360] 압제와 죽음으로부터 자유와 해방을 가져온 예수 그리스도,[361] 교회를 만들고 신자들의 거룩과 경건의 산 모델이 되신 예수 그리스도[362]를 매우 적나라하게 그리고 있다. 특히 이스라엘의 영웅적 지도자인 모세의 삶과 사역은 인류를 구원하러 오신 예수님의 모습을 미리 보게 해주었으며, 성막의 장치들과 기능들은 인간의 삶 깊숙이 오신 예수님의 모습을 자세히 나타내주고 있다. 유진 메릴(Eugene Merrill)은 이 사실을 충분히 인식했다. "출애굽은 믿음의 백성들을 위해 예수 그리스도께서 성취하신 구속 사건의 모형이므로 그것은 비단 이스라엘뿐 아니라 교회를 위해서도 의미 있는 사건이다."[363]

출애굽기는 하나님의 구원이 현실의 땅에서 어떻게 이루어지는가를 보여주면서 동시에 심판이 어떻게 이루어지는지도 생생하게 보여주고 있다. 하나님의 구원 개념과는 정 반대의 지점에 심판의 개념이 있다. 하나님이 이 땅에 내리시는 구원의 은총과 심판의 보응은 내세의 삶에서 구원과 심판이라는 도저히 어울릴 수 없는 두 개의 극단적인 영역이 있다는 것을 충분히 암시해준다. 하나님의 구원의 은총은 압제받는 이스라엘 민족의 극적인 구출과 광야 생활의 보호와 특별한 선택에서 두드러지게 나타난다. 그와는 대조적으로 하나님의 심판의 보응은 이집트에 내린 10가지 재앙들을 통해 생생하게 나타난다. 하나님의 구원 계획을 방해하거나 적대시하는 세력은 가차 없이 징벌이 내려지는 것이다. 그러한 하나님은 신들 중의 신이시며 아무도 당해낼 자가 없는 천하무적의 용사이시다.

10가지 재앙들은 창조주이시며 우주와 역사의 주인이신 참되신 하나님과 이집트의 거짓 신들과의 전쟁이다.[364] 열 가지 재앙은 이집트의 모든 신들에 대한 심판이다. 따라서 재앙들의 목적은 단순한 심판 이상의 의미가 있다. "하나님이 정말 의도하시는 것은 바로와 그의 백성들이 하나님에 대한 진정한 지식을 얻도록 하시는 것이었다. 그 재앙들은 교육적인 목적을 갖고 있다. 이 지식은 소문으로 들은 지식이 아니라 관찰과 대면을 통해서 얻은 지식이 될 것이다. 여호와를 여호와로

안다는 것은 곧 권위를 인정하고 그에게 복종하는 것이다. 바로 이것이 바로가 선택해야 하고 그렇게 하도록 초대받은 것이다."[365]

하나님의 구원사건은 유월절(Passover)에 방점을 찍는다. 유월절은 하나님께서 이집트의 초태생들은 모두 죽이셨으나 문설주에 피를 바른 이스라엘 백성의 장자는 죽음을 면하게 하신 것을 기념해 가족들과 함께 나누는 이스라엘의 축제다. 예수님의 고난과 죽음은 유월절과 깊은 관계가 있다. 유월절은 십자가 사건과 성찬식과 연결된다. 유월절 희생양은 예수님의 죽음을 상징하는 것이며, 예수님의 십자가 죽음과 부활은 완전한 출애굽을 의미한다. 하나님만이 행하실 수 있는 구원 행위는 불의한 인간을 의롭다고 칭하여 하나님의 아들과 딸로 삼아주시는 은혜의 선물이다. 하지만 유감스럽게도, 이스라엘은 언약 백성으로서 율법을 지키며 하나님의 의로운 백성이 되려고 노력하였지만, 그들은 지속적으로 율법을 지키는 데 실패했다.

이스라엘은 아브라함이 하나님을 믿은 것같이 믿음이 있어야 한다. 율법 아래에 있는 모세의 믿음은 아브라함의 믿음으로 되기까지 영적 발돋움이 있어야 한다. 그런 점에서 아브라함이 보여준 믿음(창 15:6; 22:12; 26:5)은 모세가 보여준 믿음(민 20:2-13)과 절묘한 대조를 이룬다. 율법이 주어진 후 율법 아래에서의 삶이 하나님께 대한 불신앙과 실패의 연속이었다면, 오히려 율법이 주어지기 전에 살았던 족장들의 삶은 하나님께 대한 신뢰와 믿음을 고양하고 새로운 은혜의 시대를 향한 구원의 희망을 보여줬던 것이다. 그것은 불완전한 출애굽이 완전한 출애굽을 향한 '복된 좋은 소식'(사 52:7)과 같은 것이다. 예수 그리스도는 우리를 끊임없이 정죄하는 죄와 사망의 법에서 우리를 해방시키셨다. 예수님은 우리에게 생명의 성령의 법을 주셨다. 예수님은 모든 믿는 자에게 의를 이루기 위하여 율법의 마침이 되셨다.

3. 하나님의 임재

출애굽기는 '하나님은 누구신가?'를 알리기 위한 오경의 두 번째 책이다. 데스몬드 알렉산더(Desmond Alexander)에 따르면, 출애굽기의 주제는 한마디로 말하면 "하나님 알기"다.[366] "출애굽기는 본질적으로 개인적 경험을 통해 하나님에 대해 알아가는 책이다."[367]라고 하면서, 그러기에 출애굽기의 이야기는 "하나님께서 불타는 떨기나무에서 모세와 만나시는 극적인 만남 사건(출 3:1-4:17)에서부터 성막에 충만하게 나타난 하나님의 영광 현상(출 40:34-38)에 이르기까지 하나님과

이스라엘 사이의 관계 발전을 중심으로 구성되어 있다."[368]는
것이다.

하나님의 자기 계시는 그의 속성에 초점이 맞춰져 있다.
하나님은 모세에게 "나는 스스로 있는 자다"라고 자신을
소개하신다. 이 불가사의한 표현은 창조주 하나님만이 인간과
세계의 역사에서 지속적으로 창조 행위를 하시는 분이심임을
의미할 수도 있고, 혹은 거룩하고 초월적인 하나님만이 온
세상에 대한 절대적인 주권을 행사 하시는 분이심을 의미할
수도 있다. 그러나 무엇보다 이 표현은 어떠한 상황에서도
이스라엘과 함께하시겠다는 하나님의 의지가 강하게 풍기는
말씀이다. 모세와 대화하시는 하나님은 누누이 모세와
함께 계시겠다고 말씀하신다.[369] 심지어 하나님은 모세를
친구처럼 대하셨다(출 33:11). 그는 믿는 자들의 곁에 계시는
임마누엘이시다. 그는 이스라엘의 족장 때부터 족장들과 함께
계셨고, 지금 모세와 함께 계시고, 앞으로도 모세와 모세의
인도를 받는 이스라엘 백성들과 함께 계실 것이다. 출애굽기는
이스라엘의 하나님이 그의 백성 가운데 계시는 분이시라는
점을 성경의 다른 책들보다도 가장 선명하게 말한다(출 25:8;
겔 37:28 참조). 하나님은 불과 연기 가운데 임재하신다. 또한
하나님의 신비로운 임재는 구름기둥과 불기둥이란 형태로
계시되고, 모세는 친구와 이야기하는 것 같이 하나님과
친밀하게 교제했다.

거룩하신 하나님의 현현하심은 성막의 예배 가운데 나타나신다. 따라서 성막은 임마누엘의 상징이다. 하나님은 성막의 시은좌 위 두 그룹 사이에서 말씀하시고 언약 백성의 죄를 사해 주시며 죄인들과는 화목하신다. 하나님의 거룩한 백성들이 하나님을 멀리한다면 하나님도 백성들을 멀리하실 것이다(출 19:16-24; 24:1-2; 33:7-11). 하나님의 임재는 거룩성과 밀접한 관련을 가진다. '하나님의 함께하심'이 '다가갈 수 있는 하나님'(an approachable God)을 나타내는 것이라면, '하나님의 멀어지심'은 '다가갈 수 없는 하나님'(an unapproachable God)이시다.[370]

금송아지 숭배사건에서 보는 것처럼, 하나님께서 이스라엘에게 임마누엘로 계시기 위해서는 그의 언약 백성도 거룩해야 한다. 왜냐하면 하나님께서 거룩하시기 때문이다. 거룩하신 하나님은 하나님의 영광으로 나타나신다. 하나님은 "주의 영광을 내게 보이소서."라고 요구한 모세에게 "모든 선한 것"(출 33:19)으로 응답하셨다. 하나님의 임재는 말씀이 육신이 되어 인간의 삶 깊숙이 오신 예수 그리스도로 절정에 달한다(요 1:14). 이와 같이 성막은 하나님의 임재의 상징으로서 우리 가운데 잠시 동안 육체로 오시고 성막을 치신(tabernacled) 하나님의 아들 그리스도의 오심을 예기하고 바라보게 한다. "궁극적으로 지상의 하늘을 상징하는 성막과 성전은 새 예루살렘에서(계 21-22장) 하늘과 땅이 새로 나타나는 것을 기대하고 있다."[371] 구약의 이스라엘 백성이 지축이 흔들리는 현세의 산에서 하나님을 만난 것이라면, 새 언약의 새 백성은 결코 흔들리지 않는 나라(히 12:28)를 껴안을 것이다.[372]

4. 율법과 언약사상

율법(Torah)이란 하나님이 그와 언약 관계에 있는 인간이 어떻게 살기를 바라시는가를 구체적으로 명시한 도덕적·사회적·종교적인 행동 규범이다. 하나님의 백성은 율법을 통해 하나님과 교제하는 방법을 배우고 하나님과의 관계성 속에서 이웃과 교제하는 방법을 배워야 한다. 즉 하나님 백성으로서 거룩하고 순결하게 살며 이웃을 사랑하고 적극적으로 선을 베풀어야 한다. 출애굽기는 이 율법의 기원과 중요성을 설명하는 책이다. 이집트에서 탈출한 하나님의 백성은 광야에서 생활하는 동안 하나님의 명령인 율법을 받는다.

시내산에서 체결된 율법 그 자체는 십계명과 언약의 책으로 나뉜다. 십계명은 출애굽기 20장에, 언약법(판례법)은 21-23장에 나온다. 하나님께서 모세를 통해 주신 십계명은 헌법적인 기능을 하기 때문에 그 하위법인 모든 율법의 근간이 된다. 십계명의 서문에 명령을 준수해야 하는 사람이 '너'(20:2)라는 것을 감안하면 이 법은 모든 시대, 모든 사회를 초월한 인류사회를 향하신 하나님의 보편적인 요구다. 언약서에 나오는 율법들은 십계명에서 제시된 기본적인 원리들로부터 파생되었다. 사회적 관계인 도덕법과 시민법을 포괄하는 언약서의 율법들은 그다음에 나오는 모든 율법들의 기초가 된다. 따라서 구약의 총 613개 율법은 십계명을 모체로 나온 것이다.

하나님과 이스라엘 백성과의 관계는 언약의 관계이다. 출애굽기 19장은 언약의 체결을 다루고 있고, 20장부터 23장까지는 율법을 다루고 있다. 언약과 율법의 차이점을 규명한 멘델홀(Mendenhall)에 따르면 언약의 목적은 새로운 관계를 창조하지만, 율법의 목적은 기존의 관계를 역사적 · 문화적 · 신학적 규범들을 통해 조정하거나 영구화시키는 것이다.[373] 언약이란 계약 관계의 두 당사자가 어떤 일을 하기로 서로 간에 체결한 협약을 말한다. 이것이 구약에서 쓰일 때는 하나님의 창조 목적과 구원이라는 큰 테두리 내에서 하나님과 그의 백성 사이에 맺은 계약이며, 성경 전체로 확장하여 쓰일 때는 예수 그리스도를 통한 언약의 성취와 교회의 출현, 그리스도의 재림과 함께 나타나는 새 하늘과 새 땅의 도래를 포괄하는 개념이 된다.

시내산 언약은 하나님이 제시하고 이스라엘 백성들이 받아들임으로써 체결된 일종의 봉신조약과 같은 것이다. 왕의 봉신이 계약관계의 내용을 파기하면 그 계약은 자동적으로 파기되는 것처럼, 하나님의 백성도 하나님을 배반하고 그 명령대로 행하지 않을 경우에는 당사자 간 맺은 계약은 자동적으로 파기되는 강제성을 띠고 있다. 시내산 언약은 다윗 언약 사상과 함께 역사를 통하여 각각 발전하면서 이스라엘의 삶과 종교적 사고 형성에 큰 영향을 끼쳤다. 시내산 언약은 사사시대의 통치이념이 되었고, 이스라엘이 남북으로 분열된 이후에는 북왕조의 통치이념이 되었다.

출애굽기는 하나님 백성의 삶의 규율이 되는 율법과 그 삶의 장소인 광야 생활과의 관계를 매우 사실적으로 묘사하고 있다. 광야는 하나님의 백성이 거룩하시고 전능하신 하나님을 절대적으로 의지해야 하는 훈련 장소다. 광야는 고난과 시험의 장소인 동시에 하나님의 인도와 사랑을 체험하는 장소다. 그러므로 광야 생활은 곧 인생살이인 셈이다. 그곳은 절망과 희망이 교차하는 공간이고, 슬픔과 기쁨이 교차하는 공간이며, 이성과 기적이 교차하는 공간이다. 그러한 두 극단은 하나님을 의지하고 신뢰하느냐 않느냐로 극명하게 나뉜다. 이스라엘은 하나님과의 참된 언약관계를 증명해 주는 십계명이라는 삶의 인상적인 가치를 발견하려는 데 소홀히 한 나머지 그 십계명의 현실적·구체적 적용인 언약법을 실제 생활에서 구현하는 데에도 실패했다.

이스라엘은 광야 생활에서 번번이 실패를 경험하였지만,
예수님은 성공하셨다. 이스라엘은 시험에 졌지만, 예수님은
이기셨다. 예수님은 보통 사람들과 똑같이 시험을 받으셨지만,
죄가 없으셨기 때문에 이길 수 있었고, 시험을 이기고 싶어도
죄 때문에 끊임없이 실패를 경험해야 하는 인간의 연약함을
이해하시고 불쌍히 여기신다. 그렇다면 믿음을 가지고
승리하는 길은 딱 하나밖에 없다. 그것은 죄 많고 허물 많은
우리를 담대히 하나님의 은혜의 보좌 앞에 나아가게 해주신
예수님을 굳게 붙잡는 것이다(히 4:14-16). 오직 그분께만 참
소망이 있기 때문이다. 할렐루야!

미주

1) '70명'은 이스라엘이라는 민족 단위를 대표하는 숫자다. 창세기 46:8-27에 나오는 70명은 그 이름들이 일일이 기록되어 있다. 이들 70명에는 야곱 자신뿐 아니라 야곱의 아들들과 손자들 3대로 구성되어 있다. 창세기 기자는 이들 70명이 가나안에서 이집트로 이주했다고 밝히고 있다. 70명 가운데는 이미 죽은 유다의 두 아들인 엘과 오난이 포함되어 있었고, 요셉이 이집트 총리로 있으면서 이집트 온 제사장 보디베라의 딸 아스낫에게서 낳은 므낫세와 에브라임도 포함되어 있다. 그런 점에서 숫자 70은 정확한 게 아니다. 그것은 이스라엘의 전통을 따른 민족을 대표하는 상징적 숫자라고 할 수 있다. 실제로 이집트에 들어간 야곱의 가족들의 수는 이보다 훨씬 많은 85명이다. 야곱(1명), 야곱의 아내들(이미 죽은 라헬을 뺀 3명), 야곱의 며느리들(11명), 야곱의 자녀들(70명)을 합하면 85명이니까. 한편 사도행전 7:14에 따르면, 이집트로 이주한 이스라엘 자손은 75명이었다. 아무튼 창세기는 이스라엘 사람들 70명이 이집트에 들어갔다고 말하고 있고, 출애굽기는 "야곱의 허리에서 나온 사람이 모두 70이요 요셉은 이집트에 있었다"(출 1:5)며 이를 확인하고 있다. 출애굽기는 불과 70명인 이 이스라엘 자손이 허다하게 불어나, 모세가 그들을 데리고 이집트를 벗어날 때는 레위인을 제외한 장정들 수만 60만 명이나 된다고 밝히고 있다. 야곱의 허리에서 나온 70명이 국가 규모로 발전한 것이다(민 2:32).

2) '…로부터'라는 뜻을 지닌 '엑스'(ἐξ)가 출발지점을 가리키는 것이라면, '길'을 뜻하는 '호도스'(ὁδός)는 방향을 가리킨다. 그리하여 이 단어는 민족적 집단인 이스라엘이 적대 세력인 이집트의 압제로부터 벗어나 집단적으로 탈출해 어디론가 향해 길을 떠난다는 뜻이 내포되어 있다. 그 길은 정처 없는 길이라기보다는 약속된 혹은 인도된 길이다.

3) 70인역(LXX)역이란 이집트의 프톨레미 2세(기원전 285-246)때 이집트의 알렉산드리아로 초청받은 70인의 유대인 학자들이 히브리어 구약성서(맛소라 본문 이전의 원래의 성서 본문)를 그리스어로 번역한 최초의 외국어 구약성서를 말한다. 그러나

기원전 3세기경 번역이 완료된 70인역은 오경과 율법서뿐이었다. 나머지 부분이 모두 번역되기까지는 100년이 더 걸렸다. 70인역은 숫자 70을 의미한다고 해서 Septuagint 혹은 LXX로 불렸는데, 이 70인역이 신약성서의 일부와 함께 5세기에 만든 필사본이 바로 '70인역 알렉산드리아 사본'(Codex Alexandrinus of the Septuagint)이다. 어려운 히브리어 성서 본문이 대중적인 그리스어로 번역됨으로써 기원전 2세기 초 무렵부터 성서는 지중해의 이방 세계에 알려지게 되었다. 신약시대에 들어와 기독교가 70인역을 자기들의 경전으로 받아들이게 되자 유대교는 70인역을 버리고 자기들의 원래 경전인 맛소라 히브리어 본문 성서로 회귀했다.

4) 제롬(유세비우스 히에로니무스)이 히브리어 원문 성서를 라틴어로 번역한 성경을 말한다. 주후 390년에 시작하여 405년에 완성된 이 불가타 성경은 종교개혁 때까지 가톨릭의 표준성경으로 채택되었고 1546년 트렌트공의회에서 공인받아 그 개정판이 현재까지 사용되어 오는 경전이다.

5) '엑스 호도스'는 신약에서는 사용되지 않고 70인역에서만 사용되었다. '……으로부터 나오다(벗어나다)'는 영어로는 전치사와 부사 조합인 'from out of'이고, 헬라어로는 한 개의 전치사인 'ἐξ'(엑스)다. 발음을 자연스럽게 하려고 뒤에 따르는 단어가 모음이면 'ἐξ', 자음이면 'ἐκ'(에크)를 쓴다. '……으로부터'를 뜻하는 헬라어 전치사 'ἐκ' 대신에 빈번히 사용되는 전치사는 'ἀπò'(아포)다. '길에서 떠나다'라는 말의 헬라어 70인역 용례로는 전치사+정관사+명사로 배열되는 세 가지 형태가 있다. 첫 번째 용례로는 'ἀπò τῆς ὁδοῦ'(아포 테스 호두/사 63:17; 겔 33:8,9,11,22), 두 번째 용례로는 'ἀπò τῶν ὁδῶν'(아포 톤 호돈/ 왕하 17:13; 대하 7:14), 세 번째 용례로는 'ἐκ τῆς ὁδοῦ'(에크 테스 호두/ 말 2:8). 그러나 영어 성경은 두 단어로 된 '엑스 호도스'가 아닌 한 단어로만 된 '엑소더스'(Exodus)라는 명사를 썼다.

6) 야곱에게 이스라엘이란 이름이 새로 주어진 것은 창 32:28과 35:10에 나타나 있다. '이스라엘'이란 '하나님과 겨루어 이긴 자'란 뜻이다. 이 이름은 야곱의 후손들인 13지파(요셉 지파를 에브라임과 므낫세 두 지파로 나누어 셈함)로 이루어진 민족을 일컫는 이름이 되었다. 이스라엘이란 이름은 이스라엘이 남북 왕국으로 나뉘면서 남 왕국이 '유다'라는 국호를 사용한 대신

북 왕국은 열 지파가 뭉쳐 이 이름을 그대로 나라 이름으로 사용했다(왕상 12:16; 14:19; 왕하 17:1; 호 1:1; 암 2:6). 이스라엘이란 이름은 북 왕국이 멸망한 이후로는 남 유다와 동의어로 쓰였고(겔 13:2), 바벨론 포로기 이후에는 회복된 하나님의 공동체를 가리키는 말로 쓰였다(스 2:2; 10:1; 느 8:1). 이 말은 1948년 5월 14일 탄생한 현대 이스라엘의 국가 이름이다.

7) 송제근, 『오경과 구약의 언약신학』(서울: 도서출판 두란노, 2003), 25.

8) John I. Durham, *Word Biblical Commentary: Exodus,* Vol. 3. (Waco, Texas: Word Books, 1987), xix.

9) Nahum M. Sarna, *Exploring Exodus: The Heritage of Biblical Israel* (New York: Schocken Books), 2.

10) David A. Hubbard, "Hope in the Old Testament," Tyndale Bulletin 34 (1983): 36.

11) 호 8:13; 9:3; 11:1; 12:9,13; 13:4-6; 암 2:10; 3:1; 4:10; 9:7; 미 6:4 등.

12) Mark Mangano, *The College Press NIV Commentary: Old Testament Introduction*, ed. Mark Mangano (Joplin, Missouri: College Press Publishing, 2005), 122.

13) Walther Zimmerli, *Old Testament Theology in Outline*, trans. David E. Green (Edinburgh: T & T Clark, 1978), 27.

14) 앞의 책, 14.

15) Geerhardus J. Vos, *Redemptive History and Biblical Interpretation: The Shorter Writings of Geerhardus Vos*, 이길호·원광연 옮김, 『구속사와 성경해석』(서울: 크리스챤다이제스트, 1998), 629.

16) 이사야 44-45장은 출애굽의 구원 사건을 배경으로 선포하는 말씀이 집중된 단락이다. 예언서에서 출애굽 주제가 나오는 구절은 다음과 같다. 사 40:3-5; 43:1-7,16-19; 52:12; 렘 12:15; 16:14-15; 29:19; 31:23-26, 31-34; 겔 20:33-39; 호 2:14-15; 9:10; 11:1-4, 8-11; 13:4-5 등.

17) 신약성경에서 이런 의미로 나온 구절은 롬 6:4; 고전 15:22; 고후

4:10; 갈 5:13 등이다.

18) Gleason L. Archer, *A Survey of Old Testament Introduction* (Chicago: Moody Publishers, 1994), 126.

19) 프랑스 의사였던 진 아스트뤽(Jean Astruc)을 비롯, 알렉산더 게데스(Alexander Geddes), 아이히 호른(Johann G. Eichhorn) 빌헬름 드 베테(Willhelm. M. L. de Wette), 하인리히 에발트(Heinrich Ewald), 헤르만 후펠트(Hermann Hupfeld) 등이 이러한 학자들이다.

20) 벨하우젠의 실제 관심은 구약 내에 존재할 것이라고 여겨졌던 문서들을 비평적으로 연구하기보다는 그 문서들의 기원과 발전을 연대적으로 설정하여 고대 이스라엘의 역사를 전체적으로 개관(panorama)하는 데 있었다. 그를 추종하는 후대의 추종자들은 개별적인 문서를 분석하는 데 열을 올리고 저마다 벨하우젠의 연구 방법론과 이론을 토대로 연구하고 결과를 발표했다. 성서 연구에 대한 이러한 비평학적 방법은 유행병처럼 번져 나갔는데 정작 벨하우젠 자신은 이런 현상을 개탄했다. 벨하우젠이 빠른 속도로 발전시켰던 비평적 분석방법은 성서 연구에 긍정적인 영향보다는 부정적인 폐해가 크다. 그는 말년에 이르러 젊은 시절 한때 그가 탐닉했던 합리주의에 바탕을 둔 성서 연구가 결국 구약성서의 진정성과 권위에 대한 믿음을 파괴했다고 솔직히 시인했다. 그러나 신학계 일각의 부정적인 평가에도 불구하고 벨하우젠이 남긴 학문적 업적은 너무나 커서 그가 죽고 난 후에도 그의 굵은 발자취는 선명하게 남아 있다.

21) 후기 문서학자들로는 윌리엄 스미드(W. R. Smith), 조지 스미드(G. A. Smith), 드라이버(S. R. Driver), 브릭스(C. A. Briggs), 파이퍼(R. H. Pfeiffer) 등이 있다. 보수 전통주의 입장에서 오경을 접근하는 학자들로는 델리취(Franz Delitzsch), 헹스텐베르크(Ernst Wilhelm Hengstenberg), 그린(William Henry Green) 등이 있다.

22) 양식비평 학자들로는 궁켈(Herman Gunkel)을 위시해 그레스만(Hugo Gressmann), 알트(A. Alt), 멘델홀(L. S. Mendelhall), 맥카시(D. J. McCarthy), 페더슨(J. Perdersen), 엥넬(I. Engnell), 카우프만(Y. Kaufmann), 베스터만(Claus Westermann) 등이 포진해 있다.

23) Martin Noth, *A History of Pentateuchal Traditions*, trans. Bernhard W. Anderson (Chico: Scholars Press, 1981), 38-62.

24) Gerhard von Rad, *Genesis: A Commentary, original* trans. John H. Marks from the German (London: SCM Press, 1972), 20-24.

25) Roland K. Harrison, *Introduction to the Old Testament: With A Comprehensive Review of Old Testament Studies and a Special Supplement on the Apocrypha* (Grand Rapids, Michigan: Eerdmans, 1969), 42.

26) 김영진 외 15명, 『구약성서 개론』(서울: 대한기독교서회, 2004), 196 재인용.

27) Hans Ausloos, *The Deuteronomist's History: The Role of the Deuteronomist in Historical-Critical Research into Genesis-Numbers* (Leiden and Boston: Brill, 2015), 56-98.

28) 앞의 책, 100-01.

29) John H. Sailhamer, *The Pentateuch as Narrative: A Biblical-Theological Commentary* (Grand Rapids, Michigan: Zondervan, 1992), 24.

30) 이스라엘의 여호와 종교가 원시 단계로부터 진화하여 이스라엘 예언자들에 의해 윤리적 유일신까지 절정에 이르게 되었다는 그라프-벨하우젠의 충격적인 진화론적 가설은 한동안 위력이 있었으나, 제2차 세계대전이 끝난 후론 상당수의 학자들에 의해 거부당했다. 오스왈드 알리스(Oswald Allis), 윈네트(F. V. Winnett), 영(E. J. Young), 스타인만(J. Steinmann), 카우프만(Y. Kaufmann), 야곱(E. Jacob), 나이트(G. A. Knight), 요츠(J. Jocz), 고든(C. H. Gordon) 등이 그런 학자들이다. 특히 노련한 근동 고고학자이며 뛰어난 언어학자인 고든은 1959년 〈크리스천 투데이〉(Christian Today)에 기고한 논문에서 구약성서의 비평학적 방법론의 위험성에 대해 신랄하게 비판하고, 오경은 여러 문서들이 결합하여 편집된 한 편집자의 작품이 아니라 고대 근동의 삶의 정황에서 나타난 이스라엘 민족의 서사시로 보았다.

31) S. David Sperling, "Major Development in Jewish Biblical Scholarship," *in Hebrew Bible/Old Testament: The History of Its Interpretation: From Modernism to Post-Modernism (The Nineteenth and Twentieth Centuries)*, Vol. III, ed. Magne Sæbø (Bristol, Connecticut: Vandenhoeck & Ruprecht, 2015), 379.

32) Carol Meyers, *Exodus* (Cambridge, New York: Cambridge University Press, 2005), 5-6.

33) Raymond B. Dillard & Tremper Longman III, *An Introduction to The Old Testament*, (Grand Rapids, Michigan: Zondervan, 1994), 26.

34) William G. Dever, *Who Were the Early Israelites and Where Did They Come From?* (Grand Rapids, Michigan: Wm B. Eerdmans Publishing, 2003), 2-3.

35) John J. Davis, *Moses and the Gods of Egypt: Studies in Exodus*, 2nd ed. (Winona Lake, Indiana: BMH Books, 1986), 39.

36) G. Ernest Wright, *Biblical Archaeology* (Philadelphia: Westminster Press, 1957), 53.

37) James Maxwell Miller and John H. Hayes, *A History of Ancient Israel and Judah* (Louisville, Kentucky: Westminster John Knox Press, 1986), 78.

38) Israel Finkelstein and Neil Asher Silberman, *The Bible Unearthed: Archaeology's New Vision of Ancient Israel and the Origin of Its Sacred Texts* (New York: Free Press, 2001), 1.

39) Thomas L. Thompson, *The Mythic Past: Biblical Archaeology and the Myth of Israel* (London: Basic Books, 1996), 78.

40) Niels P. Lemche, *Ancient Israel: A New History of Israelite Society*, trans. F. H. Cryer, Biblical Seminar 5 (Sheffield: Sheffield Academic Press, 1988), 109, 131.

41) Niels P. Lemche, "Early Israel Revisited," CR:BS 4 (1996): 9-34.

42) Robert B. Coote, *Early Israel: A New Horizon* (Minneapolis: Fortress Press, 1990), 2-3.

43) Donald B. Redford, "An Egyptological Perspective on the Exodus Narrative," in *Egypt, Israel, Sinai: Archaeological and Historical Relationships in the Biblical Period*, ed. Anson F. Rainey (Tel Aviv: Tel Aviv University, 1987), 137-51.

44) Thomas B. Dozeman, *Commentary on Exodus* (Grand Rapids, Michigan: William B. Eerdmans, 2009), 26-30.

45) James K. Hoffmeier, "The Exodus and Wilderness Narratives," in *Ancient Israel's History: An Introduction to Issues and Sources*, eds. Bill T. Arnold & Richard S. Hess (Grand Rapids, Michigan: Baker Academic, 2014), 49-50.

46) James K. Hoffmeier, "Major Geographical Issues in The Accounts of the Exodus: The Pitfalls and Promises of Site Identification in Egypt," in *Israel: Ancient Kingdom or Late Invention?*, ed. Daniel I. Block (Nashville, Tennessee: B&H Publishing Group, 2008), 97-129.

47) James K. Hoffmeier, "Egyptians," in *Peoples of the Old Testament World*, ed. Alfred J. Hoerth et al. (Grand Rapids, Michigan: Baker Academic, 1994), 287.

48) 올브라이트(W. F. Albright), 켄욘(K. M. Kenyon), 메이저(B. Mazer), 보(R. de Vaux), 사르나(N. Sarna) 등 학자들이 출애굽의 고고학적인 역사성을 지지하는 학자들이다.

49) John Bright, *A History of Israel*, 4th ed. (Louisville, Kentucky: Westminster John Knox Press, 2000), 120-24.

50) 앞의 책, 121.

51) Giovanni Garbini, *History and Ideology in Ancient Israel* (New York: Crossroads, 1988), 15.

52) 구약성경에서 출애굽과 광야 전승에 관한 직간접적인 언급들은 수도 셀 수 없을 만큼 많다. 모세 오경은 말할 것도 없고 역사서인 여호수아, 사사기, 사무엘서, 열왕기서, 그리고 시편에 이르기까지 성경의 저자들은 거의 빠뜨리지 않고 출애굽과 광야 사건을 특정한 상황에서 다루고 있다. 이것은 예언서에서도 마찬가지다. 이른바 이사야, 예레미야, 에스겔 등 대 예언서는 물론이고 소 예언서에서도 출애굽과 광야 전승은 여러 번 나타난다. 소 예언서의 경우 호세아 2:14-15; 11:1-4; 12:9; 13:4-6; 아모스 2:9-12; 3:1; 4:10; 9:7; 미가 6:4-5 등 구절들을 참고하기 바람.

53) Eugene H. Merrill, *Kingdom of Priests: A History of Old Testament Israel* (Grand Rapids, Michigan: Baker Academic,

2008), 74, 79, 83-85; idem, *An Historical Survey Old Testament* (Grand Rapids, Michigan: Baker Book, 1991), 105-09.

54) Eugene H. Merrill, *An Historical Survey Old Testament*, 105.

55) John Bright, *A History of Israel*, 123.

56) William Johnstone, *Exodus: Old Testament Guides* (Sheffield, England: Sheffield Academic Press, 1999), 27-28; idem, "Reactivating the Chronicles analogy in Pentateuchal studies, with special reference to the Sinai pericope in Exodus," ZAW 99 (1990): 16-37.

57) Ronald Hendel, "The Exodus in Biblical Memory," JBL 120 (2001): 601-602; Baruch Halpern, "The Exodus and Israelite Historians." Eretz-Israel 24 (1993): 89-96; idem, "The Exodus from Egypt: Myth or Reality," in *The Rise of Ancient Israel*, ed. Hershel Shanks (Washington, DC: Biblical Archaeological Society, 1992), 86-117; Gary A. Rendsburg, "The Date of the Exodus and the Conquest/Settlement: the Case for the 1100S," Vetus Testamentum, Vol. XLII, No. 4/1992: 512; C. A. Redmount, "Bitter Lives: Israel In and Out of Egypt," in *The Oxford History of the Biblical World*, ed. M. D. Coogan (New York: Oxford, 1998), 79-121.

58) John Bright, *A History of Israel*, 122.

59) Bernhard W. Anderson, *Understanding The Old Testment*, 강성열, 노항규 옮김,『구약성서 이해』(서울: 크리스챤다이제스트, 2007), 31-32.

60) 히브리인들의 출애굽에 관한 고대 이집트인의 증언으로는 마네토(Manetho)가 유일하다. 프톨레마이오스 2세(기원전 285-246)의 치세 때 헬리오폴리스의 신관이었던 마네토는 히브리인들이 힉소스 족들과 함께 축출되어 이집트를 떠났다고 기록했다. 이집트 왕조를 31개의 왕조로 분류한 마네토는 출애굽 연대를 기원전 1550년경으로 추정했다. 콘도르(C. R. Condor) 같은 학자는 이런 영향을 받아 출애굽 사건이 기원전 1520년에 일어났다고 생각한다. 마네토의 역사 자료는 요세푸스, 율리우스 아프리카누스 등 몇몇 후대 학자들의 인용에서 발견되지만 아쉽게도 그의 책들은 전해지지 않는다.

61) James K. Hoffmeier, "What is the Biblical Date for Exodus? A Response to Bryant Wood," JETS 50/2 (June 2007): 239-40.

62) Eugene H. Merrill, *An Historical Survey Old Testament*, 75; William C. Hayes, *The Scepter: A Background for the Study of the Egyptian Antiquities in the Metropolitan Museum of Art: The Hyksos Period and the New Kingdom*(1675-1080 B.C.), Part II (New York: Metropolitan Museum of Art, 1990), XV.

63) William. S. La Sor, David. A. Hubbard, Frederic. W. Bush, *Old Testament Survey: The Message, Form, and Background of the Old Testament* (Grand Rapids, Michigan: Eerdmans 1990), 127.

64) 이스라엘이 이집트에서 체류하는 기간이 얼마인지는 아브라함-이삭-야곱으로 이어지는 이스라엘 족장들의 가나안 거주 기간을 포함하느냐 않느냐에 따라 의견이 갈라진다. 이집트 체류 기간이 430년이라고 주장하는 견해는 이스라엘 자손이 이집트에서 거주한 기간이 430년이라고 언급한 출애굽기 12:40과, 하나님이 아브라함에게 이방에서 객이 되어 그들을 400년 동안 섬기겠다고 말씀하신 창세기 15:13, 스데반 집사가 이스라엘 자손이 외국에서 종살이하는 기간이 400년이었다고 증언하는 사도행전 7:6 등 증거자료들과, 출애굽 당시 이스라엘 인구가 200만 명 정도 증가하는 데 소요되는 합리적인 추산 기간이 430년은 될 것이라는 추정을 근거로 제시한다. 그러나 430년은 약간의 변수가 있는데, 그것은 70인역과 사마리아 5경이 이 기간은 이스라엘 자손이 이집트에서의 체류 기간뿐 아니라 이스라엘 족장들이 가나안에서 거주한 기간을 산입한 것이라고 기록해놨기 때문이다. 이집트 체류 기간이 430년의 절반에 해당하는 215년이라고 주장하는 견해는 교부 터툴리안(Tertullian)이 70인역의 기록을 지지했다는 점, 모세가 레위의 증손자임을 밝히는 출애굽기 6:16-20에 기록된 레위-고핫-아므람-모세로 이어지는 혈통 4대의 생존연한의 합계가 430년이 되기에는 턱없이 모자란다는 점, 하나님이 처음 아브라함을 부르시어 복을 베푸시겠다(창 12:1-3)고 한 때가 야곱 일행이 이집트에 이주하기 215년 전의 일이고 이스라엘 자손이 이집트에서 머무른 기간은 215년인 것처럼 말하는 사도 바울의 증언(갈 3:17) 등을 증거자료로 제시한다. 만일 출애굽 연대가 기원전 1491년이고 이집트 체류 기간이 430년이라면 아브라함이 가나안에 들어온 해는 기원전 1921년이 된다. 이를

기준 삼아 야곱이 만일 1836년에 태어났다면 130세 때 이집트에 내려왔으므로 그 해는 1706년이 되었을 것이다. 그렇다면 아브라함의 가나안 입성과 출애굽 추정 연도의 한가운데는 215년이 된다(1921-1706=215/ 1706-1491=215). 유대 역사가인 요세푸스는 어떤 곳에서는 215년을(Antiquities Ⅰ, 2. 15. 2), 또 어떤 곳에서는 400년이라고 증언하므로 그의 명확한 견해가 무엇인지는 종잡을 수 없다(Antiquities Ⅰ, 2. 9. 1).

65) Jack Finegan, *Handbook of Biblical Chronology: Principles of Time Reckoning in the Ancient World and Problems of Chronology in the Bible* (Peabody, Massachusetts; Hendrickson Publishers, 1998), 201-06.

66) Carol Meyers, *Exodus*, 34.

67) '레반트'는 역사적으로 근동의 팔레스타인, 시리아, 요르단, 레바논 등 지역을 한데 가리키는 말이다. 15세기 후반 무렵부터 '이탈리아 동쪽 지중해'를 일컫는 이 말은 이탈리아에서 바라볼 때 이 지역에서 해가 떠올라 부르기 시작했다고 한다.

68) Gösta W. Ahlström, *The History of Ancient Palestine* (Fortress Press: Minneapolis, 1993), 187.

69) William C. Hayes, *The Scepter: A Background for the Study of the Egyptian Antiquities in the Metropolitan Museum of Art: The Hyksos Period and the New Kingdom* (B.C. 1675-1080), 3.

70) Leon J. Wood, *A Survey of Israel's History* (Grand Rapids, Michigan: Zondervan, 1984), 88; Marc Van De Mieroop, *A History of Ancient Egypt* (Malden, MA.: Wiley Blackwell, 2011), 132; William C. Hayes, The Scepter, 4.

71) 조기 출애굽을 지지하는 학자들의 견해로는 야곱 일행이 가나안에서 이집트에 이주한 때를 기원전 1876년으로 본다(물론 후기 연대를 주장하는 학자들은 이보다 200년쯤 후인 기원전 1660-1650년으로 보는 견해도 있지만). 모세가 이스라엘 백성들을 영도하고 이집트를 빠져나온 때를 기원전 1446년으로 보고 이스라엘 백성들이 이집트에 거주한 기간을 430년(출 12:10)으로 본다면 야곱 일행이 이집트에 이주한 연대는 기원전 1876년이 된다. 그런데 힉소스가 이집트를 침략해 지배하던 시기는 1785년부터 시작된 두 번째 중간기가 시작된 지 65년 후인

1720년부터 1567년까지다. 그렇다면 요셉이 총리대신으로 일했던 시기는 힉소스 시대보다 앞선 중왕국 시대였을 것이다.

72) Eugene H. Merrill, *An Historical Survey Old Testament*, 68; Leon J. Wood, *A Survey of Israel's History*, 90.

73) 레온 우드(Loon wood)는 '요셉을 알지 못하는 새 왕'은 이집트의 토착민들이 세운 제19왕조가 아닌 힉소스족의 왕이라고 주장한다. 힉소스는 이집트를 침략해 기원전 1720년에 아바리스에 수도를 세웠다. 아바리스와 가까운 고센은 힉소스가 가장 먼저 정복한 땅이었다. 1720년은 요셉이 죽은 지 87년 되던 해로 힉소스의 첫 왕이 통치를 시작하던 때였다. 만일 출애굽 연대가 1446년이라면 힉소스가 이집트를 통치하기 시작한 때로부터 히브리인들이 압제를 받은 기간은 거의 300년 가까이 된다. Leon J. Wood, *A Survey of Israel's History*, 90-92 참조.

74) John Rea, "The Time of the Oppression and Exodus," Grace Theological Journal 2.1 (Winter, 1961): 6-8.

75) Carl G. Rasmussen, *NIV Atlas of the Bible*, (Grand Rapids: Zondervan, 1999), 85.

76) G. Ernest Wright, *Biblical Archaeology* (Philadelphia: Westminster Press, 1960), 54-58.

77) John J. Bimson, *Redating the Exodus and Conquest* (Sheffield: The Alamond Press, 1981), 232.

78) Eugene H. *Merrill, Kingdom of Priests: A History of Old Testament Israel*, 74; idem, *An Historical Survey Old Testament*, 102, 110.

79) John J. Bimson, *Redating the Exodus and Conquest*, 230-32.

80) Eugene H. *Merrill, Kingdom of Priests*, 79-80; idem, *An Historical Survey*, 112.

81) Gösta W. Ahlström, *The History of Ancient Palestine*, 232.

82) William C. Hayes, "Egypt: Internal Affairs from Tuthmosis I to the Death of Amenophis III," in *Cambridge Ancient History*, Vol. 2, Part 1, eds. I. E. S. Edwards et al. (Cambridge: Cambridge University Press, 2000), 321.

83) Gleason L. Archer, *A Survey of Old Testament Introduction*, 239.

84) 투탕카멘(Tutankhamun)은 아멘호텝 4세(아케나텐, 기원전 1379-1362)의 여섯 자녀들 중 세 번째로 9세 때 18대 왕조의 제12대 파라오가 되어 18세 이른 나이에 죽었다. 그의 유해는 미라 상태로 룩소르(카이로 남쪽 660Km 떨어진 나일강 동안에 위치한 문화유적 도시로, 고대 이집트 신왕국 시대의 중심 수도였던 테베)에 있는 왕가의 계곡에 묻혔는데, 1922년 영국 고고학자인 하워드 카터(Howard Carter)에 의해 발굴되었다. 이 소년 왕은 도굴 흔적이 전혀 없는 왕묘에서 발굴되었을 때 붕대로 감은 얼굴에 황금 마스크가 쓰인 채 발견돼 전 세계인을 흥분하게 했다. 투탕카멘의 왕비는 아낙수나문이다. 아낙수나문은 어머니 네페르티티와 먼 훗날 태어난 클레오파트라와 함께 이집트의 3대 미인으로 통한다.

85) James K. Hoffmeier, "What is the Biblical Date for the Exodus? A Response to Bryant Wood,": 225-47.

86) Nahum M. Sarna, *Exploring Exodus*: The Heritage of Biblical Israel, 10.

87) Cyrus H. Gordon, *Introduction to Old Testament Times* (Ventnor, NJ: Ventnor Publishers, 1953), 75, 102-04.

88) 잭 피네간(Jack Finegan)은 1290년대에 출애굽 사건이 있었다는 학자들의 견해를 지지하며 그 근거로 다섯 가지를 들었다. 첫째, 아마르나 문서(Amarna Letters)와 히브리 성서(여호수아, 사사기, 사무엘)의 모순. 둘째, 기원전 14세기에는 에돔, 모압, 암몬 족속의 농경문화가 없었음. 셋째, 이스라엘의 힉소스 왕조하의 430년간 체류와 요셉의 경력 사이에 조화의 가능성이 없음. 넷째, 투트모세 3세가 델타 지역에 성을 건축했다는 증거가 없음. 다섯째, 출애굽기 1:11에 나오는 라암셋에 대한 언급. *Handbook of Biblical Chronology: Principles of Time Reckoning in the Ancient World and Problems of Chronology in the Bible* (Peabody, Massachusetts; Hendrickson Publishers, 1998), 197-206 참조.

89) 늦은 연대를 주장하는 학자들은 올브라이트(William F. Albright), 앤더슨(B. W. Anderson), 존 브라이트(J. Bright), 와이즈맨(Donald J. Wiseman), 큐리드(John Currid), 키친(Kitchen), 해리슨(R. K. Harrison), 로손(K. Lawson), 밀라드(Alan Millard), 피네간(J.

Finegan), 헤스(Richard Hess), 호프마이어(J. Hoffmeier), 라 솔(La sor), 로울리(Rowley) 등.

90) 데이비스(Davis)는 기원전 1320년, 나피에르(Napier)는 1300년, 올브라이트(Albright)는 1290년, 라이트(Wright)는 1290년-1280년, 갈라후(Gaalyahu)는 1290-1230년, 브라이트(Bright)는 1280년, 키친(Kitchen)은 1263년, 호프마이어(Hoffmeier)는 1270-1260년, 로울리(Rowley)는 1230년, 피네간(Finegan)은 일러야 1250년으로 추정한다.

91) 파라오(Pharaoh)는 고대 이집트의 왕을 일컫는다. 일반적으로 왕은 정치적으로 최고 권력을 가진 절대 군주를 가리키지만 고대 이집트의 파라오는 정치적 · 종교적 최고 통치자로서 역할을 수행했다. 파라오는 정치적으로 '두 땅의 주인'(Lord of the Two Lands)이란 칭호를 가지고 상하 이집트를 통치했으며, 종교적으론 '모든 사원의 대제사장'(High Priest of Every Temple)이란 칭호를 가지고 제사의식을 주관하고 신전을 짓고 관리했다. 그러기에 파라오는 신과 같은 존재로 여겨져 민중의 절대적인 존경과 사랑을 받았다. 파라오의 대관식과 장례식은 성대하게 치러졌고, 시체는 미라로 처리되는 게 보통이어서 오늘날까지 보존되어 온 미라들이 꽤 많다. 파라오는 성스러운 권좌를 뜻하는 이집트식 발음인 '페르-오'인데, 이 발음이 고대 그리스와 로마로 전해지며 오늘날과 같은 발음인 '파라오'가 되었다. 우리말 성경은 '바로'라고 음역한다.

92) Archibald H. Sayce, "Research in Egypt," in *Recent Research in Bible Lands: Its Progress and Results*, ed. Herman. V. Hilprecht (Philadelphia: John D. Wattles & Co., 1896), 118-19.

93) Bernhard W. Anderson, *Understanding The Old Testament*, 72-4, 92.

94) William. S. La Sor, David. A. Hubbard, Frederic. W. Bush, *Old Testament Survey: The Message, Form, and Background of the Old Testament*, 127-28.

95) James K. Hoffmeier, "What is the Biblical Date for the Exodus? A Response to Bryant Wood,": 225, 236.

96) Kenneth A. Kitchen, *On the Reliability of the Old Testament* (Grand Rapids, Michigan: Eerdmans, 2003), 256, 309-10.

97) Kenneth A. Kitchen, "The Historical Chronology of Ancient

Egypt, A Current Assessment," Acta Archaeologica 67 (1996): 12.

98) Kenneth A. Kitchen, "From the Brickfields of Egypt," Tyndale Bulletin 27 (1976): 139-40.

99) Kenneth A. Kitchen, *On the Reliability of the Old Testament*, 310, 319, 344, 353.

100) 앞의 책, 283-94.

101) 테베(Thebes)는 카이로에서 나일강을 따라 남쪽으로 600킬로미터쯤 떨어진 중동부 지역에 위치해 있다. 테베는 카이로 근처에 있는 멤피스(Memphis)와 함께 고대 이집트의 대표적인 도시이다. 이집트의 고대 왕조들이 전통적으로 수도로 삼은 테베는 암몬 신상이 있는 '아문의 도시'(The city of Amun)로서 1979년 유네스코에 의해 세계문화유산 유적지로 등재된 곳이다. 힉소스가 이집트를 지배하기 전 이집트의 수도는 테베였다. 고대 이집트의 역사가인 마네토(Manetho)는 힉소스가 이집트의 지배권을 갖기 시작한 초기 무렵에는 멤피스를 수도로 정하고 삼각주 지역에 있는 아바리스에 튼튼한 요새를 세웠는데, 이 요새가 완공된 후에는 아바리스로 수도를 옮겼다고 말한다. 이집트 제18대 왕조를 창건한 아모세(아모시스, Ahmose)는 기원전 1550년경 힉소스를 추방할 때 아바리스를 파괴하고 수도를 다시 테베로 이전했다. 테베는 성경에서는 '노아몬'(나 3:8), '노'(겔 30:15), '노의 아몬'(렘 46:25) 등 이름으로 나온다. 아바리스(타니스)는 성경에서는 '소안'(민 13:22; 사 19:11; 겔 30:14; 시 78:12)이라는 이름으로 나온다.

102) William C. Hayes, "Egypt: To the End of the Twentieth Dynasty," in *Cambridge Ancient History: Prolegomena and Prehistory*, Vol. 1, Part 1, eds. I. E. S. Edwards et al. (Cambridge: Cambridge University Press, 2000): 190.

103) Kenneth A. Kitchen, *Ancient Orient and Old Testament* (London: InterVarsity Press 1966), 57-58.

104) E. P. Uphill, "Pithom and Raamses: Their Location and Significance," JNES 27 (1969): 15-39.

105) David Noel Freedman & Michael J. McClymond, *The Rivers of Paradise: Moses, Buddha, Confucius, Jesus, and*

Muhammad as Religious Founders (Grand Rapids: Eerdmans, 2001), 4-5.

106) Israel Knohl, *Ha-Shem: The Secret Numbers of the Hebrew Bible and the Mystery of the Exodus from Egypt* (Tel Aviv: Dvir Press, 2012); 'Jacob-el in the Land of Esau and the Roots of Biblical Religion', VT 67 [2017] 481-484.

107) 이 전승비는 '이스라엘'이란 이름이 고고학적으로 최초로 발견된 비문이라고 해서 '이스라엘 비문'(Israel Stela), 혹은 메르넵타 왕이 리비아를 격퇴시킨 승전을 기념하는 비문이라고 해서 '메르넵타의 승리 비문'(Victory Stela of Merneptah)이라고 한다. 이 기념비적인 비석은 영국의 고고학자인 윌리엄 페트리(William M. Flinders Petrie)가 1896년 고대 이집트의 테베 서부 일대를 탐사하는 과정에서 발굴되었다. 현재 카이로 박물관에 소장되어 있다. 이 비문의 발견으로 말미암아 고대 이스라엘의 형성, 이스라엘과 이집트와의 관계, 출애굽 연대 등에 관한 유익한 정보들을 얻어낼 수 있게 되었지만, 학자들 간에 다양한 해석들을 낳아 의견이 합치되지 않고 있다.

108) Gösta W. Ahlström, *The History of Ancient Palestine* (Fortress Press: Minneapolis, 1993), 187.

109) 앞의 책, 285.

110) Ralph K. Hawkins, "Propositions for Evangelical Acceptance of a Late-Date Exodus-Conquest: Biblical Data and the Royal Scarabs from Mt. Eval," JETS 50/1 (March 2007): 32-33; Nahum M. Sarna, *Exploring Exodus: The Heritage of Biblical Israel*, 11-14.

111) John Bright, *A History of Israel*, 114.

112) 앞의 책, 124.

113) William S. La Sor, David A. Hubbard, Frederic W. Bush, *Old Testament Survey: The Message, Form, and Background of the Old Testament*, 126-29.

114) Nahum M. Sarna, *Exploring Exodus: The Heritage of Biblical Israel*, 7-14.

115) Kenneth A. Kitchen, *Ancient Orient and Old Testament*, 60-

61.

116) William G. Dever, *Who Were the Early Israelities and Where Did They Come From?*, 8.

117) Eugene H. Merrill, *An Historical Survey Old Testament*, 149.

118) 제임스 잭(James Jack)은 1925년 출간한 책에서 성경 내외적인 증거들을 제시하며 출애굽 연대를 15세기로 추정했다. 그는 왕상 6:1 등 성경 문헌과 동시대의 앗수르 문헌들을 근거로 솔로몬의 즉위 연대를 기원전 970년으로 고정시키고, 솔로몬이 성전을 건축하기 시작한 해인 기원전 966년에 이스라엘 자손이 이집트에서 나온 햇수 480년을 합산하여 출애굽 연대가 기원전 1446년이라고 확신했다. 이 책이 나온 이후 학계는 이른 연대설이 급물살을 탔다. 이에 관한 제임스 잭의 견해를 자세히 알려거든 그의 책 *The Date of the Exodus in the Light of External Evidence* (Edinburgh: T & T Clark, 1925), 199-202를 참조하기 바람.

119) John J. Davis, *Moses and the Gods of Egypt: Studies in Exodus* (Winona Lake, Indiana: BMH Books, 1986), 34-35.

120) John Bright, *A History of Israel*, 123-24.

121) William. S. La Sor, David. A. Hubbard, Frederic. W. Bush, *Old Testament Survey: The Message, Form, and Background of the Old Testament*, 127.

122) James K. Hoffmeier, "What is the Biblical Date for the Exodus? A Response to Bryant Wood,": 236.

123) Ed Hindson and Gary Yates, *The Essence of the Old Testament: A Survey*, eds. Ed Hindson and Gary Yates (Nashville, Tennessee: B & H Academic, 2012), 70.

124) Gleason L. Archer, *A Survey of Old Testament Introduction*, 239-52.

125) John J. Davis, *Moses and the Gods of Egypt: Studies in Exodus*, 39.

126) Mark Mangano, *The College Press NIV Commentary: Old Testament Introduction*, 131.

127) Jack Finegan, *Handbook of Biblical Chronology: Principles of Time Reckoning in the Ancient World and Problems of Chronology in the Bible*, 244.

128) Thomas L. Thompson, *Early History of the Israelite People from the Written & Archaeological Sources* (Leiden: Brill, 1992); Philip R. Davies, *In Search of 'Ancient Israel'*, JOSTSup 148 (Sheffield: Sheffield Academic Press, 1992); idem, *The Origins of Biblical Israel*, LHBOTS 485 (London: T & T International, 2007); Keith W. Whitelam, "Recreating the History of Israel," JSOT 35 (1986): 45-70; Donald B. Redford, *A Study of the Biblical Story of Joseph: Genesis 37-50*, VTSup 20 (Leiden, Netherlands: Brill, 1970); idem, *Egypt, Canaan, and Israel in Ancient Times* (Princeton: Princeton University Press, 1992); Amihai Mazar, *Archaeology of the Land of the Bible 10,000-586 B. C. E.*, ABRL (New York: Doubleday, 1990), 299; Norman K. Gottwald, "Were the Israelites Pastoral Nomads?" Biblical Archaeological Review 4 (June 1978): 2-7; Mark W. Chavalas and Murray R. Adamthwaite, "Archaeological Light on the Old Testament," in *The Face of Old Testament Studies*, eds. David W. Baker and Bill T. Arnold (Grand Rapids, MI: Baker Academic, 1999), 79-81; Niels P. Lemche, *Ancient Israel: A New History of Israelite Society*, 109, 131.

129) Roland. K. Harrison, *Introduction to the Old Testament: with a comprehensive review of Old Testament studies and a special supplement on the Apocrypha*, 324-25.

130) John J. Bimson, *Redating the Exodus and Conquest*, 102, 135, 171, 223.

131) Mark Mangano, *The College Press NIV Commentary: Old Testament Introduction*, 122-31.

132) Raymond B. Dillard & Tremper Longman III, *An Introduction to The Old Testament*, 62.

133) Bernhard W. Anderson, *Understanding The Old Testment*, 74.

134) 앞의 책, 74.

135) Thomas B. Dozeman, *Commentary on Exodus* (Grand Rapids, Michigan: William B. Eerdmans, 2009), 47.

136) Thomas W. Mann, *The Book of the Torah: The Narrative Integrity of the Pentateuch* (Atlanta: John Knox Press, 1988), 106.

137) S. Dean McBride Jr., "The God Who Creates and Governs: Pentateuchal Foundations of Biblical Theology," in The Forgotten God: Perspective in Biblical Theology: Essays in Honor of Paul J. Achtemeier on the Occasion of His Seventy-Fifth Birthday," ed. A. Andrew Das and Frank J. Matera (Louisville: Westminster John Knox, 2002), 11-27.

138) Walter Brueggemann, *Theology of the Old Testament: Testimony, Dispute, Advocacy* (Minneapolis: Fortress Press, 1997), 578.

139) John Bright, *A History of Israel*, 127.

140) Walther Eichrodt, *Theology of the Old Testament*, Vol. 1, 4th ed. trans. J. A. Baker (London: SCM Press, 1975), 290-91.

141) TH. C. Vriezen, *An Outline of Old Testament Theology* (Newton Centre, Mass.: Charles T. Branford Company, 1966), 137.

142) 앞의 책, 188.

143) Bruce K. Waltke, *An Old Testament Theology: An Exegetical, Canonical, and Thematic Approach* (Grand Rapids: Zondervan, 2007), 152.

144) George Steindorff and Keith C. Seele, *When Egypt Ruled East* (Chicago: The University of Chicago Press, 1957), 40.

145) Flavius Josephus, *The Antiquities of the Jews*, 2. 232-33.

146) Harold E. Remus, "Moses and the Thaumaturges: Philo's De Vita Mosis as a Rescue Operation," in *Leval Théologique et philosophique*, Vol. 52, 3 (1996): 668.

147) Kenneth Schenck, *A Brief Guide to Philo* (Louisville, Kentucky: Westminster John Knox, 2005), 100.

148) Danny Mathews, *Royal Motifs in the Pentateuchal Portrayal of Moses* (New York: T.& T. Clark, 2012), 27.

149) 앞의 책, 665.

150) Annewies van den Hoek, *Clement of Alexandria and his use of Philo in the Stromateis: An Early Christian Reshaping of a Jewish Model* (Leiden: E. J. Brill, 1988), 51.

151) 앞의 책, 51.

152) 앞의 책, 51.

153) Philo, *De Vita Mosis*, Ⅰ. 151. 3.

154) Louis H. Feldman, "Josephus' Portrait of Moses: Part Three," JQR 83 (1992): 314-15.

155) Jacob Neusner, *The Way of Torah: An Introduction to Judaism* (Belmont, CA: Dickenson, 1970).

156) R. W. L. Moberly, "Exodus," in *Theological Interpretation of the Old Testament: A Book-by-Book Survey*, eds. Kevin J. Vanhoozer, Craig G. Bartholomew and Daniel J. Treier (Grand Rapids, Michigan: Baker Academic, 2008), 200.

157) Horst D. Preuss, *Old Testament Theology*, Vol. 1, trans. Leo G. Perdue (Louisville, Kentucky: Westminster John Knox Press, 1995), 43.

158) 더함(John I. Durham)은 출애굽기의 내용을 한눈에 파악하기 위한 용이한 방법으로 장소를 중심으로 세 부분으로 나누었다. 제1부는 이집트에서의 이스라엘(1:1-13:16), 제2부는 광야에서의 이스라엘(13:17-18:27), 제3부는 시내산에서의 이스라엘(19:1-40:38). 장소의 변화를 알려주는 13:17과 15:22 중에 어느 절부터 제2부가 시작되는지에 대해서는 어려움이 있지만, 더함은 13:17을 선택했다. 이에 관한 더함의 견해를 보려거든 그의 책 *Word Biblical Commentary: Exodus*, xxx를 참조하시라.

159) Peter C. Craigie, *The Old Testament: Its Background, Growth, and Content* (Nashville: Abingdon Press, 1991), 109; Benno Jacob, *The Second Book of the Bible: Exodus* (Hoboken, New Jersey: Ktav Publishing House, 1992), xxxv. 베노 야곱은

출애굽기를 장소를 기준으로 두 부문으로 나누었다. 첫 단원인 1-18장까지는 이집트에서 일어난 일들이 기록되어 있는데, 이 단원은 세 개의 소단원으로 나뉜다. 1:1-7:13(바로의 압제와 모세의 소명), 7:14-11장(10개의 재앙들), 12장-18장(이집트에서 시내 광야로). 둘째 단원인 19장-40장까지는 시내산에서 일어난 일들이 기록되어 있는데, 이 단원도 세 개의 소단원으로 나뉜다. 즉, 19장-24장(십계명과 율법), 25장-34장(성막 건립 계획과 금송아지 건립), 35장-40장(성막 건립).

160) Andrew E. Hill & John H. Walton, *A Survey of the Old Testament*, 3rd ed. (Grand Rapids, Mich.: Zondervan, 2009), 60.

161) Mark Mangano, *The College Press NIV Commentary: Old Testament Introduction*, 136.

162) 앞의 책, 136-37.

163) Thomas B. Dozeman, *Commentary on Exodus*, 1.

164) John I. Durham, *Word Biblical Commentary: Exodus*, xix-xxiv.

165) 십계명은 하나님께서 모세를 통해 이스라엘 백성이 지켜야 할 기본적인 규범으로 주신 열 가지 계명을 말한다. 하나님은 모세를 시내산에서 부르셔서 자신의 사랑과 언약에 근거해 십계명을 제정하시고 친히 두 돌판에 기록하여 주셨다. 구약성경에서 '십계명'이란 용어는 세 번 나타난다(출 34:28; 신 4:13; 10:4).

제2부

166) 조기 출애굽을 지지하는 학자들의 견해로는 야곱 일행이 가나안에서 애굽에 이주한 때를 기원전 1876년으로 본다(물론 후기 연대를 주장하는 학자들은 이보다 200년쯤 후인 기원전 1660-1650년으로 보는 견해도 있지만). 모세가 이스라엘 백성들을 영도하고 이집트를 빠져나온 때를 기원전 1446년으로 보고 이스라엘 백성들의 이집트 거주기간을 430년(출 12:10)으로 본다면 야곱 일행이 이집트에 이주한 연대는 기원전 1876년이 된다. 그런데 힉소스족이 이집트를 침략해 지배하던 시기는 기원전 1720-1550년이다. 그렇다면 요셉이 총리대신으로 일했던 시기는 힉소스 시대보다 앞선 첫 번째 중간왕국 시대(2000-1730)였을 것이다. 그러나 유대 역사가 요세푸스는 힉소스 왕조가 이집트를 통치하고 있었을 때 요셉이 총리대신으로 일했다고 전한다. 만일 요세푸스의 견해가 맞는다면 출애굽의 늦은 연대를 주장하는 존 브라이트(John Bright)와 같은 견해를 가진다. 힉소스족이란 셈족 배경을 가진 아시아 유목민들로 이집트에 들어와 이집트 전역에 지배권을 행사하였던 민족이다. 그들은 수도를 델타 지역의 아바리스(훗날의 라암셋)로 정하고 제15왕조를 세웠다. 힉소스 왕가가 이집트를 지배하였던 시기는 학자들마다 조금씩 다르다. 라스무센(Carl G. Rasmussen)은 기원전 1786-1558까지로 본다. 그의 책 NIV Atlas of the Bible, 85를 참조하기 바람.

167) Bernhard W. Anderson, *Understanding The Old Testament*, 70.

168) Flavius Josephus, *The Antiquities of the Jews*, Ⅰ. 9. 2.

169) Donald E, Gowan, *Theology in Exodus: Biblical Theology in the Form of a Commentary* (Louisville, Kentucky: Westminster John Knox Press, 1994), 4.

170) Brevard S. Childs, *The Book of Exodus: A Critical, Theological Commentary, OTL* (Philadelphia: Westminster Press, 1974), 34.

171) John I. Durham, *Word Biblical Commentary: Exodus*, Vol. 3, xxx.

172) John Flavel, *The Mistery of Providence*, 조계광 역, 『하나님의

섭리』(서울: 규장, 2009), 42.

173) James L. Kugel, *The Bible as it was* (Cambridge, London, Massachusetts, London, England: The Belknap Press of Havard University Press, 1977), 302.

174) Paul R. House, *Old Testament Theology*, 97.

175) Rolf P. Knierim, *The Task of Old Testament Theology: Methods and Cases* (Grand Rapids, Michigan: Eerdmans Publishing, 1995), 309-21.

176) Benno Jacob, *The Second Book of the Bible: Exodus*, 72.

177) James L. Kugel, *The Bible as it was*, 303.

178) John I. Durham, *Word Biblical Commentary: Exodus*, 39.

179) Paul R. House, *Old Testament Theology*, 93.

180) Th. C. Vriezen, *An Outline of Old Testament Theology*, 183.

181) John I. Durham, *Word Biblical Commentary: Exodus*, 39.

182) Bruce K. Waltke, *An Old Testament Theology: An Exegetical, Canonical, and Thematic Approach*, 11.

183) 앞의 책, 366.

184) 앞의 책, 366-77.

185) Patrick D. Miller, *The Religion of Ancient Israel* (Louisville, Kentucky: Westminster John Knox Press, 2000), 2.

186) Umberto Cassuto, *A Commentary on the Book of Exodus* (Jerusalem: Magnes Press, ET 1967), 77.

187) Emil Brunner, *The Christian Doctrine of God*, Dogmatics Ⅰ, trans. Olive Wyon (Cambridge, England: James Clarke, 2002), 120.

188) Walther Zimmerli, *Old Testament Theology in Outline*, 20.

189) 앞의 책, 20.

190) 앞의 책, 20.

191) Donald E, Gowan, *Theology in Exodus: Biblical Theology in*

the Form of a Commentary, 85.

192) Carl F. Keil, Genesis, *Biblical Commentary on the Old Testament*, trans. James Martin, eds. C. F. Keil and F. Delitzsch (repr., Grand Rapids: Wm. B. Eerdmans, 1971), 1:144.

193) William D. Barrick, "Conscience, Oral Tradition, Natural Religion, or Later Insertion?: Unwritten Revelation in Genisis 1-11," in the Master's Seminary ETS Annul Meeting (November 2011): 8.

194) John E. Hartley, *Word Biblical Commentary: Exodus*, 76-78.

195) Patrick D. Miller, *The Religion of Ancient Israel*, 1.

196) 앞의 책, 1.

197) Donald E, Gowan, *Theology in Exodus: Biblical Theology in the Form of a Commentary*, 28.

198) 히브리어로 'יָדַע'(야다)는 '알다'라는 뜻이다. 이 단어는 10가지 재앙들의 내러티브를 실질적으로 이끌어 가고 있다. 이 단어는 또 출애굽기의 다른 곳에서와 오경 외의 구약의 다른 책들 가운데서도 자주 나온다. 바로는 이제 아브라함과 이삭과 야곱에게 나타나신 전능의 하나님이 누구인지 곧 알게 될 것이다. 그는 하나님의 이름이 '여호와'란 사실도 알게 될 것이다. 그는 또 그 하나님이 이집트의 모든 신들을 초토화시키고 그의 백성을 이집트에서 빼낼 능력이 있는 신이라는 사실을 뼈저리게 알게 될 것이다. 10가지 재앙 내러티브에서 이 단어가 나오는 곳은 6:7; 7:5,17; 8:10, 22; 9:14,29; 10:2; 11:7 등이다. 출애굽기의 다른 곳에서는 14:4,18; 16:6,12 등에 나타난다. 구약성경의 다른 책들에서는 이사야 45:3; 49:23,26; 60:16; 호세아 2:20; 6:3; 요엘 2:27; 3:17 등에 나타난다.

199) Elmer A. Martens, *God's Design: A Focus on Old Testament Theology* (Grand Rapids, Michihan: Baker Book House, 1990).

200) 앞의 책 19-20.

201) Rolf Rendtorff, "The Concept of Revelation in Ancient Israel," in *Revelation as History*, ed. Wolfhart Pannenberg (New York: Macmillan, 1968): 23-53.

202) Victor P. Hamilton, *Handbook on the Pentateuch: Genesis,*

Exodus, Leviticus, Numbers, Deuteronomy, 2nd ed. (Grand Rapids, Michigan: Baker Academic, 2005), 159.

203) 10가지 재앙들은 물을 피로 만든 재앙(7:14-25), 개구리 떼 재앙(8:1-15), 이 재앙(8:16-19), 파리 재앙(8:20-32), 가축들에 대한 돌림병 재앙(9:1-7), 사람과 짐승에 대한 악성 종기 재앙(9:8-12), 우박 재앙(9:13-35), 메뚜기 떼 재앙(10:1-20), 흑암 재앙(10:21-29), 사람과 가축의 맨 처음 난 것의 죽음 재앙(11:1-12:36).

204) Walter Eichrodt, *Theology of the Old Testament*, 178.

205) Philo, *De Vita Mosis* , trans. F. H. Colson, Loeb Classical Library (Cambridge: Harvard University Press, 1950), 6:96.

206) 출애굽기의 유월절 규례 본문(12:1-13:16)에서 어린양의 피로 문설주에 표시하지 않은 집에 들어가서 모든 초태생을 친 분은 누구인가? 하나님 자신인가, 죽음의 천사인가, 하나님의 사자인가? 본문에는 그냥 '멸하는 자'(12:23)라고만 되어 있다. 이는 하나님의 명령을 수행하는 천사로 보인다. 시편 기자는 이 천사를 "그의(하나님의) 맹렬한 노여움과 진노와 분노와 고난 곧 재앙의 천사들"(시 78:49)이라고 말한다. 다윗 시대 인구조사로 말미암아 전염병으로 7만 명이나 죽었는데, 그때 재앙을 내린 하나님의 명령 수행자는 뺀 칼을 손에 든 여호와의 천사(대상 21:16,30)였다.

207) John H. Sailhamer, *The Meaning of the Pentateuch: Revelation, Composition, and Interpretation*, 212.

208) 앞의 책, 212.

209) 앞의 책, 214.

210) Horst Dietrich Preuss, *Old Testament Theology*, Vol. I , trans. Leo G. Perdue from Theologie des Alten Testaments, Band I (Louisville, Kentucky: Westminster John Knox Press, 1995), 25.

211) William P. Alston, "Divine Action: Shadow or Substance?" in *The God Who Acts: Philosophical and Theological Explorations*, ed. Thomas F. Tracy (University Park, Pennsylvania: The Pennsylvania State University Press, 1994), 25.

212) Werner. H. Schmidt, *Old Testament Introduction*, trans. Matthew J. O'connell, 2nd ed. (Louisville: Westminster John Knox Press, 1999), 13.

213) '여호와의 군대'란 하나님이 직접 군사들을 지휘하고 통솔하는 하나님의 군대를 의미한다. 성경에서 이 말을 맨 처음 쓴 사람은 출애굽기 기자였다(12:41). 출애굽기 기자는 이스라엘 자손이 이집트에 거주한 지 430년 되던 해에 "여호와의 군대가 다 이집트 땅에서 나왔다"고 증언하고 있다. 여호와의 군대란 지상의 나라들이 조직한 군대와는 본질적으로 뜻이 다르다. 지상 나라들의 군대가 자신들의 영토와 생명과 재산을 보호하기 위해 사람들이 만든 세상의 조직이라면, 여호와의 군대는 여호와 하나님이 지상에서 자신의 나라를 세워 자신의 뜻을 펼치기 위해 직접 만드신 것이다. 그러므로 여호와의 군대 대장, 즉 총사령관은 하나님 자신이었다(수 5:14,15). 그런 점에서 여호와의 군대는 하나님의 군대와 같은 뜻이다. 성경에서 '하나님의 군대'가 맨 처음 등장하는 곳은 창세기 32:2이다. 야곱이 형 에서를 만나러 길을 갈 때 하나님의 사자들이 야곱을 만났는데, 야곱은 그들을 '하나님의 군대'라 하고 그 땅 이름을 마하나임이라고 불렀다. '하나님의 군대'라는 말은 골리앗과의 싸움을 앞둔 다윗이 골리앗을 "하나님의 군대를 모욕한 이 할례 받지 않은 블레셋 사람"이라고 비아냥대면서 전의를 불태우며 한 말이다. '하나님의 군대'라는 말은 역대상에서도 나타난다. 다윗이 사울 왕의 추적을 피해 이스라엘의 이곳저곳을 떠돌며 은신해야 했을 때 그와 뜻을 같이한 용사들이 다윗에게 몰려들었는데, 역대상 기자는 그렇게 모인 다윗의 군사들을 '하나님의 군대'라고 기술했다. 구약성경에서 '여호와의 군대' 혹은 '하나님의 군대'라는 용어는 이같이 매우 제한적으로 사용되었다. 또한 이 말은 이스라엘이 남북으로 갈리기 전 이스라엘 군대를 지칭할 때 사용한 용어가 아니라는 것도 알아둘 필요가 있다. 구약성경에서 '이스라엘 군대'라는 말은 이스라엘이 남북으로 분열된 후 북 왕국인 이스라엘 군대를 가리킬 때 사용하던 용어다(남 왕국은 '유다 군대'라고 불렀다). 하나님의 군대 조직에 속해 있는 군인을 '병사'라고 한다. 신약성경에서 병사는 한층 더 영적인 의미로 쓰이고 있다, 바울은 아들 같은 디모데에게 "너는 그리스도 예수의 좋은 병사로 나와 함께 고난을 받으라"고 당부하면서 이 말을 썼다. 찬송가에서는 '병사'라는 말 대신 '군병'이란 말을 써서 예수님을 따르는 그리스도인을 '십자가 군병'이라고 했다. 찬송가 352장〈십자가 군병들아〉, 353장〈십자가

군병 되어서〉가 그러한 예다. 그리스도인은 구원 백성으로서 이 땅에서 살 때 하나님의 전신 갑주를 입고(엡 6:11) 믿음으로 살며 믿음의 선한 싸움을 싸워 영생을 취해야 한다(딤전 1:18; 6:12; 딤후 4:7).

214) John MacArthur, *The MacArthur Study Bible* (Nashville, Tennessee: Word Publishing, 1997), 198.

215) Lester L. Grabbe, *Ancient Israel: What Do We Know and How Do We Know It?* (New York, NY: T & T Clark), 85.

216) A. Dillmann, *Die Bücher Numeri, Deuteronomium und Josua* (Kurzgefasstes exegetisches Handbuch zum Alten Testament, 1886), 7; W. F. Albright, *From the Stone Age to Christianity* (Garden City, NY: Doubleday, 1957), 253.

217) Niels Peter Lemche, *Ancient Israel: A New History of Israelite Society*, 109; W. M. Flinders Petrie, *Researches in Sinai* (London: Hazell, Watson and Viney, 1906), 207-08.

218) W. M. Flinders Petrie, *Researches in Sinai* (John Murray, 1906), 207; G .E. Mendenhall, The Census of Numbers 1 and 26, JBL 77 (1958), 52-66.

219) G. E. Mendenhall, *The Census of Numbers 1 and 26*, JBL 77 (1958), 52-66; J. W. Wenham, *Large Numbers in the Old Testament*, TB 18 (1967), 19-53; R. E. D. Clark, *The Large Numbers of the Old Testament*, Journal of the Transactions of the Victoria Institute, 87 (1955), 82-92.

220) Andrew E. Hill & John H. Walton, *A Survey of the Old Testament*, 153.

221) John Bright, *A History of Israel*, 134.

222) James Barr, *Fundamentalism* (Philadelphia: Westminster Press, 1978), 250.

223) 함의 아들 가나안은 장자인 시돈 등 11명의 아들을 낳았다. 그들은 고대 근동의 곳곳에 흩어져 살았는데, 일곱 족속은 가나안 땅에 거주했다고 성경은 밝힌다(창 10:15-18; 역대상 1:13-16). 하나님은 아브라함에게 이들이 거주하는 땅을 아브라함의 자손에게 주시겠다고 약속하셨다(창 15:18-21). 구약성경은

가나안의 경계에 대해 특별한 관심을 나타낸다. 가나안의 경계에 관한 구약성경의 맨 처음 언급은 노아의 아들들의 족보를 언급할 때다. 가나안의 경계는 많은 족속들만큼이나 그 지경이 넓었다. 곧 "시돈에서부터 그랄을 지나 가사까지와 소돔과 고모라와 아드마와 스보임을 지나 라사까지"였던 것이다(창 10:19). 여호수아 군대가 가나안 정복전쟁을 벌일 때 가나안 땅에 거주하던 일곱 족속은 가나안, 헷, 히위, 브리스, 기르가스, 아모리, 여부스 족속이었다(신 7:1; 수 3:10, 24:11; 느 9:8).

224) Yohanan Aharoni, *The Land of the Bible: A Historical Geography*, trans. A. F. Rainey (Philadelphia: Westminster Press, 1967), 74.

225) 만잘라(manzala) 호수는 이집트의 나일강 삼각주에 있는 석호다. 이집트의 북동부 최북단에 있는 이 호수는 1859년 수에즈 운하가 건설되기 전에는 지중해로부터 200-300미터 너비의 모래 띠에 의해 분리되어 있었는데, 10년 후인 1869년 운하가 개통되고 난 후부터는 자연스레 지중해와 연결되어 홍해로 이어지는 첫 번째 호수가 되었다. 이 호수에는 수에즈 운하를 만들면서 세운 도시인 포트사이드가 있고, 근처에서 멀지 않은 곳에 고대 유적지인 타니스(옛 라암셋)가 있다. 길이 47킬로미터, 너비 30킬로미터인 만잘라 호수는 이집트 북부 삼각주 호수들 가운데 가장 큰 호수다. 만잘라 호수는 운하가 건설되기 전에는 깊이가 낮은 곳은 성인 허리에서부터 깊은 곳은 1.5미터 정도였지만, 운하가 건설된 후론 큰 배가 지나가야 하므로 지금은 배가 지나가는 곳은 수심이 7미터나 된다. 만잘라 호수는 총 길이 173킬로미터인 수에즈 운하와 교차하는 세 개의 호수들 중 최북단에 있다. 나머지 두 개의 호수는 팀사 호수와 그레이트 비터 호수다.

226) 시르보니스 호수(Lake Sirbonis)는 이집트의 나일강 삼각주 지역의 항구도시 다미에타(지중해와 나일강이 합류하는 항구도시로 다미에타주의 주도. 카이로 북쪽 약 200킬로미터 떨어진 곳에 있음)와 카시우스산(다미아타에서 동쪽으로 110킬로미터 떨어진 곳에 있는 모래 산) 사이에 있는 거대한 늪지대 호수를 말한다. 포트 사이드 항구에서 남동쪽으로 30킬로미터 가량 떨어져 있는 시르보니스 호수는 이집트 북동쪽 국경에 위치한 펠루시움(Pelusium)의 동쪽 해안 호수로, 카시우스산의 서쪽에 있다. 이집트의 지중해는 수에즈 지협, 카시우스산, 시르보니스 호수를 중심으로 펼쳐져 있는데,

시르보니스 호수는 이집트에서 만잘라 호수 다음 두 번째로 큰 석호다. 밀턴은 그의 빛나는 걸작 《실낙원》에서 바로의 막강한 군대가 물에 빠져 몰살된 곳이 바로 이 시르보니스 호수라고 했다.

227) 성경 독자들은 종종 '홍해의 광야 길'과 '홍해 길'을 혼동할 때가 있는 것 같다. 두 길은 서로 다르다. '홍해의 광야 길은 이스라엘 백성이 시내산을 향해 행진할 때 오른편에 홍해(오늘날 수에즈 운하를 포함한 홍해)를 끼고 가는 길을 가리킨다. 이 말은 구약성경에 딱 한 번 나온다(출 13:18). 이집트를 탈출한 이스라엘 백성이 해안로(블레셋 길)로 나아가야 할지 홍해를 옆에 끼고 가는 우회로를 이용해 가야 할지 선택해야 하는 긴박한 상황에 처해 있을 때, 하나님은 이집트 군사들이 주둔해 있는 해안로로 가지 말고 홍해의 광야 길로 가도록 인도하셨다. 한편 '홍해 길'이란 광야에 있는 이스라엘 백성이 남쪽의 홍해를 향해 행진해 가는 아라바 광야 길을 가리킨다. 이 말은 민수기와 신명기에 네 번 나온다(민 14:25, 21:4; 신 1:40, 2:1).

228) James K. Hoffmeier, *Ancient Israel in Sinai: The Evidence for the Authenticity of the Wilderness Tradition* (Oxford, New York: Oxford University Press, 2005), 120.

229) Antonius H. J. Gunneweg, *Geschichte Israels: von den Anfängen bis Bar Kochba*, 문희석 옮김, 『이스라엘의 역사』(서울: 한국신학연구소, 2006), 45-47.

230) William Johnstone, *Exodus: Old Testament Guides*, 27-28.

231) John I. Durham, *Word Biblical Commentary: Exodus*, 39.

232) S. David Sperling, "Major Development in Jewish Biblical Scholarship," in *Hebrew Bible/Old Testament: The History of Its Interpretation: From Modernism to Post-Modernism*, 379.

233) 모래 둑 등에 의해 만의 입구가 바다와 분리되어 생긴 호수로 우리나라 영랑호나 청초호 같은 호수.

234) Victor P. Hamilton, *Handbook on the Pentateuch: Genesis, Exodus, Leviticus, Numbers, Deuteronomy*, 171-72.

235) Richard A. Freund, *Digging through the Bible: Understanding Bible People, Places, and Controversies through Archaeology* (Maryland: Rowman & Littlefield Publishers, 2008), 98-99.

236) 앞의 책, 99-100.

237)바울이 다메섹으로 가는 길에 회심한 후 예루살렘의 사도들을
만나려고 곧장 예루살렘으로 가지 않고 아라비아로 갔다가
다시 다메섹으로 갔다는 정보는 바울이 간증 형식을 빌려
기록해 놓은 갈라디아서 1장 17절에서 발견된다. 여기에서
아라비아는 아라비아 반도 서북부에 있는 페트라(Petra)를
지칭하는 것 같다. 페트라는 요르단 남부에 있는 산악 도시이다.
'반석'(바위)이란 뜻의 페트라는 기원전 1400-1200년 전
에돔과 모압의 접경지에 있었는데, 기원전 4세기 무렵 유목민인
나바테아인(Nabataeans)이 이곳을 중심으로 번창하면서 독특한
나바테아 문명을 일으켰다. 바위를 깎아 만든 높은 암벽에 세워진
역사유적 도시 페트라는 1985년 유네스코에 세계유산으로
등재되었다. 페트라의 일부 지역에는 원주민인 호리 족속이
살았고, 훗날 그 땅은 에돔의 소유가 되었다. 아랍인들의 전설에
의하면, 페트라는 모세가 지팡이로 바위를 쳐서 물을 솟아나게
하였으며 그의 형 아론이 죽어 묻힌 호르산이 있는 곳이라고
한다. 그런데 바울이 페트라를 아라비아로 부른 것은 지리상으로
볼 때 다소 모호하다. 오늘날 아라비아라고 한다면 이라크,
시리아, 요르단을 제외한 사우디아라비아 등 7개국을 말한다.
한반도 면적의 15배 크기의 광대한 아라비아의 지경은 시대마다
유동적이었다. 바울이 갈라디아서를 썼을 당시에는 페트라
일대까지도 아라비아에 포함되어 있었던 것으로 보인다. 만일
그게 아니라면 바울은 페트라보다도 더 남쪽인 사막지대로 내려가
거기에서 기도와 말씀으로 수련을 했을 것이다.

238) Hans Dieter Betz, *Galatians: A Commentary on Paul's Letter
to the Churches in Galatia* (Philadelphia: Fortress Press, 1984),
245.

239) Richard N. Longenecker, *Word Biblical Commentary:
Galatians*, Vol. 41 (Waco, Texas: Word Books, 1990), 207.

240) 에게리아 여행기는 1919년 뉴욕 소재 출판사 맥밀런
컴퍼니(Macmillan Compan)가 『*The Pilgrimage of Etheria*』란
제목으로 출판했다. 1970년에는 가톨릭계 출판사인 뉴멘
프레스(Newman Press)가 『*Egeria: Diary of a Pilgrimage*』란
제목으로 출판해 독서인들의 관심을 끌었다. 우리나라에서는
분도출판사가 2019년 『에게리아의 순례기』라는 제목으로
출판했다. 이 책은 현존하는 기독교 순례에 관한 최초의 그래픽

설명으로 가치가 높다. 문헌학자들은 고대 후기 라틴어가 프로토로망스어(Proto-Romance)로 파생하는 현상을 이 책을 통해 연구한다.

241) Flavius Josephus, *The Complete Works of Josephus*, trans. William Whiston (Grand Rapids, Mich.: Kregel Publishers, 1981) 301-303, 623.

242) Flavius Josephus, *Against Apion*, 2:25.

243) Flavius Josephus, *Antiquities of the Jews* iv. IV, 82-83.

244) 그런 교부들로 오리겐(Origen), 유세비우스(Eusebius), 제롬(Jerome) 등이 있다.

245) Graham I. Davies, *The Way of the Wilderness* (London: Cambridge University Press, 1979), 10-11.

246) 시나이 반도와 아라비아 반도 사이에 있는 홍해 북서부의 만이다. 홍해가 시나이 반도로 나뉘어 만들어진 두 개의 만 중 하나로 반도 서쪽에는 수에즈만, 동쪽엔 아카바만이 있다. 이스라엘에서는 에일라트만이라고 부른다. 이집트, 이스라엘, 요르단, 사우디아라비아가 아카바만과 접해 있어 경제적, 군사적인 면에서 전략적 요충지로서의 가치가 매우 큰 만이다. 아카바만은 만 입구의 티란해협에서 북쪽의 이스라엘 해안까지 길이가 160km이다. 너비가 가장 큰 곳이 27km이며, 가방 작은 곳은 이다. 만의 평균 깊이는 100미터, 가장 깊은 곳은 1,850미터나 된다. 만의 남쪽과 중간 지점의 해변에서 다양한 해양 스포츠를 즐길 수 있다.

247) 전통적으로 알려져 온 시나이 반도 중남부의 제벨 무사산(Jebel Musa), 그 옆의 제벨 사프사파산(Jebel Safsafa)과 제벨 세르발산(Jebel Serbal), 시나이 반도 북서쪽에 있는 제벨 신 비샤르산(Jebel Sin Bishar), 시나이 반도 남서쪽에 있는 세라빗 엘 캇뎀산(Serabit el-khadem), 시나이 반도 중서부에 있는 제벨 헬랄산(Jebel Helal), 네게브의 가데스 동남쪽에 있는 카르콤산(Mount Karkom), 네게브의 고지대에 있는 사프론산(Mountain Saffron), 아카바만 북동쪽에 있는 제벨 바기르산(Jebel Baghir), 에일랏만(아카바만) 동쪽 미디안 땅인 타북주 제벨 알 마니파산(Jebel al-Manifa), 할라 알 바드르산(Hallat al Badr) 등등.

248) Robert Cornuke & David Halbrook, *In Search of the Mountain of God: The Discovery of the Real Mt. Sinai* (B & H Pub Group, 2000); Larry R. Williams, *The Mount Sinai Myth: Formely The Mountain of Moses* (Toledo, Ohio: Discover Books, 1990).

249) Steven Rudd, *Exodus Route Restored: Archaeological Encyclopedia of the Exodus by Steven Rudd* (Independently Published, 2005).

250) 김승학, 『떨기나무』 (서울: 두란노, 2007); 『떨기나무 2』 (서울: 생명의말씀사, 2014.

251) '페트라'(Petra, 헬라어 Πέτρα)는 요르단 서남부에 존재했던 고대도시로 히브리 구약성경에서는 셀라(ע‎לס)라는 이름으로 불렸다. 요르단의 수도 암만으로부터 서남쪽으로 150킬로미터 떨어진 곳에 위치해 있다. 바위라는 뜻을 가진 페트라는 나바테인들(기원전 6세기부터 기원후 1세기까지 사해 남부에서 살며 나바테아 문명을 꽃피운 민족)이 건설해 자신들의 수도로 삼았던 곳이다. 기원전 4세기경 아랍계에 속하는 나바테아인들이 페트라에 정착해 살게 됐다. 나바테아는 트라얀 황제가 통치하던 때인 106년 시리아 총독인 아울루스 코르넬리우스 팔마 프론토니아누스(Aulus Cornelius Palma Frontonianus)가 로마로 합병시키면서 역사에서 사라졌다. 고대로부터 페트라는 홍해와 지중해를 연결하는 중간에 위치해 있어 이집트-요르단-시리아-튀르키예로 연결되는 왕의 대로를 통해 남북을 오가는 대상들의 휴식처가 됐다. 바위투성이의 이 고대도시는 로마 제국에 의해 정복된 후로 그리스인들이 '페트라'(Petra)라는 이름으로 부르면서 이 이름이 오늘에 이르고 있다. 페트라는 건물과 건물 사이에 수도 없이 많은 좁은 통로와 붉은 사암 절벽과 협곡들이 있는 산들로 유명해 1985년 유네스코 세계문화유산으로 등재되었다. 페트라는 스티븐 스필버그가 감독하고 해리슨 포드와 숀 코네리가 주연해 1989년 개봉한 인디아나 존스 시리즈 3편인 〈인디아나 존스와 최후의 성전〉(Indiana Jones and the Last Crusade) 마지막 장면 촬영지로 부쩍 유명해졌다. 영화에서는 성배가 보관된 성전이 이곳에 있는 것으로 묘사되어 있다.

252) William J. Dumbrell, Midian: *A Land or a League? in Vetus Testamentum*. VOL. 25 (May, 1975).

253) Ed Hindson and Gary Yates, *The Essence of the Old Testament: A Survey*, 71.

254) 로버트 스튜어트(Robert Stewart) 박사, 뉴제네바 신학센터 교수, Roy E. Knuteson 박사, 성서 고고학 교수, Dean McKenzie 박사, 오레곤 대학교 명예 교수, Allen Kerkeslager 박사 등.

255) Edward Robinson & Eli Smith, *Biblical Researches in Palestine, Mount Sinai and Arabia Petraea: A Journal of Travels in the year 1838* (London: British Library, 1841); Samuel C. Bartlett, *From Egypt to Palestine Through Sinai, the Wilderness and the South Country: History of the Israelites* (San Francisco: Ayer Co Pub, 1977); Jan Jozef Simons, *The Geographical and Topographical Texts of the Old Testament* (Leiden: E.J. Brill, 1959); Menshe Har-El, *The Sinai Journeys, The Route of the Exodus* (San Diego: Ridgefield Publishing Company, 1983).

256) Edward Robinson & Eli Smith, *Biblical Researches in Palestine, Mount Sinai and Arabia Petraea: A Journal of Travels in the year 1838* (London: British Library, 1841); Samuel C. Bartlett, *From Egypt to Palestine Through Sinai, the Wilderness and the South Country: History of the Israelites* (San Francisco: Ayer Co Pub, 1977); Jan Jozef Simons, *The Geographical and Topographical Texts of the Old Testament* (Leiden: E.J. Brill, 1959); Menshe Har-El, T*he Sinai Journeys, The Route of the Exodus* (San Diego: Ridgefield Publishing Company, 1983).

257) Israel Finkelstein, "Raider of the Lost Mountain: An Israeli Archaeologist Looks at the Most Recent Attempt to Locate Mt. Sinai", BAR 14:4 (1988), *CD-Rom: The Biblical Archaeology Review Archive 1975-2001* (Biblical Archaeology Society, 2002).

258) 출 13:18; 15:4,22; 23:31.

259) 출 14:16,22,27,28,29; 15:8,10.

260) William G. Dever, *Who Were the Early Israelities and Where Did They* Come From?, 17.

261) John Bright, *A History of Israel*, 4th ed. (Louisville, Kentucky: Westminster John Knox Press, 2000), 134.

262) Bernhard W. Anderson, *The Living World of the Old Testament*, 4th ed. (New Jersey: Longman House, 1988), 77.

263) Eugene H. Merrill, *Kingdom of Priests: A History of Old Testament Israel*, 82.

264) R. Alan Cole, *Exodus: An Introduction and Commentary* (Downers Grove, IL: InterVarsity Press, 1973), 44-45; John Bright, A History of Israel, 122.

265) John J. Davis, *Moses and the Gods of Egypt: Studies in Exodus*, 180.

266) Benno Jacob, *The Second Book of the Bible: Exodus*, 385.

267) Samuel L. Terrien, *The Elusive Presence: Toward a New Biblical Theology* (New York: Harper & Row, 1978), 126.

268) Wilbur Fields, *Exploring Exodus, Bible Study Textbook Series* (Joplin: College Press, 1976), 33-48.

269) John J. Davis, *Moses and the Gods of Egypt: Studies in Exodus*, 179-80.

270) R. Alan Cole, *Exodus: An Introduction and Commentary*, 117.

271) 민 14:25; 21:4; 33:11; 신 1:40; 2:1; 11:4; 수 4:23; 삿 11:16; 시 106:9,22; 136:15 등.

272) 출 14:16,21,22,27,28,29; 출 15:8,10 등.

273) 출애굽기 기자는 이스라엘 백성이 이집트를 떠난 지 3일 후(혹은 7일 후) 바로는 이스라엘 백성을 놓아준 것을 후회하고, 특수 전차 600대와 이집트의 모든 전차들과 군대 지휘관들과 군사들을 자신이 직접 통솔해 이스라엘 백성들을 추적했다고 기록하고 있다(출 14:5-7). 1세기 유대 역사가인 요세푸스는 『유대 고대사』(Antiquities of the Jews)에서 수많은 전차 외에도 5만 기병과 보병 20만 명으로 구성된 이집트 군사들이 동원되었는데, 홍해가 그들을 덮쳤을 때 파괴되었다고 말했다.

274) John J. Davis, *Moses and the Gods of Egypt: Studies in Exodus*, 171-76.

275) Richard A. Freund, *Digging through the Bible: Understanding Bible People, Places, and Controversies through Archaeology*, 98-99.

276) David J. A. Clines, *The Theme of the Pentateuch*, JSOTSup 10 (Sheffield: Sheffield Academic Press, 2006), 51.

277) Bruce K. Waltke, An Old Testament Theology: An Exegetical, Canonical, and Thematic Approach, 153.

278) Bernhard W. Anderson, *Understanding the Old testament*, 226.

279) William J. Dumbrell, *The Faith of Israel: Its Expression in the Books of the Old Testament* (Grand Rapids, Michigan, 1988), 29.

280) Victor P. Hamilton, *Handbook on the Pentateuch: Genesis, Exodus, Leviticus, Numbers, Deuteronomy*, 178.

281) Martin Noth, *A History of Pentateuchal Traditions*, trans. Bernhard W. Anderson, 47-51.

282) George W. Coats, "An Exposition for the Wilderness," VT 22 (1972): 288-95.

283) Thomas B. Dozeman, Commentary on Exodus, 348.

284) 구약은 물론 신약성경에서 하나님이 사람을 시험하신다는 표현은 꽤 많이 나온다. 출 20:20; 신 8:16; 삿 3:1,4; 시 26:2; 66:10; 81:7; 139:23; 전 3:18; 렘 17:10; 요 6:6; 히 3:9; 벧전 4:12(불시험) 등이 그러한 예다. 반대로 사람이 하나님을 시험하는 경우도 있다. 그러한 구절로는 민 14:22; 신 6:16; 시 95:9; 78:18, 41,56; 106:14; 사 7:12; 마 16:1; 막 8:11; 12:15; 요 8:6 등이다. 사람이 하나님을 시험한다는 의미가 긍정적인 의미로 쓰인 경우는 말 3:10; 엡 5:10 등이 있다. 성경에는 또 시험이 일반적인 의미로 쓰일 때도 있다. 그러한 예로는 욥 34:36; 마 26:41; 고전 10:13; 히 2:18; 약 1:2; 계 3:10 등이 있다. 마귀가 하나님을 시험하는 경우도 있는데 마태복음 4:7에서 그 예를 찾아볼 수 있다. 어떠한 경우든 시험은 하나님의 주권적인 행사이다.

285) 구약성경에서 '시험하다'라는 동사가 맨 처음 등장하는 곳은 하나님께서 아브라함에게 이삭을 제물로 바치라고 명령하신

창세기 22:1이다. 출애굽기에서는 마라에서 법도와 율례를 정하시고 이스라엘 백성을 시험하셨다고 하는 15:25이다. 출애굽기에서는 여기서부터 시작해 18장까지 '시험'이란 주제가 내러티브를 이끌고 있다. 하나님께서 만나를 내려주실 때 이스라엘 백성을 상대로 시험하셨지만(출 16:4), 물이 없을 때는 거꾸로 백성이 하나님을 시험했다(출 17:2,7). 이 단어는 하나님께서 시내산에서 십계명을 주실 때 회중 가운데 임하시어 백성을 시험하셨다(출 20:20)는 장면에서 한 번 더 등장한다. 출애굽기의 저자는 이후로 이 단어의 사용을 자제하고 있다. 아마도 하나님께서 성막을 통해 이스라엘 자손 중에 거하여 그들의 하나님이 되실 것이기 때문이리라(출 29:45). '시험하다'는 동사가 구약의 나머지 책들 속에 나타나는 곳은 민수기 14:22; 신명기 8:2,16; 사사기 2:22; 3:1,4; 대하 32:31 등이다. 이스라엘 백성이 물이 없어 하나님과 다투었다고 보도하는 출애굽기 17장의 므리바 혹은 맛사 사건의 '시험하다'는 단어는 신명기 33:8(맛사)과 시편 81:7(므리바)에서 재차 언급된다.

286) Donald E. Gowan, *Theology in Exodus: Biblical Theology in the Form of a Commentary*, 173.

287) Samuel L. Terrien, *The Elusive Presence: Toward a New Biblical Theology*, 27.

288) 성경에서 시내산의 다른 이름은 호렙 산(출 17:6; 신 1:6; 9:8; 18:16), 하나님의 산(출 4:27; 24:13), 하나님의 산 호렙(출 3:1; 왕상 19:8)으로 나타난다. 지금은 이 산의 이름을 '거룩한 산', '야웨의 산'이라고 부른다. 산 정상에는 4세기경 세워졌던 교회 자리에 1934년 새로 지은 모세 기념교회가 있고 산 밑에는 유서 깊은 성 캐더린 수도원이 있다. 이 수도원은 콘스탄티누스 황제의 어머니 헬레나가 막시미누스 황제 때 순교한 캐더린의 이름을 따 세운 교회로 희랍 정교회 소속 수도원이다. 동로마제국의 유스티니아누스 황제의 명으로 548년부터 565년까지 새로 건축되어 원형이 잘 보존돼 있다. 이 수도원의 서고에서 1844년 시나이 사본이 발견되었다. 호렙산은 북왕국 아합 왕 때 엘리야 선지자가 이세벨을 피하여 은신한 곳이다. 신약 시대에 들어와 바울은 그리스도의 십자가 복음이 은혜의 복음이라는 점을 강조하기 위해 모세가 시내산에서 받은 율법을 대척점에 두며 율법주의를 상징하는 비유적인 뜻으로 시내산을 언급했다(갈 4:24-25).

289) Joseph Blenkinsopp, *The Pentateuch: An Introduction to the First Five Books of the Bible* (New York: Doubleday, 1992), 48.

290) Roland K. Harrison, *Introduction to the Old Testament*, 401.

291) Victor P. Hamilton, *Handbook on the Pentateuch: Genesis, Exodus, Leviticus, Numbers, Deuteronomy*, 185.

292) Walter Brueggemann, *An Introduction to the Old Testament: The Canon and Christian Imagination* (Louisville, Kentucky: Westminster John Knox Press, 2003), 65.

293) William J. Dumbrell, *Covenant and Creation: An Old Testament Covenantal Theology* (Nashville: Thomas Nelson, 1984), 80-81.

294) Walter Brueggemann, "Exodus," in *The New Interpreter's Bible* (Nashville: Abingdon, 1994), 1:835.

295) Terrence E. Fretheim, *Creation, Fall, and Flood: Studies in Genesis 1-11* (Minneapolis: Augsburg Publishing House. 1969), 111.

296) Brevard S. Childs, *Old Testament Theology in a Canonical Context* (Philadelphia: Fortress Press, 1986), 53.

297) Th. C. Vriezen, *An Outline of Old Testament Theology*, 83.

298) John H. Sailhamer, *The Pentateuch as Narrative: A Biblical-Theological Commentary*, 26-28.

299) John H. Sailhamer, *The Meaning of the Pentateuch: Revelation, Composition, and Interpretation*, 529.

300) Patrick D. Miller, *The Way of the Lord, Essays in Old Testament Theology* (Tübingen, Germany: Mohr Siebeck, 2004), 4.

301) 십계명 전문(출 20:3-17) 다음에 이어 나오는 20:18-21은 그 위치가 어색하다. 이 내러티브는 19:16-19의 내러티브를 불필요하게 또 한 번 반복하는 것 같은 인상을 주기 때문이다. 그러나 백성들이 하나님을 두려워하여 모세의 중재를 요청한 이 추가적인 내러티브는 19:16-19에서 있었던 사건의 중요성을 부각하면서 그 중요성의 의미를 시간적으로 되돌려놓고 있다.

출애굽기의 저자는 십계명과 언약 법전의 사이에 전략적으로 앞서의 사건을 술회함으로써 독자들에게 십계명을 받은 시기와 언약 법전을 받은 시기 사이의 간극을 메워주고 있다. 세일해머는, 19:16-19는 하나님의 관점에서 백성들의 두려움을 본 것인 반면, 20:18-21은 동일한 두려움을 백성들 자신의 관점에서 바라본 것이라고 재치 있게 평한다. John H. Sailhamer, *The Meaning of the Pentateuch: revelation, composition, and interpretation*, 529 참조.

302) Carol Meyers, *Exodus*, 34.

303) David L. Baker, "The Finger of God and the Forming of Nation: The Origin and Purpose of the Decalogue," Tyndale Bulletin 56. 1 (2005): 19.

304) Gordon J. McConville, *Deuteronomy, Apollos Old Testament Commentary*, Vol. 5 (Leicester: Apollos, 2002), 121.

305) Patrick D. Miller, "The Place of the Decalogue in the Old Testament and Its Law," Interpretation 43 (1989): 229-42.

306) Claus Westermann, *Elements of Old Testament Theology*, trans. Douglas W. Scott (Atlanta: John Knox Press, 1982), 21.

307) 문희석, 『오늘의 오경 연구』 (서울: 대한기독교서회, 1991), 302.

308) 출애굽기 19장에서 십계명을 모세 혼자서 하나님께 직접 받았는지 아니면 백성들과 함께 받았는지는 분명하지 않다. 20절에는 모세 혼자 받은 것 같으나, 25절에는 모세가 백성들과 함께 하나님의 음성을 듣고 하나님께서 손수 쓰신 두 돌판을 받아 백성들에게 돌판에 새겨진 내용을 전달해 주었던 것같이 묘사된다. 그런데 신명기는 이 장면이 출애굽기보다는 선명하다. 신명기에는 미세한 시차가 있지만 모세와 백성들이 함께 있으면서 멀리 떨어지지 않은 상태에서 하나님께 십계명을 받은 것으로 묘사되었다(신 4:10-13; 5:4-5; 10:4).

309) Bruce K. Waltke, An Old Testament Theology: An Exegetical, Canonical, and Thematic Approach, 413-14.

310) Werner H. Schmidt, "The Problem of the 'Centre' of the OT in the Perspective of the Relationship Between History of Religion and Theology," in OT Essay, 4 (1986): 46-64.

311) Walther Zimmerli, *Studien zur alttestamentlichen Theologie und Prophetie* (TBue, 51: Munich, 1974), 38.

312) Gerhard von Rad, *Old Testament Theology: The Theology of Israel's Prophetic Traditions*, Vol. 2, trans. D. M. G. Stalker from Theologie des Alten Testaments, Band II (Louisville, Kentucky: Westminster John Knox Press, 2001), 340.

313) 남녀 관계에 관한 구약의 언급들은 언약서 안에 있는 율법들(출 20:22-23:19)과 레위기 18장과 20장, 신명기 22장과 24장, 말라기 2:14-16 등 참조.

314) 21:1-23:13까지의 계약 법전(언약 법전 혹은 언약의 책)은 출애굽기 20:22-23:33에 있는 율법군이다. 계약법전이라 하면 흔히 이 범위 안에 있는 율법들을 일컫는데, 학자들에 따라서는 그 범위를 20:22-23:19 또는 21:1-23:13까지로 다르게 보는 견해도 있다. 법전의 범위를 20:22-23:19로 보는 학자들은 이 법전이 앞뒤에 예배에 관한 부름(20:22-26의 제단법, 23:14-19의 절기법)에 둘러싸여 있는 데서 매력을 느끼기 때문인 것 같다. 계약 법전은 이 법전의 서문이라 할 수 있는 제단법(20:22-26)으로 시작해 재판법(21:1-22:20), 도덕적 계명들과 임무들(22:21-23:9), 안식과 절기법(23:10-19), 땅에 대한 명령과 약속(23:20-33)으로 끝을 맺는다.

315) Roland K. Harrison, *Introduction to the Old Testament*, 582.

316) Jay W. Marshall, *Israel and the Book of the Covenant: An Anthropological Approach to Biblical Law*, JSOTSup 181 (Sheffield: Sheffield Academic Press, 1994).

317) Frank Crüsemann, *The Torah: Theology and Social History of Old Testament Law*, trans. Allan W. Mahnke (Minneapolis, MN: Fortress Press, 1996), 197.

318) Jay W. Marshall, *Israel and the Book of the Covenant: An Anthropological Approach to Biblical Law*, 181.

319) Brevard. S. Childs, *Old Testament Theology in a Canonical Context* (Philadelphia: Fortress Press, 1986), 53.

320) 십계명은 하나님께서 언약 백성에게 요구하신 정의의 기본적인 원리들에 관한 일반적인 진술이다. 이에 반해 언약서에 나오는

42가지의 판례들(21:1-23:12)은 십계명이 지향하는 정신들과 원리들을 삶의 실제 정황 가운데서 어떻게 적용하고 해석해야 하는가를 보여준다.

321) 송제근, 『오경과 구약의 언약신학』, 22.

322) 종에 관한 법이 시작되는 21:1부터 도덕법인 22:17까지의 율법들은 조건적인 성격을 띠고 있다(21:12,15,16,17을 제외하고). 율법들은 보편적인 내용을 다루는 게 아니라 어떤 특정한 상황과 관련이 있다고 해서 결의법이라고도 말한다. 결의법은 조건절 형식을 취하고 있으므로 앞에 나오는 문장이 전제절, 뒤에 나오는 문장이 귀결절이다. 십계명과 같이 명령적 성격을 띤 정언법은 22:18부터 시작해 23:19까지에 걸쳐 나타난다. 이렇게 언약의 책은 정언법(20:22-26)으로 시작해 결의법(21:1-22:17)으로 바뀌었다가 다시 정언법(22:18-23:19)이 전개되는 식으로 구성되어 있다.

323) 열 개의 계명들 가운데 제4계명(안식일 엄수)과 제5계명(부모 공경)만 긍정이고, 나머지 계명들은 모두 부정적이다. 즉 십계명은 처음 세 계명이 부정문 형태로 시작하고 그다음 두 계명은 긍정문 형태로 바뀌다가 후반의 나머지 다섯 계명은 다시 부정문 형태로 전환되어 끝을 맺고 있다.

324) 십계명의 명문법 연구 분야는 알트(Albrecht Alt)가 대가이다. 알트의 연구를 더 자세히 보려거든 그의 역저 "The Origins of Israelite Law," in *Essays on Old Testament History and Religion* (Garden City, New York: Doubleday, 1968), 101-71을 참조하기 바람. 이 책의 원전인 독일어판은 1934년에 출간되었다. 알트에 따르면 결의법은 고대 근동의 법에서 기원하였지만, 정언법은 이스라엘의 종교 제의에서 기원했다고 한다. 그러므로 정언법은 다분히 이스라엘적이고 이스라엘의 본래의 법이고 야위스트적이다.

325) Brevard S. Childs, *The Book of Exodus: A Critical, Theological Commentary*, 459.

326) Bernhard W. Anderson, *Understanding The Old Testament*, 『구약성서 이해』, 132.

327) John I. Durham, *Word Biblical Commentary: Exodus*, 340-42.

328) Nahum M. Sarna, *Exploring Exodus: The Heritage of Biblical Israel* (New York: Schocken Books), 218.

329) Donald E. Gowan, *Theology in Exodus: Biblical Theology in the Form of a Commentary*, xviii.

330) TH. C. Vriezen, *An Outline of Old Testament Theology*, 128-36.

331) John H. Sailhamer, *The Pentateuch as Narrative: A Biblical-Theological Commentary*, 312-13.

332) 레위인들은 금송아지 사건에서 하나님께 대한 충성과 헌신을 인정받아 이스라엘 백성들의 장자가 되었다(민 3장).

333) John H. Sailhamer, *The Pentateuch as Narrative: A Biblical-Theological Commentary*, 310-11.

334) John H. Sailhamer, *The Meaning of the Pentateuch: Revelation, Composition, and Interpretation*, 57.

335) 앞의 책, 60.

336) 앞의 책, 66, 68.

337) 앞의 책, 68.

338) Umberto Cassuto, *A Commentary on the Book of Exodus*, 407.

339) John H. Sailhamer, *The Meaning of the Pentateuch: Revelation, Composition, and Interpretation*, 61.

340) 앞의 책, 66.

341) Scott J. Hafemann, *Paul, Moses, and the History of Israel: The Letter/Spirit Contrast and the Argument from Scripture in 2 Corinthians 3* (WUNT 81; Tübingen: Mohr Siebeck, 1995), 221-25.

342) John. I. Durham, *Word Biblical Commentary: Exodus*, 4-5.

343) R. W. L. Moberly, "How May We Speak of God? A Reconsideration of the Nature of Biblical Theology," Tyndale Bulletin 53. 2 (2002): 191-93.

344) 앞의 책, 177.

345) R. W. L. Moberly, "Exodus," in *Theological Interpretation of the Old Testament: A Book-by-Book Survey*, 49.

346) Israel Knohl, *The Sanctuary of Silence: The Priestly Torah and the Holiness School* (Minneapolis: Fortress, 1995), 175ff.

347) Benno Jacob, *The Second Book of the Bible: Exodus*, 758-64, 1008-18.

348) 속죄소는 지성소에 있는 언약궤를 덮는 덮개로 길이 2규빗 반, 너비 1규빗 반의 크기로 정금으로 만들었다. 출애굽기는 두 그룹들의 날개가 속죄소를 덮었다고 전한다(25:18-20; 37:6-9). 하나님은 이곳에서 이스라엘 백성들을 만나고 그들의 죄를 용서해주시고 화목하게 하셨다(출 25:22; 30:6; 민 7:89).

349) 벨하우젠(Julius Wellhausen)은 이스라엘 백성이 광야에서 성막을 지을 만한 충분한 양의 재료와 천을 구하는 것은 불가능한 일이라고 생각했다. 그는 또 가나안 정복 이후 성막에 관한 성경의 언급이 거의 없는 것으로 보아서도 성막의 존재는 의심스럽다고 생각했다.

350) Mark K. George, *Israel's Tabernacle as Social Space* (Atlanta: Society of Biblical Literature, 2009).

351) John H. Sailhamer, *The Pentateuch as Narrative: A Biblical-Theological Commentary*, 314.

352) R. W. L. Moberly, *At the Mountain of God: Story and Theology in Exodus 32-34*, JSOTSup 22 (Sheffield: JSOT Press, 1983), 63-66, 171-77.

353) 커니(P. J. Kearney)는 출애굽기 25:1; 30:11,17,22,34; 31:1,12의 말씀이 창조의 일곱 날들에 있었던 하나님의 말씀과 일치하고 있다는 것을 증명하면서 출애굽기 25-31장은 창조, 32-33장은 타락, 34-40장은 회복의 구조로 되어 있다고 말한다. 성막과 창조 사이의 유사성은 블렌킨솝(Joseph Blenkinsopp)의 연구에서도 발견된다. 그는 출애굽기 39:43a을 창세기 1:31과, 출애굽기 39:43b를 창세기 2:3과, 출애굽기 39:32를 창세기 2:1과, 출애굽기 40:33을 창세기 2:2와 서로 상응한다고 보았다. 블렌킨솝에 의하면 세상의 창조사역에 나선 창세기 1:2의

'하나님의 영'과 성막의 창조사역에 나선 '하나님의 영'(출 31:3;
35:31)은 조화롭게 연결된다.

354) Victor P. Hamilton, *Handbook on the Pentateuch: Genesis,
Exodus, Leviticus, Numbers, Deuteronomy*, 219.

355) 앞의 책, 219.

356) Victor P. Hamilton, *Exodus: An Exegetical Commentary*
(Grand Rapids, Michigan: Baker Academic, 2011), 594.

제3부

357) Paul R. House, *Old Testament Theology* (Downers Grove,
Illinois: InterVarsity Press, 1998), 85-86.

358) 송제근, 『오경과 구약의 언약신학』, 108-09.

359) 요 1:29,36; 고전 5:7; 계 1:5; 5:6-14; 17:14; 19:7.

360) 마 4:1-11; 막 1:12-13; 눅 4:1-13; 히 4:14-16; 5:7-10.

361) 롬 3:23-26; 5:1-11; 6:1-11; 8:1-2; 고전 15:34-58; 고후 5:17;
갈 5:1; 계 19:11-21.

362) 마 5:1-7:29; 28:16-20; 행 2:1-13; 히 5:7-10; 10:19-25; 계
4:1-11.

363) Eugene H. Merrill, *Kingdom of Priests: A History of Old
Testament Israel*, 74.

364) 출 12:12; 15:11; 18:11 등 관련구절들을 참조하기 바람.

365) Victor P. Hamilton, *Handbook on the Pentateuch: Genesis,
Exodus, Leviticus, Numbers, Deuteronomy*, 159.

366) T. D. Alexander, *From Paradise to the Promised Land: An Introduction to the Pentateuch* (MI: Grand Rapids, 2002), 166.

367) 앞의 책, 157.

368) 앞의 책, 157.

369) 하나님과 모세와의 대화 장면이 나오는 출애굽기 3장부터 6장까지의 내용에서 하나님은 족장들과 함께하셨다는 언급이 빈번히 나타난다(출 3:6,10,13,15,16,18). 하나님은 반드시 모세와 동행하겠다고 약속하신다(3:12). 심지어 하나님은 모세의 입에도 함께 하시어 언변에 권능을 주시겠다고 하신다(4:12,15). 하나님은 억압 받는 백성들을 속량하여 자신의 백성으로 삼고 그들의 하나님이 될 것이라는 메시지를 이스라엘 자손에게 전하라고 모세에게 명령하셨다(6:7).

370) 두란노 편집부,『출애굽기 어떻게 설교할 것인가』, HOW 주석 시리즈, Vol. 2 (서울: 두란노, 2012), 122.

371) Raymond B. Dillard & Tremper Longman Ⅲ, *An Introduction to The Old Testament*, 71.

372) T.D. Alexander, *From Paradise to the Promised Land: An Introduction to the Pentateuch*, 169.

373) George E. Mendenhall, *The Origins of the Biblical Tradition* (Baltimore: Johns Hopkins University Press, 1973), 200.